テーマ別英単語
ACADEMIC
[中級] 01 人文・社会科学編
中澤幸夫 著

Z会

■はしがき■

　今春，ある有名私大の経済学部に入学した私の教え子が，先日，私の勤める予備校に遊びにきて，こう話しました。「先生の本，とても役に立っています。経済学の授業の前に読んでおくと，授業がすごくわかります。生協のランキングで上位につけてますよ。」

　彼が読んだのは『テーマ別英単語 ACADEMIC［上級］』の「01 人文・社会科学編」（2009 年 1 月発行）ですが，こういう話を聞くと，著者としてはとてもうれしくなります。なぜなら，読者に「役に立つ」本を作りたい，これこそが私の本作りの姿勢だからです。そして，このたび読者の皆様にお届けする「中級」は，「上級」に負けず劣らず，いやそれ以上に，役立つ本になるようにと，全力を尽くして作りました。

　読者の便宜のために，「中級」と「上級」の相違点をまとめておきます。

（1）「中級」という名称がつくと，「上級」よりも英文の長さが短いものというイメージが浮かぶと思いますが，この本はそのようなアプローチをとらず，内容にまとまりのある，ある程度の長さをもつ英文を扱っています。短い英文だと，内容もその理解も，中途半端に終わることが多いからです。なお，英文自体は上級の英文よりもやさしめです。

（2）「きちんと読んできちんと理解する」ことを目標としています。読者の多くは，いずれ本格的なアカデミックの本を読むことになると思いますが，そのためにも分析的・批判的な読み方を早い段階から養成していただきたいのです。

（3）扱っているテーマは，各分野においてよく議論され，かつ応用範囲が広いテーマです。従って，「中級」はアカデミックな英文を読むための基礎的訓練，「上級」は応用問題，と考えてください。具体例を出すと，『テーマ別英単語 ACADEMIC［上級］』の「01 人文・社会科学編」では言語についての多様な問題点が論じられていますが，その理解を促進するために，『テーマ別英単語 ACADEMIC［中級］』の「01 人文・社会科学編」では「言語の起源」についての考え方が整理されています。また，『テーマ別英単語 ACADEMIC［上級］』の「02 自然科学編」ではアインシュタインの相対性理論の知識を前提として「反証可能性の問題」が論じられています。そこで，『テーマ別英単語 ACADEMIC［中級］』の「02 自然科学編」にはアインシュタインの相対性理論がどのようなものかの説明があります。「中級」をあらかじめ読んだ上で，「上級」に進むなら，スムーズな理解が得られるはずです。

（4）専門用語について一言触れておきます。「中級」といえども，学問を対象としている限り，専門用語は避けて通ることはできません。しかし，専門用語を覚えれば自動的に英文が理解できるわけではありません。専門用語は道具に過ぎず，これを理解した上で高度な英文をどう読むのか，そこが大切なところです。それには語学的な力だけでなく，「知的な精神力」が必要であることも心にとどめておいてください。

　最後に，この紙面を借りて，編集・校正で大変お世話になったお二人，Z 会の酒井由美さんと日本アイアールの河合希美さんに，心から感謝の気持ちをささげます。

2009 年 6 月　　著者　中澤幸夫

目次

はしがき 3
本書の効果的利用法 8

第1章 社会科学・哲学 14
背景知識解説 14
1 マルクスの生涯寸描／2 今，なぜマルクスなのか？／3 マルクスの予言——史的唯物論に基づく資本主義社会の崩壊／4 マルクスの予言は的中したか？／5 プラトンの生涯／6 プラトンの仕事——対話編／7 問答法と想起説／8 イデア／9 プラトンの後世に与えた影響／10 ポストモダニズムとは何か？／11 何でもありのポストモダニズム

Phrases & Passages 20
1 マルクス主義は21世紀にも妥当するのか（1） 20
2 マルクス主義は21世紀にも妥当するのか（2） 24
3／4 マルクス主義は21世紀にも妥当するのか（3）（4） 28
5／6 マルクス主義は21世紀にも妥当するのか（5）（6） 34
7／8 プラトンのイデア論（1）（2） 40
9／10 プラトンのイデア論（3）（4） 46
11 ポストモダニズムとは何か（1） 52
12 ポストモダニズムとは何か（2） 56

知ってますか？ 60
労働価値説／下部構造／上部構造／空想的社会主義／科学的社会主義／弁証法的唯物論／『国家』／洞窟の比喩／形而上学／構造主義／脱構築

Related Words & Phrases 64

第2章 政治学・法学 68
背景知識解説 68
1 グローバリゼーションの意味／2 グローバリゼーションをもたらした要因／3 何が問題なのか？／4 グローバリゼーションとアラブ世界／5 「豊かさ」が民主主義と自由を阻害する／6 テロリズムの定義と問題点／7 テロリズムを正当化することはできるのか？／8 日本の裁判員制度／9 陪審制の基礎知識

Phrases & Passages 74
13／14／15 グローバル化とアラブ世界（1）（2）（3） 74

16／17 テロリズム（1）（2） ……………………………………… 82
　　18／19 テロリズム（3）（4） ……………………………………… 88
　　20 なぜ陪審制があるのか（1） ……………………………………… 94
　　21 なぜ陪審制があるのか（2） ……………………………………… 98
　知ってますか？…………………………………………………………… 102
　　紛争予防黄金アーチ理論／マック名誉毀損訴訟／名誉毀損／重商主義／自由貿易／自由貿易協定／自由貿易地域／タックス・ヘイブン，租税回避地／マネー・ロンダリング，資金洗浄／陪審による法の無視／陪審員予備尋問／理由付きの陪審員忌避／理由を告げない陪審員忌避／ミランダ警告／伝聞証拠／伝聞法則
　Related Words & Phrases……………………………………………… 107

第3章 経済学・経営学　　　　　　　　　　　　　　　　110
　背景知識解説…………………………………………………………… 110
　　1 バブルと暴落，そして経済学者／2 主要なバブル1――チューリップバブルなど／3 主要なバブル2――大恐慌，住宅バブルなど／4 なぜバブルは起こるのか？／5「てこ」の原理／6 バブル崩壊のメカニズム／7 NGOはなぜ増えているのか？／8 NGOの活動／9 NGOとボランティアの関係／10 組織における動機付け理論――人間関係論，公式組織，非公式組織／11 マズローの欲求段階説／12 X理論，Y理論／13 動機付け・衛生理論
　Phrases & Passages……………………………………………………… 118
　　22 金融バブル小史（1） ……………………………………………… 118
　　23／24／25 金融バブル小史（2）（3）（4） ……………………… 122
　　26／27／28 必要性高まる非政府団体（1）（2）（3） …………… 130
　　29／30 現代動機付け理論概説（1）（2） ………………………… 138
　　31／32 現代動機付け理論概説（3）（4） ………………………… 144
　知ってますか？…………………………………………………………… 150
　　ダウ・ジョーンズ平均株価／効率的市場仮説／酔歩の理論／中間技術開発グループ／地雷禁止国際キャンペーン／国連憲章第71条／期待理論
　Related Words & Phrases……………………………………………… 153

第4章 言語学・文化人類学・文学　　　　　　　　　　　156
　背景知識解説…………………………………………………………… 156
　　1 言語は人間に固有のものか／2 発声器官との関係／3 ワシューと手話言語／4「言語の生産」から「言語の理解」へ／5 天才ボノボ――カン

ジ／6 有力説（1）——ピンカーの説／7 有力説（2）——チョムスキーの普遍文法／8 『1491』について／9 数々の新発見／10 天然痘の驚異／11 過去からの贈り物／12 The Notebook について

Phrases & Passages ·· **162**
 33／34／35 言語はどこから生まれたのか（1）（2）（3） ········ 162
 36 梅毒はコロンブスがアメリカから持ち帰ったのか（1） ········ 170
 37 梅毒はコロンブスがアメリカから持ち帰ったのか（2） ········ 174
 38／39 梅毒はコロンブスがアメリカから持ち帰ったのか（3）（4） ··· 178
 40／41 ニコラス・スパークスの『きみに読む物語』から（1）（2） ··· 184

知ってますか？ ··· **190**
 賢いハンス／モーガンの公準／アブダクション，仮説形成，仮説設定／原言語／放射性炭素年代測定／老人学／老人医学／病気の物語

Related Words & Phrases ··· **194**

第5章 心理学・教育学　　196

背景知識解説 ·· **196**
 1 「異常性」の判断／2 精神障害の例／3 精神障害の治療法（1）——精神力動療法／4 精神障害の治療法（2）——行動療法／5 精神障害の治療法（3）——認知行動療法／6 フランクルについて／7 ロゴセラピーについて／8 フランクルの強制収容所での体験／9 ピアジェについて／10 基礎的概念——シェマ，同化，調節／11 ピアジェの発達段階論／12 感覚運動期（0〜2歳）／13 前操作期（2〜7歳）／14 具体的操作期（7〜12歳）／15 形式的操作期（12歳以上）

Phrases & Passages ·· **204**
 42／43 異常行動の説明（1）（2） ································· 204
 44／45／46 異常行動の説明（3）（4）（5） ···················· 210
 47／48／49 苦しみに意味を見出すことは可能なのか（1）（2）（3）
 ·· 218
 50／51／52 ピアジェの遊びの理論（1）（2）（3） ············ 226

知ってますか？ ··· **234**
 スキナー箱／オペラント条件付け／レスポンデント条件付け／強化／広場恐怖症／対人恐怖症／閉所恐怖症／クモ恐怖症／注意欠陥性障害／注意欠陥多動性障害／心的外傷後ストレス障害／ミュンヒハウゼン症候群／スキーマ，図式／認知バイアス／社会文化的アプローチ／内言，独り言

Related Words & Phrases ··· **240**

第6章 宗教・倫理学 …………………………………………… **244**
背景知識解説……………………………………………………**244**
　1 釈迦――悟りまでの道のり／2 最初の説法／3 八正道／4 なぜ善良な人に悪いことが起こるのか？／5 ヨブ記／6 悪をどう解釈するか？／7 神は悪とは無関係／8 死刑――世界の現状／9 死刑――賛成論と反対論／10 人間の尊厳を求めて

Phrases & Passages………………………………………**250**
　53 ゴータマ・シッダールタ小伝 ……………………………**250**
　54／55／56／57／58 なぜ善良な人に悪いことが起こるのか（1）（2）
　　　（3）（4）（5）……………………………………………**254**
　59／60 極刑についての若干の倫理的問題（1）（2）………**266**

知ってますか？ ………………………………………………**272**
　中道／方便／キサゴータミー／早老症／妊娠中絶／安楽死／良心的兵役忌避者

Related Words & Phrases ……………………………**276**

第7章 表現論・メディア論 ……………………………… **280**
背景知識解説……………………………………………………**280**
　1 非言語コミュニケーション／2 非言語コミュニケーションの威力／3 非言語コミュニケーションの二つの利用／4 メディアは人間の拡張，メディアはメッセージ／5 オバマ大統領とインターネット／6 ウィキノミクスという世界／7 ウィキノミクスの基本原理／8 なぜコラボレーションか？

Phrases & Passages………………………………………**284**
　61／62 非言語による漏洩――知らずに自分の情報を漏らすのをどう回
　　　避するか（1）（2）………………………………………**284**
　63／64 ブログ――地球上で最大のコーヒーハウス（1）（2） ……**290**

知ってますか？ ………………………………………………**296**
　周辺言語／近接学／定位／瞳孔／凝視／視線交錯／凝視回避／平衡仮説／匿名性／品質管理／潜在的視聴者／反社会的な人々／店頭営業とオンライン営業の両方を行う企業／（～を）プロシュームする／プロシューマー

Related Words & Phrases ……………………………**300**

出典一覧………………………………………………………………**302**
INDEX…………………………………………………………………**304**

■本書の効果的利用法■

本書を効果的に利用していただくために，具体的にどのように学習していけばよいのかを説明します。

1　全体の利用法

本書は，その目的に応じて読者が自由に利用することができますが，主な利用法としては次のようなものがあります。

(1) TOEFL などの試験対策として
本書はさまざまな分野の英文を素材にしていますから，TOEFL 対策としては格好の本と言えるでしょう。

(2) 英語で書かれた専門誌や論文を読むための準備として
頻度の高い専門用語，英文を読みこなすための必須知識を扱っていますから，英語の論文・雑誌を読むためのよい準備運動になります。

(3) ディベートなどの論点整理として
よく議論される特定の話題についての賛否両論も紹介しています。ディベートの論点整理にも最適です。

(4) 現代を知る教養書として
インターネットの世界を訪れれば一目瞭然ですが，現代を知る最強の武器は英語です。この本は英語の速報性を生かして，現代を知る主要な知識を提供しています。

(5) 調べ物などの参考書として
通常の参考書や辞書では扱っていない重要な話題が扱われていますから，目次を利用して参考書として利用することも可能です。

2　背景知識解説と「知ってますか？」の利用法

Theme 1　マルクスの生涯寸描

カール・マルクス（Karl Marx : 1818-83）❶は高度に発達した資本主義社会においては無産階級すなわち**プロレタリアート**（the proletariat）による革命が必ず起こると予言した社会科学者である。❷

マルクスは 1818 年にドイツのトリアー（Trier）でプロテスタントに改宗した両親のもとに生まれた。ボン大学，ベルリン大学，イェーナ大学などで，法律，哲学，ついで歴史を学び，イェーナ大学で**博士号**（doctorate）を取得している。その後，ドイツの急進的な新聞 *Die Rheinische Zeitung* の**編集長**（editor）になるが，彼の書いたロシア皇帝批判の記事がきっかけとなってこの新聞は当局に弾圧され，廃刊に追い込まれた。そのためマルクスはパリに逃亡する（1843 年）。パリで裕福な実業家の息子であったフリードリヒ・エンゲルス（Friedrich Engels : 1820-95）と知り合い，二人は歴史上極めて大

> **0210　the labor theory of value　名 労働価値説**
>
> 「労働価値説」は『資本論』で展開されているマルクス経済学の要(かなめ)に相当し,「商品（commodity）の価値はその商品の生産に必要とされる平均的な労働時間によって客観的に計測される」とする理論である。例えば,時計とかばんを作るのに,前者が後者の2倍の労働時間がかかるなら,時計の価格はかばんの2倍になる。労働価値説自体はアダム・スミスやリカード（David Ricardo）なども採り入れていたが,マルクスが特異だったのは,労働者の「労働力」も商品だとして,労働価値説を労働力にも適用した点だ。彼は,労働力という商品の価値（つまり賃金）は,労働時間に依存するとした。そして,賃金は,労働者が衣食住をまかない明日への労働力を維持していくのに平均的に必要な金額でなければならないとした。つまり,

TOEFLなどの試験対策として利用する人は,自分の力を試すためにいきなり英文を読み,その後不明な点を背景知識解説や「知ってますか？」で確認することも利用法の一つです。これとは逆に,最初に背景知識解説を読んで情報をインプットしてから英文を読み,英文を読み終わったら,「知ってますか？」で知識を整理,拡充する方法もあります。専門的な英文を今まであまり読んだことがない人には後者の方法を勧めます。その際,英文を読むための前提の知識に不安がある人は,背景知識解説と「知ってますか？」を一緒に先に読んでしまうと,よりいっそう英文が読みやすくなるはずです。

背景知識解説や「知ってますか？」の中の重要な表現（❶）には英語（❷）がカッコで併記されています。それらにも注意を配ると,英語の語彙・表現を豊かにすることができます。

3　連語（フレーズ）による単語記憶法

> **0032　a slight swing**　　　　若干の揺れ　　　　（▷多）
> [swíŋ]　　　　　　　　　　　名 揺れ　自 揺れる
>
> **0033　defeat an enemy**　　　敵を負かす
> [difíːt]　　　　　　　　　　　他 ～を負かす　名 打破；敗北
>
> **0034　struggle for hegemony**　覇権を争う
> [hədʒéməni]　　　　　　　　　名 覇権,支配権
>
> **0035　passive activities**　　　受動的活動　　　　（▷多）
> [pǽsiv]　　　　　　　　　　　形 受動的な,消極的な

見出しの単語は連語（フレーズ）で示しました（❸）。意味は,各フレーズの意味（❹）と,辞書的な単語の意味（❺）の両方を掲載しました。

単語は,それだけで覚えようとするより,連語で覚える方が記憶しやすいので

す。現代の脳科学によると，私たちが例えばAを思い出す時は，Aを単体で思い出すというよりは，Aに関連するBがきっかけになって思い出すことが多いのです。例えば，フランスの小説家マルセル・プルーストの『失われた時を求めて』の一場面では，主人公が紅茶に浸したマドレーヌの香りをかぐと，叔母が日曜日の朝にくれたマドレーヌの記憶がよみがえり，そこから物語が展開していきます。このような記憶のメカニズムを利用しない手はないでしょう。

　もう一つ指摘しておきたいことは，そのフレーズを覚える時は，必ず声を出し，書いて覚えてください，ということです。繰り返し発音していくと，いつの間にか無意識のうちにその音声が身に付きます。

4　派生語・多義語の利用法

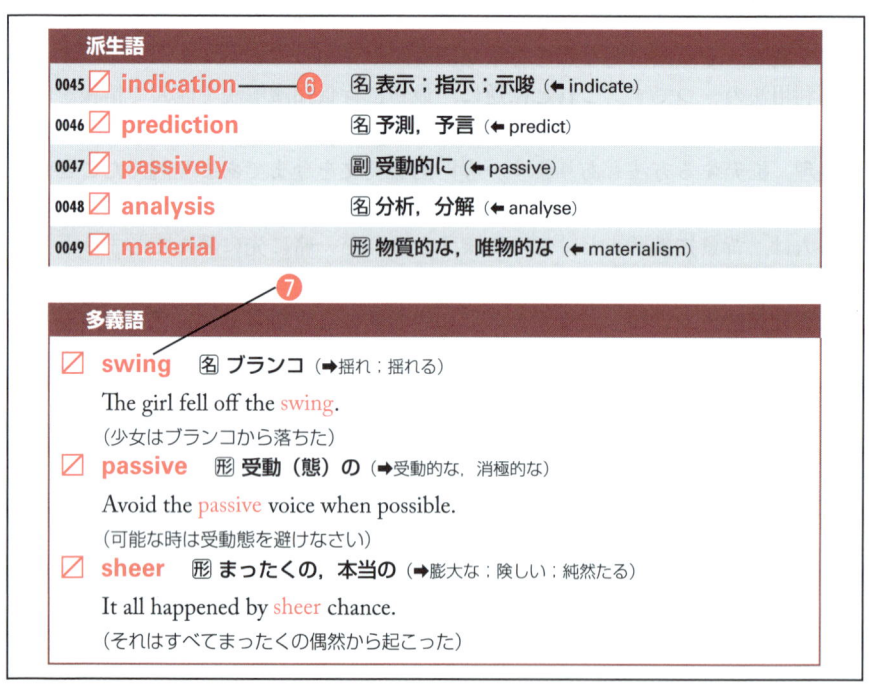

派生語

0045	indication ❻	名 表示；指示；示唆（← indicate）
0046	prediction	名 予測，予言（← predict）
0047	passively	副 受動的に（← passive）
0048	analysis	名 分析，分解（← analyse）
0049	material	形 物質的な，唯物的な（← materialism）

多義語 ❼

- **swing**　名 ブランコ（➡ 揺れ；揺れる）
  The girl fell off the swing.
  （少女はブランコから落ちた）
- **passive**　形 受動（態）の（➡ 受動的な，消極的な）
  Avoid the passive voice when possible.
  （可能な時は受動態を避けなさい）
- **sheer**　形 まったくの，本当の（➡ 膨大な；険しい；純然たる）
  It all happened by sheer chance.
  （それはすべてまったくの偶然から起こった）

　派生語（❻）は，見出し語と合わせて記憶した方が効率的です。その際，右側の「←」で示した見出し語を意識しながら，やはり声を出し，書いて覚えてください。

　見出しで示した以外にも重要な意味がある場合には，多義語（❼）として示し，用例を示しました。多義的な単語は初出の時に他の意味も覚えてしまう方が効率的です。

5　英文読解の取り組み方

Passage 1　Is Marxism relevant in the 21st century?（1）　🎵1-01

　　Many people see the collapse of **communism** as proof that Marx is not relevant to the world today. After **the Soviet Union** collapsed and **the Berlin Wall** came down, Communist China became more open to Western influence and its economy is more open to **free enterprise**. People see the failure of communism as the failure of Marx, yet the communism that Marx **envisaged** has never existed.

　　What the history of the twentieth century shows us is the power of Marx's ideas to **capture** the imaginations of **the** poor and **oppressed** throughout the world. There is no doubt that his beliefs, or others' **interpretations** of them, changed the history of the world.

――以下省略――

語句と構文

L.03. come down = 崩れる　／　L.07. What the history of ... は SVC の文。S=What ... shows us, V=is, C=the power 以下。C の中の to capture 以下は前の Marx's ideas の具体的内容を表している。　／　L.12. A as well as B = B だけでなく A も。ここでは by many philosophers, economists, historians and other academics が A, by fervent Marxists, students and drunken pub philosophers が B に当たるが，B の方が強調されているために「A だけでなく B も」と訳している。

（1）連語ページの見出し語を確認してから英文を通読してください。
（2）次に，構文などで不明な点があれば，下の「**語句と構文**」を見て，もう一度読んでください。そして，英文の意味の解釈が間違っていないか，和訳を見て確認してください。
（3）以上の作業が終わったら，赤色の単語（❽）を見て，その単語の意味を頭の中で言ってみてください。もし意味が出てこなければ，その単語の前後を見て意味を類推してみましょう。
（4）最後に速読のつもりで，英文を速く黙読してください。
（5）付録の CD で該当する英文を数回聞きます。（英文タイトルの右側（❾）にディスクナンバーとトラックナンバーが示されています。）最初は英文を見ずに聞きましょう。どうしても聞き取れなかったら，英文を見て確認してください。
（6）最後に，ネイティブの発音をまねながら英文を音読しましょう。

6　Related Words & Phrases の利用法

マルクス	
0221　*Capital*（*Das Kapital*）	名『**資本論**』
0222　*The Communist Manifesto*	名『**共産党宣言**』
0223　advertise a **commodity**	名 **商品**を宣伝する
0224　the **editor** of a magazine	名 雑誌の**編集長**
0225　get a **doctorate**	名 **博士号**を取る

　ここには，各章で扱った分野に関連する，英文読解で扱った単語以外の重要な単語が整理されています。ですから，英単語だけをてっとり早く覚えたい人は，最初に連語方式の単語を覚え，次に派生語・多義語に進み，最後に Related Words & Phrases を利用すれば，その分野の主要な単語を覚えることができます。

　なお，ここで，語彙を増やす時の心構えについて付言しておきます。試験勉強をしている人は特にそうなのですが，効率性を重んじるあまり，出題頻度の高い単語だけを覚えようとします。しかし，英文が高度になっていけばいくほど，何が頻度の高い単語なのかはそれほど明瞭ではありません。ですから，単語を覚える時はそのような限定的な学習態度をとらず，読んでいる英文に出てきた知らない単語は，よっぽど古めかしい単語であるとか，重箱の隅をつつくような極度に専門的な単語であるとかでない限り，原則としてすべて覚えるという態度で臨む方が結局は語彙力増強につながります。

※単語の重複について

　『テーマ別英単語 ACADEMIC［中級］人文・社会科学編』と『テーマ別英単語 ACADEMIC［中級］自然科学編』は読者の便宜を考えて別冊にしてあります。そのため約 10 パーセントほど重複している単語があります。また，『テーマ別英単語 ACADEMIC［中級］人文・社会科学編』と『テーマ別英単語 ACADEMIC［上級］人文・社会科学編』では，約 15 パーセントほど重複している単語があります。本シリーズを二冊以上ご利用の方はご承知おきください。

■本書の略号・記号などについて■

1．品詞表示
[名] 名詞　　[動] 動詞　　[他] 他動詞　　[自] 自動詞　　[形] 形容詞　　[副] 副詞　　[前] 前置詞
[成句] 熟語・イディオム　　　[動句] 動詞句・動詞を中心としたイディオム
[形句] 形容詞句　　　　　　　　　　　[副句] 副詞句　　　　　　　　[前句] 前置詞句

2．文中の文字
■背景知識解説・「知ってますか？」
　　日本文中の太字　　　　各テーマに関係のある重要語
　　カッコ内の単語・語句　　直前の太字の日本語を英語で表したもの
■英文・全訳
連語ページで見出し語として扱っている単語とその訳を，赤い太字で示してあります。

3．カッコ・記号など
　〔　〕　　交換可能
　（　）　　補足説明，または省略可能
　〜　　　名詞（句）の代用
　…，…　動詞や節の代用
　［←A］　Aという直訳から導き出される訳
　▷多　　見出し語で扱った意味以外に重要な意味が存在する語
　　　　　（「多義語」コーナーで取り上げています。）
　（再掲）　見出し語や「知ってますか？」，あるいは前の章にすでに出ているが，改めて掲載している語

第1章　社会科学・哲学

Theme 1　マルクスの生涯寸描

　カール・マルクス（Karl Marx：1818-83）は高度に発達した資本主義社会においては無産階級すなわち**プロレタリアート**（**the proletariat**）による革命が必ず起こると予言した社会科学者である。

　マルクスは1818年にドイツのトリアー（Trier）でプロテスタントに改宗した両親のもとに生まれた。ボン大学，ベルリン大学，イェーナ大学などで，法律，哲学，ついで歴史を学び，イェーナ大学で**博士号**（**doctorate**）を取得している。その後，ドイツの急進的な新聞 *Die Rheinische Zeitung* の**編集長**（**editor**）になるが，彼の書いたロシア皇帝批判の記事がきっかけとなってこの新聞は当局に弾圧され，廃刊に追い込まれた。そのためマルクスはパリに逃亡する（1843年）。パリで裕福な実業家の息子であったフリードリヒ・エンゲルス（Friedrich Engels：1820-95）と知り合い，二人は歴史上極めて大きな意味を持った知的**協働作業**（**collaboration**）に入った。例えば，マルクスの著作の中で最も有名な『**資本論**』（ドイツ語で *Das Kapital*，英語で *Capital*）は3巻から成るが，マルクスが書いたのは最初の1巻のみで，あとの2巻はエンゲルスが完成させている。エンゲルスはマルクスの生活資金を援助したばかりでなく，マルクスのよき**広報係**（**sounding board**）であり，また批評家でもあった。その後，マルクスはドイツに戻るが，すぐに**追放さ**（**banish**）れ，1849年にロンドンに移り住み，ここが彼のその後の研究・活動の地となった。

Theme 2　今，なぜマルクスなのか？

　マルクスとエンゲルスが作り上げた唯物的歴史観及び**共産主義**（**communism**）の革命理論を**マルクス主義**（**Marxism**）というが，短期間にこれほど多くの国及び人々に大きな影響を与えた理論はなかったと言われている。1980年代の全盛期には世界の約3分の1の人々が何らかの形で**共産主義政府**（**communist government**）のもとで暮らしていたが，1989年のベルリンの壁の崩壊，1991年の**ソビエト連邦**（**the Soviet Union**）の解体を契機にマルクス主義は急速に影響力を喪失し，現在世界にはロシア以外に，**中華人民共和国**（**the People's Republic of China**），**キューバ**（**Cuba**），**ラオス**（**Laos**），**北朝鮮**（**North Korea**）など共産主義国家はわずかしか残っていない。このような事実を踏まえて，「**マルクス主義は死んだ**（**Marxism is dead.**）」，「マルクスの理論は現代

> **思想史家アイザイア・バーリン**
> **（Isaiah Berlin）の言葉**
> 「19世紀の思想家の誰一人として，カール・マルクスほどに人類に対しかくも直接かつ意識的にそして強力な影響を与えた人物はいなかったのである。」

社会には通用しない」と叫ばれるようになった。

　ところが，グローバリズムの進展，それに伴う個人及び国家間の拡大する経済的格差，さらには人類の生存そのものを危うくする**環境問題**（**environmental problem**）などが顕著になる中，2008年に100年に一度と言われる**金融危機**（**monetary crisis**）がアメリカから起こった。そうして不況の波が世界中に荒れ狂い，大量の労働者が解雇される事態を目の当たりにすると，経済学者ばかりでなく，一般の人々もマルクスが言っていたことは間違っていなかったのではないか，マルクスの読み直しが必要なのではないかとの思いにとらわれ始めたのである。

　1848年にマルクスとエンゲルスが出版した『**共産党宣言**』（***The Communist Manifesto***）の冒頭は次のような有名な文句で始まる。

'A spectre is haunting Europe, the spectre of communism.'
（ヨーロッパに幽霊が出る――共産主義という幽霊である）

　いったん死んだはずの幽霊がいまや再び墓場からよみがえり，世界中を徘徊し始めたのである。

Theme 3　マルクスの予言――史的唯物論に基づく資本主義社会の崩壊

　マルクスの理論は経済学，歴史学，哲学を総合したもので，その解釈にも争いがあるが，ここでは彼の理論の中核である**史的唯物論**（**historical materialism**）とそれに基づく資本主義社会の必然的崩壊の過程について簡単に述べておく。

　社会や人間関係，さらには歴史を動かしている要因を考察する場合には二つの方向性がある。一つは人々の抱く観念・思想・意識などの「精神」に求める立場であり，もう一つは「**物質的な状態**（**material conditions**）」に求める立場だ。後者を唯物論といい，マルクスは基本的にこの立場にある。彼はこう考えた。人間が生きていくためには衣食住などの**基本的欲求**（**basic wants**）を満たす必要がある，だからこれらの欲求を満たすための**生産手段**（**the means of production**）を誰が所有するかが極めて重要な問題になる。社会が発展し，専門化が進み，高度資本主義社会になると，資本家が生産手段を所有し，労働者が資本家の利益のために**労働力**（**labor power**）を提供するようになり，この二つの階級は対立する。商品として労働力しか持たない労働者は非常に弱い立場にあり，実際に受け取る賃金に相当する以上の労働を強いられる。例えば，賃金は1日5時間分しか得ていないのに，実際には1日12時間働かされる。この差額の7時間分は資本家が取得する**剰余価値**（**surplus value**）であり，労働者から搾取したものである。また，生産手段を奪われている労働者は労働から**疎外**（**alienation**）される。本来，物作りというものは最初にこう作りたいという構想があり，それを物に外在化して初めて喜びを感じるが，労働者は主体的な創造性を発揮できず，労働過程の一駒となり，何を作っているかもわからず，喜びも感じることができない。このような状況に置かれた

労働者はいつの日か必ずや資本家，そしてそれを支えている**自由市場**（**free market**），**私有財産制度**（**the institution of private property**），**階級搾取**（**class exploitation**）に反旗を翻し，生産手段を全国民が所有する**社会的に平等な世界**（**socially equitable world**），すなわち共産主義の社会を作るに至るであろう。

Theme 4　マルクスの予言は的中したか？

　マルクスの理論を採り入れたソビエト連邦はいわばマルクス主義の**試験場**（**testing ground**）だった。そのソビエト連邦が崩壊したのだから，マルクスの予言は外れたと言う人がいる。他方で，ソビエト連邦はマルクス主義という名を冠しているものの，実体は「赤い貴族」と呼ばれていた**官僚**（**bureaucrat**）たちが**ブルジョアジー**（**bourgeoisie**）として振る舞った**国家独占資本主義**（**state monopoly capitalism**）であって，マルクスの描いていた理想的な共産主義国家ではなかったと言う人もいる。いずれにせよ，伝統的なマルクス主義は修正を余儀なくされているというのが現在の状況である。しかし，資本主義社会における人間の本質についてマルクスがその著作物で示した強い倫理性には傾聴に値するものがあることは間違いないであろう。

Theme 5　プラトンの生涯

　ギリシャの哲学者プラトン（Plato：前 427-347）は**アテネ**（**Athens**）の由緒ある裕福な貴族の家庭に生まれた。青年期にはソクラテス（Socrates）の弟子であったが，そのソクラテスは国家に対する**不敬**（**impiety**）と**アテネの若者を堕落させた**（**corruption of youth of Athens**）という罪で裁判にかけられ，前 399 年に死刑に処せられている。ソクラテス処刑後，プラトンは友人の哲学者のもとに一時避難し，その後ギリシャ，イタリア，シチリア，そしてエジプトへと遍歴の旅に出た。前 387 年にはアテネに戻り，現在の大学の原型ともなる哲学を研究する**アカデメイア**（**the Academy**）を創設した。かの有名なアリストテレスもこの学校に約 25 年間通っている。プラトンはシチリアのディオニシュオス 1 世及び 2 世の相談役としてシチリアを何度か訪れているが，ディオニシュオス 2 世が前 354 年に殺された後はアテネを離れることはなく，この地で前 347 年に亡くなった。

Theme 6　プラトンの仕事──対話編

　プラトンの師ソクラテスは生涯に著作物を一冊も残していない。そこで，プラトンは師の業績を残そうと，ソクラテスが弟子たちと交わした問答を**対話編**（**the Dialogues**）

として20冊以上にまとめている。プラトンはソクラテスを「**誰よりも善良で，賢く，そして正義感に満ちた人**（the best, the wisest too, and the most just of men）」と信じていた。**敬愛する師の名誉**（his beloved mentor's reputation）を挽回(ばんかい)したいという気持ち，権威への挑戦という気持ちもあった。このような思いから彼は対話編をまとめたのである。対話編で特に有名なのが『ソクラテスの弁明』，『クリトン』，『パイドロス』で，ソクラテスの裁判と最後の日々を描いている。

> 『ソクラテスの弁明』（*Apology*）の最後の文
> The hour of departure has arrived, and we go our ways —— I to die, and you to live. Which is better God only knows.
> さあ，出発の時が来た。私たちはそれぞれの道を歩むことになる——私は死ぬために，君たちは生きるために。どちらの道がよいかは神のみがご存じだ。

対話編には主にソクラテスの考えが述べられているが，のちの作品ではプラトンは独自の考えも加えている。この点をとらえて，対話編は「**ソクラテスのプラトン**（Socrates' Plato）」なのか「**プラトンのソクラテス**（Plato's Socrates）」なのか判然としないという指摘もある。

Theme 7　問答法と想起説

対話編では真理に到達する方法として独特の手法が採られている。一種の弁証法で「**ソクラテス的問答法**（the Socratic Method of Teaching）」と言われるものだ。真理を生み出す手法であることから「**産婆術**（midwifery）」と言われることもある。一例を挙げてみよう。ソクラテスが「**勇気**（courage）とは何か」と弟子に尋ね，弟子が「勇気とは忍耐する能力である」と答えると，ソクラテスは「では，**頑固さ**（obstinacy）はどうだろうか。頑固な人は時に忍耐強いところがある。では，頑固さは勇気と言えるだろうか」と畳みかける。そうすると相手は自分の最初の答えが不完全だったことに気づき，それを撤回するか修正するかしなければならない。このような質問を何度も繰り返してより真実に近づけていくのがソクラテス的問答法である。

この問答法は学習者が先生の質問を通して自分の力で理解し，真理に到達できることを前提にしている。このような前提が成り立つために，ソクラテスもプラトンも**霊魂の不滅**（immortality of the soul）を信じ，**想起説**（reminiscence doctrine）という考えを採っている。人間の霊魂を不滅とすると，霊魂は過去におびただしい数の肉体に宿ってきているので，無数の体験・学習をしている。だからそれを思い出せば真理に到達できるというわけだ。確認のために，「霊魂の不死について」という副題のついている『パイドン』の第3章の表題を見てみると，「（2）想起説による証明。イデアの認識は想起である。ゆえに人は誕生以前にイデアを見ていたのでなければならない」となっている。ここに出てくるイデアはここではとりあえず真理と解していただきたい。

Theme 8　イデア

　プラトンといえば有名なのが「**イデア**（**Idea**）」である。Idea（idea）に相当するギリシャ語は「エイドス」と言われることもあり，これは「姿・形」を意味する。ここからイデア論は「形相」に当たる英語 form を使って Theory of Forms と訳されることもある。イデアとはどのようなものか。例えば，私たちは「これは馬だ」，「あれも馬だ」と言う。このような具体的なものが**形相**（**forms**）である（forms が複数形になっていることに注意してほしい）。「これは馬だ」，「あれも馬だ」と言えるためには，このような分類を可能とする馬の**本質的な特徴**（**essential feature**）が必要である。つまり，馬を馬たらしめている単数形の 'form'，つまり，the form of a horse あるいは the idea of a horse がなくてはならない。これがイデアである。だから，プラトンによれば，この世界はイデアの世界とそれを映し出した模像である現実の世界の二つの世界から成り立っていることになる。参考までに，『神と自然の科学史』（川崎謙著）に掲載されているイデアの定義をここに紹介してみよう。

　「イデアは普遍的実在であり，類的特性であり，数学的図形に類似したものである。それは時間を超越し，不変である。これは理想であって，空間・時間のうちに実在するようなものではない。それは理性 "reason" によってのみ認識されるものである。」

　この定義で注目すべきは，イデアは視覚・聴覚・嗅覚・味覚・触覚の五感によっては認識することができないことと，理性によってだけ認識できることである。だから，イデアに到達するには，経験や実験を重ねるだけでは不十分で，必ず理性による「飛躍」が必要となる。

Theme 9　プラトンの後世に与えた影響

　英国人の哲学者ホワイトヘッド（Alfred North Whitehead：1861-1947）は，西洋の哲学は「**プラトンの一連の脚注**（**a series of footnotes on Plato**）である」と語った。それほどプラトンの後世への影響は強かった。例えば，カント（Immanuel Kant：1724-1804）は世界や霊魂，神など経験を超えた対象概念を「純粋理性概念」としているし，ヘーゲル（Georg Wilhelm Friedrich Hegel：1770-1831）はイデアと類似する絶対的観念論を展開している。さらに，プラトン哲学はのちのキリスト教の教義にも大きな影響を及ぼした。アウグスティヌス（Aurelius Augustinus：354-430）はユダヤ教の「創造主」の観念にイデアを結びつけた。創造主にはあらかじめ心の内なる観念，つまりイデアがあって，それに従ってこの世を創造した，としたのである。アウグスティヌスはこの世界を「神の国」と「地の国」に分けたが，それらはイデアの世界とその模像の世界に対応する。聖書の「ソロモンの知恵」（第 11 章 20 節）にある「あなた（神）は万

物を寸法と数と重さで秩序づけたもうた」はイデア的な思想が表れている箇所とされている。

Theme 10 ポストモダニズムとは何か？

　ポストモダニズム（postmodernism）は文字通り**近代主義**（modernism）の後に登場し，それを拒否する思想の一派である。合理的思考と科学主義を重視する近代主義は「**大きな物語**（Grand Narratives）」で世界を説明した。すなわち合理的科学的思考は，政治や経済の問題ばかりでなく，人間の心の問題の解決にも**客観的**（objective），**普遍的**（universal），そして**確かな**（firm）解答を与えてくれるものと信じられ，実際にそれに成功した。マルクス主義は労働者に希望を与えたし，精神分析学の祖フロイトは人間の無意識の解明に成功した。しかし，ユダヤ系の哲学者アドルノ（Theodor W. Adorno：1903-1969）が述べているように，**ホロコースト**（the Holocaust：ポーランドのアウシュビッツなどで行われたユダヤ人の大虐殺）以降，私たちは，進歩，そしてそれをもたらしてくれるはずの近代主義を，そのまま信じることはできなくなってしまった。ここから「大きな物語」は姿を消し，知識は**部分的**（partial）で**地方的**（local）なものになっていった。例えば，フランスの哲学者フーコーは，権力を語る時，権力は国家といった一極に集中しているのではなく分散しているから，権力への抵抗は**脱中心的**（decentred）でなければならないとしている。このような傾向があるために，ポストモダンな思想に対し，**相対主義**（relativism）に陥っているとか，知識が地方的になればそれを判断する正当な基準がなくなるとか，あるいはこれを信奉する者は客観的に信じるものがないがゆえに，道徳的・政治的に麻痺しているのだ，などといった批判がなされている。

Theme 11 何でもありのポストモダニズム

　実はポストモダニズムは当初建築の分野で起こった。近代主義の精神は建築にも表れ，新しい建築は無駄な**装飾**（ornament）を排し，合理性や**機能性**（functionality）を求めるべきだとされ，建物や住宅はまるで機械や工場のようになっていった。ポストモダンな建築は，そのような**形式主義**（formalism）への反発から生まれた。したがって，ポストモダンな建築の特徴は異なった視覚的スタイルの**コラージュ**（collage：「寄せ集め」の意味）となり，地方的伝統，大衆文化，ハイテクなどの混淆したものとなった。次にポストモダニズムの波は哲学や**文芸批評**（literary criticism）に及び，現在では実にさまざまな分野にポストモダニズムの言葉が使われるようになり，「何でもありで，勝手にやろう」のような観を呈している。

Phrases 1 マルクス主義は21世紀にも妥当するのか（1）

0001	the collapse of **communism** [kámjənìzm]	**共産主義**の崩壊 / 名 共産主義
0002	**the Soviet Union** [ðə sóuvièt júːnjən]	**ソビエト連邦** / 名 ソビエト連邦
0003	**the Berlin Wall** [ðə bəːrlín wɔ́ːl]	**ベルリンの壁** / 名 ベルリンの壁
0004	**free enterprise** [fríː éntərpràiz]	**自由企業（制）** / 名 自由企業（制）
0005	**envisage** a rosy future [invízidʒ]	バラ色の未来**を思い描く** / 他 ～を思い描く；～を認識する
0006	**capture** people's attention [kǽptʃər]	人々の関心**をとらえる** （▷多） / 他 ～を捕獲する；～をとらえる
0007	**the oppressed** [ði əprést]	**迫害されている人々** / 名 迫害されている人々
0008	the **interpretation** of a law [intə̀ːrpritéiʃn]	法の**解釈** / 名 解釈，理解，判読；通訳
0009	social **relevance** [réləvəns]	社会的**妥当性** / 名 妥当性；重要性；関連
0010	a Russian **academic** [ækədémik]	ロシアの**学者** / 名 学者；大学生　形 学問の；学究的な
0011	a **fervent** Marxist [fə́ːrvənt]	**熱烈な**マルクス主義者 / 形 熱烈な
0012	an **informed** opinion [infɔ́ːrmd]	**事情に通じた**見解 / 形 事情に通じた；博識の
0013	a strong **argument** [áːrgjəmənt]	強い**主張** / 名 主張；論拠；議論
0014	the ideology of **Marxism** [máːrksizm]	**マルクス主義**のイデオロギー / 名 マルクス主義

マルクス主義は21世紀にも妥当するのか（1）

社会科学・哲学

No.	英語	発音	日本語
0015	fatally **flawed**	[flɔ́ːd]	致命的な**欠陥のある** / 形 欠陥のある
0016	a **capitalist** society	[kǽpitəlist]	**資本主義**社会 / 形 資本主義の；資本を持つ 名 資本家
0017	**the proletariat**	[ðə pròulətéəriət]	プロレタリアート / 名 プロレタリアート
0018	bear no **resemblance** to ～	[rizémbləns]	～と**類似性**はない / 名 似ていること；類似点
0019	a **false** assumption	[fɔ́ːls]	**誤った**前提 / 形 誤った；不正な；偽の

派生語

No.	単語	意味
0020	**communist**	形 共産主義の（← communism）
0021	**oppress**	他 ～を迫害する，虐げる（← oppressed）
0022	**oppression**	名 圧迫，抑圧，迫害（← oppressed）
0023	**relevant**	形 適切な，関連のある（← relevance）
0024	**fervently**	副 熱烈に（← fervent）
0025	**information**	名 情報，知識（← informed）
0026	**argue**	自 他 （～を）主張する，論じる（← argument）
0027	**flaw**	名 欠陥，欠点（← flawed）
0028	**capitalism**	名 資本主義（← capitalist）
0029	**resemble**	他 ～に似ている（← resemblance）

多義語

capture 他 ～を捕虜にする；～を逮捕する（➡ ～を捕獲する；～をとらえる）

Government troops captured the rebel leader.
（政府軍は反乱軍の首謀者を逮捕した）

Passage 1: Is Marxism relevant in the 21st century? (1) 🔴 1-01

　Many people see the collapse of **communism** as proof that Marx is not relevant to the world today. After **the Soviet Union** collapsed and **the Berlin Wall** came down, Communist China became more open to Western influence and its economy is more open to **free enterprise**. People see the failure of communism as the failure of Marx, yet the communism that Marx **envisaged** has never existed.

　What the history of the twentieth century shows us is the power of Marx's ideas to **capture** the imaginations of **the** poor and **oppressed** throughout the world. There is no doubt that his beliefs, or others' **interpretations** of them, changed the history of the world.

　The **relevance** of Marx to today's society has been debated and discussed by many philosophers, economists, historians and other **academics**, as well as by **fervent** Marxists, students and drunken pub philosophers. Almost everyone has an opinion on Marx, even if it is not a particularly **informed** one. There are three main **arguments**:

1　**Marxism** is not relevant today at all because it was never relevant. His scientific method was **flawed** and his economic theory was completely mistaken.

2　Marxism is not relevant today because it was a product of its time. The **capitalist** society that existed at the time he was writing does not exist any more. There is no such thing as **the proletariat** now, so there will be no revolution. We are living in a postmodern world, which bears no **resemblance** to the nineteenth century. There is no such thing as class; huge theories of everything are **false**. (*continued*)

語句と構文

L.03. come down = 崩れる ／ L.07. What the history of ... は SVC の文。S=What ... shows us, V=is, C=the power 以下。C の中の to capture 以下は前の Marx's ideas の具体的内容を表している。／ L.12. A as well as B = B だけでなく A も。ここでは by many philosophers, economists, historians and other academics が A, by fervent Marxists, students and drunken pub philosophers が B に当たるが，B の方が強調されているために「A だけでなく B も」と訳している。

Translation 1 マルクス主義は21世紀にも妥当するのか（1）

　多くの人は，共産主義の崩壊はマルクス主義が現在の世界に妥当しないことの証拠だと理解している。ソビエト連邦が崩壊し，ベルリンの壁が崩れた後，共産主義中国は西側の影響力に対して以前より開放的になり，同国の経済は自由企業制に対してより開かれたものになった。一般に共産主義の失敗はマルクスの失敗と考えられているが，マルクスが思い描いた共産主義は一度も存在したことがなかったのである。

　20世紀の歴史が我々に示しているのは，世界中の貧しい人々や迫害されている人々の想像力を引きつけるマルクスの思想の力である。マルクスの信条，そしてそれについての他の人々の解釈が世界史を塗り替えたことは疑いの余地がない。

　今日の社会にマルクスが妥当するか，という問題については，多くの哲学者，経済学者，歴史家，その他の学者ばかりでなく，熱烈なマルクス主義者，学生，さらにはパブの酔っぱらいに至るまで，大勢の人が口角泡を飛ばしながら議論してきた。ほとんど全員が，たとえそれが特に事情に通じた見解でないとしても，マルクスについての意見を持っている。それらを大きく分けると，三つの主張になる。

1. マルクス主義は現代にはまったく妥当しない。なぜなら，それはいまだかつて妥当した試しがなかったのだから。彼の科学的方法には欠陥があり，彼の経済理論は完全に誤っていた。
2. マルクス主義は，その時代の産物であるから，現代には妥当しない。彼が著作を書いていた時代に存在していた資本主義社会はもはや存在しない。現在，プロレタリアートのようなものは存在しないので，革命も起こらないだろう。我々は，19世紀とは似ても似つかない［← 19世紀との類似性はない］ポストモダンの世界に生きている。階級などというものもない。すべてを説明しようとする巨大な理論が誤っている。（続く）

L19. The capitalist society that ... はSVの文。S=The capitalist ... was writing，V=does not exist。Sの中のthat existed at the time ... はThe capitalist societyを先行詞とする関係代名詞節で，その後のhe was writingはthe timeを先行詞とする関係副詞節（関係副詞whenが省略されている）。／L21. such A as B = BのようなA

Phrases 2 マルクス主義は21世紀にも妥当するのか（2）

0030	Fever **indicates** sickness. [índikèit]	熱は病気**を表す**。 他 ～を表す；～を指示する
0031	**predict** the future [pridíkt]	未来**を予測する** 他 ～を予測する
0032	a slight **swing** [swíŋ]	若干の**揺れ** (▷多) 名 揺れ　自 揺れる
0033	**defeat** an enemy [difíːt]	敵**を負かす** 他 ～を負かす　名 打破；敗北
0034	struggle for **hegemony** [hədʒéməni]	**覇権**を争う 名 覇権，支配権
0035	**passive** activities [pǽsiv]	**受動的**活動 (▷多) 形 受動的な，消極的な
0036	gain **celebrity** [səlébrəti]	**名声**を博する 名 名声；有名人，名士
0037	**analyse** data [ǽnəlàiz] 《米》analyze	データ**を分析する** 他 ～を分析する
0038	**act upon** ～ [ǽkt əpàn]	**～に基づいて行動する** 動句 ～に基づいて行動する
0039	the **spectre** of the past [spéktər] 《米》specter	過去の**亡霊** 名 亡霊，幽霊；恐ろしいもの
0040	historical **materialism** [mətíəriəlìzm]	史的**唯物論** 名 物質主義；唯物論
0041	feelings of **injustice** [indʒʌ́stis]	**不公平**感 名 不正；不公平；不当行為
0042	the **validity** of a judgment [vəlídəti]	判断の**妥当性** 名 妥当性；有効（性）
0043	to some **extent** [ikstént]	ある**程度**は 名 程度；範囲；広がり

0044 the **sheer** volume of work — 膨大な量の仕事 (▷多)
[ʃíər] 形 膨大な；険しい；純然たる

派生語

0045	**indication**	名 表示；指示；示唆（← indicate）
0046	**prediction**	名 予測，予言（← predict）
0047	**passively**	副 受動的に（← passive）
0048	**analysis**	名 分析，分解（← analyse）
0049	**material**	形 物質的な，唯物的な（← materialism）
0050	**justice**	名 正義；公平（← injustice）
0051	**valid**	形 妥当な；有効な（← validity）

多義語

swing 名 ブランコ（→揺れ；揺れる）
The girl fell off the swing.
（少女はブランコから落ちた）

passive 形 受動（態）の（→受動的な，消極的な）
Avoid the passive voice when possible.
（可能な時は受動態を避けなさい）

sheer 形 まったくの，本当の（→膨大な；険しい；純然たる）
It all happened by sheer chance.
（それはすべてまったくの偶然から起こった）

1 社会科学・哲学

マルクス主義は21世紀にも妥当するのか（2）

Passage 2 Is Marxism relevant in the 21st century? (2)

3 Marxism is still relevant. The failure of communism in some countries does not **indicate** that Marx was wrong. In fact he **predicted** there would be a **swing** away from his theories and that capitalism would try to fight back before it was finally **defeated**. The world may have changed but while the economy is a capitalist one, his theories are still relevant. Postmodern culture is part of the **hegemony** and an attempt to make people **passive**, interested in **celebrity** but not **analysing** anything.

The first theory is obviously wrong because even if Marx was totally mistaken about everything, many people have **acted upon** what he said, so it must have some relevance. There are still many millions of people living in communist countries, despite the fall of communism. Derrida wrote, in *Spectres of Marx*, that we can never be free of the past or our interpretations of it, so that Marxism is now a part of our consciousness. Even though Derrida did not agree with the historical **materialism** of Marxism, he saw that there was still **injustice** and poverty caused by economic oppression. Marx was the person who brought this to our attention and the problem hasn't gone away. The debate about the **validity** of Marx's methods does not solve anything.

The second and third theories can both be seen to be correct, to some **extent**, because of the **sheer** volume of work that Marx produced; it depends on which aspects of his work are being examined. (*continued*)

語句と構文

L.02. In fact he predicted ... は SVO(that 節)の文で, O の that 節が二つある。最初の that 節 (there would be a swing away from his theories) を導く接続詞 that は省略されている。／ L.12. be free of ～ = ～から解き放たれている／ L.19. depend on ～ = ～による。ここでは～の部分に間接疑問 (which aspects of his work are being examined) がきている。

マルクス主義は21世紀にも妥当するのか（2）

3　マルクス主義はまだ妥当する。いくつかの国における共産主義の失敗は，マルクスが誤っていたことを表しているわけではない。実際，マルクスは，自分の理論の揺れはあるだろう，そして資本主義は最終的に敗北する［←負かされる］前に反撃を試みるだろう，と予測していた。世界は確かに変わったかもしれないが，資本主義経済がある限り，彼の理論は妥当する。ポストモダン文化は，資本主義の覇権の一部であり，人々を受動的にし，名声に興味を持つように仕向ける一方で，何事も分析させようとしない試みである。

　第1の理論は明らかに間違っている。なぜなら，たとえマルクスがすべてに関して完全に間違っていたとしても，多くの人が実際に彼の言葉に基づいて行動してきたことを考えれば，いくらかの妥当性はあるに違いないからだ。共産主義の崩壊にもかかわらず，共産主義諸国に住んでいる人々は非常に多い。『マルクスの亡霊たち』の中で，デリダは，我々は過去からも，その解釈からも逃れることはできない，だからマルクス主義は現在，我々の意識の一部となっている，と書いている。デリダはマルクス主義の史的唯物論に賛成こそしなかったけれども，経済的抑圧に起因する不公平と貧困がまだ存在することを認めていた。マルクスはこのことに我々の関心を向けた人物であり，問題がなくなったわけではない。それに，マルクスの方法論が科学的に妥当かどうか議論することは何の解決ももたらさない。

　2番目と3番目の理論は，マルクスが生み出した膨大な著作からして，どちらもある程度は正しいように思える。しかし，正しいかどうかは，彼の仕事のどの側面が検証されているかにかかっている。（続く）

Phrases 3/4 マルクス主義は21世紀にも妥当するのか（3）（4）

0052	make an **assertion** [əsə́ːrʃn]	**主張**する 名 主張；断言
0053	**amass** a lot of evidence [əmǽs]	多量の証拠**を集積する** 他 ～を集積する，蓄積する
0054	a **structured** organization [strʌ́ktʃərd]	**体系化された**組織 形 体系化された
0055	a bare **subsistence** [səbsístəns]	かろうじての**生存** 名 生存；生活；生活の糧
0056	**dominate** world markets [dάmənèit]	世界市場**を支配する** （▷多） 他 ～を支配する　自 優位を占める
0057	The two companies will **merge**. [mə́ːrdʒ]	その二社は**合併する**だろう。 自 合併する　他 ～を併合する
0058	a huge **conglomerate** [kənglάmərit]	巨大な**複合企業** 名 複合企業；集合体　形 複合的な
0059	work for a **publisher** [pʌ́bliʃər]	**出版社**で働く 名 出版社；発表者
0060	buy **properties** [prάpərtiz]	**土地**を買う （▷多） 名 不動産；財産，資産；所有
0061	**reliant** on ～ [riláiənt]	～**に頼って** 形 頼って，当てにして
0062	**periodic** recessions [pìriάdik]	**周期的な**景気後退 形 周期的な；定期的な
0063	an economic **inequality** [ìnikwάləti]	経済的**不平等** 名 不同；不平等
0064	universal **suffrage** [sʌ́fridʒ]	普通**選挙権** 名 選挙権；投票；賛成票
0065	the Victorian **era** [írə]	ヴィクトリア**時代** 名 時代；紀元

マルクス主義は21世紀にも妥当するのか（3）（4）

0066	the **feudal** age	[fjúːdl]	**封建**時代	形 封建制度の；領地の
0067	the **heredity** of office	[hərédəti]	公職の**継承**	名 遺伝；継承；伝統
0068	every **criterion** of safety	[kraitíəriən]	すべての安全**基準**	名 基準，規範；特徴
0069	pay off a **debt**	[dét]	**借金**を払い終える	名 借金，負債；恩義
0070	the inner-city **underclass**	[ʌ́ndərklæ̀s]	都心部の**下層階級**	名 下層階級

派生語

0071	**structure**	名 構造；組織；建造物　他 ～を体系化する（← structured）
0072	**subsist**	自 生存する，食っていく（← subsistence）
0073	**domination**	名 支配，統治；優勢（← dominate）
0074	**merger**	名 合併，併合，合同（← merge）
0075	**rely**	自 頼る，依存する（← reliant）
0076	**feudalism**	名 封建制度，封建制（← feudal）

多義語

dominate　他 ～を見下ろす，～にそびえる（→ ～を支配する；優位を占める）

The cathedral dominates the city.
（大聖堂は町を見下ろしている）

property　名 属性，性質，特性（→ 不動産；財産，資産；所有）

The properties of the soil influence the growth of the plants.
（土壌の特性が植物の生長に影響を与える）

社会科学・哲学

Passage 3: Is Marxism relevant in the 21st century? (3)

His 'scientific method' of studying history has been accused as not being scientific by modern standards. Karl Popper, a twentieth-century philosopher, believes that there is no real way of proving whether Marx's **assertions** are true or false as you could in a proper scientific study. However, Marx did **amass** and classify a great deal of evidence about past societies, and modern social science developed out of his techniques. He wrote and researched in a very **structured** way that attempted to use the scientific methods of his time, which were concerned with the classification of things.

Marx was not a trained economist. Some of his predictions about the economy have proved to be false; for example, wages being pushed down to **subsistence** level. On the contrary, most people are better off in real terms than they were a hundred years ago. Other assertions have been correct. He predicted that large corporations would come to **dominate** world markets. At the end of the twentieth century, more and more companies **merged** into large **conglomerates** including banks, **publishers** and computer software companies. In the twenty-first century the trend continues with large supermarket chains taking each other over, buying up **properties** and forcing small shops out of business. Marx also predicted that industry would become more and more **reliant** on technology and that there would be **periodic** recessions — both of these predictions are correct. (*continued*)

語句と構文

L.04. as you could in a proper scientific study は，as you could (prove whether something is true or false) in a proper scientific study のように補って考えるとよい。「まともな科学研究であれば，あることが正しいか間違っているかを証明することができるだろうが，そのようには（マルクスの主張は証明できない）」となる。／ L.04. Marx did amass and classify ... の did は強調の助動詞。／ L.07. which were concerned with the classification of things の which の先行詞は，the scientific methods of his time。

マルクス主義は 21 世紀にも妥当するのか（3）

　歴史を研究する上での彼の「科学的方法」は，現代の基準から言えば科学的でないと批判されてきた。20 世紀の哲学者カール・ポッパーは，まともな科学研究の場合とは異なり，マルクスの主張が正しいか間違っているかを証明する真の方法はない，と考えている。しかしながら，マルクスが過去のさまざまな社会についての膨大な証拠を集積し，分類したことは事実だし，また現代の社会科学は彼の技法から発展してきたものである。彼は非常に組織立ったやり方で書き，調査したが，それは物事の分類に関心を寄せていた当時の科学的手法を利用しようとする試みであった。

　マルクスは訓練を受けた経済学者ではなかった。経済についての彼の予測のいくつかは誤りであることがわかっている。例えば，賃金は最低生活［←生存］レベルにまで下がる，という理論がそうだ。この予測に反して，ほとんどの人々は 100 年前より実質的によい生活をしている。正しい仮説もある。彼は，いくつかの大企業が世界市場を支配すると予測した。20 世紀の終わりには，ますます多くの企業が合併して，銀行，出版社，コンピュータ・ソフトウェア会社を含む大きな複合企業になった。21 世紀に入ってもこの傾向は続き，いくつかの大きなスーパーマーケットチェーンが互いに吸収合併し，土地を買い，小規模小売店を廃業に追いやっている。またマルクスは，産業はいっそうテクノロジーに依存するようになるだろう，そして周期的な景気後退があるだろう，と予測した。これらの予測は当たっている。（続く）

L10. wages being pushed down to subsistence level の being pushed は動名詞の受動態で，wages はその意味上の主語。／ L11. better off は well off「暮らし向きがよい」の比較級。／ L16. with large supermarket chains taking ..., buying ... and forcing ... は付帯状況を表す with 〜 ... ing の形で，現在分詞 taking と buying と forcing の三つが並列されている。／ L18. Marx also predicted ... は SVO（that 節）の文で，O の that 節が二つある。

Passage 4: Is Marxism relevant in the 21st century? (4)

Society has changed for the better; in the Western World many **inequalities** have disappeared. Universal **suffrage** has changed the structure of society since Marx's time. In Britain we have free education up to university level and health services for all who need them, although many would see this as a two-tier system where the rich can afford to pay for better private treatment and education. However, it is still a great improvement on the Victorian **era** and the lives and health of most people in Britain are better as a result. The **feudal** House of Lords has been reformed, **heredity** is no longer the only **criterion** for belonging to this law-making body. Marxists would argue that the scandal over 'cash for honours' shows that merely reforming a law is not enough to change a political system.

Although the proletariat as Marx described it does not exist in the same way today, people still refer to themselves as 'wage slaves' and work hard to pay off **debts** to credit card companies. Debt is becoming a major problem in Britain as many people get caught up in the consumerist society. As Marx predicted, there is also still a huge **underclass** of the homeless and the unemployed.

(*continued*)

語句と構文

L.04. two-tier = 二層の / L.07. the House of Lords = 英国議会の上院，貴族院 / L.09. this law-making body とは the House of Lords のことを指している。 / L.10. 'cash for honours' の honours は具体的には「貴族院〔上院〕議員の地位」を指している。 / L.13. refer to A as B = A のことを B と呼ぶ / L.15. get caught up in 〜 = 〜に巻き込まれる / L.15. consumerist = (大量)消費の；消費者中心の

マルクス主義は21世紀にも妥当するのか（4）

　社会はよりよい方向に変化した。西側世界では，多くの不平等が消滅した。普通選挙権がマルクスの時代以降，社会構造に変化をもたらした。イギリスには，大学レベルまでの無償教育と，必要とするすべての人に対する公共医療サービスがある。とはいえ，これは二層構造だというのが多くの人の見方であろう。富裕層は金を払ってよりよい私的な医療と教育を受けることができるからだ。しかしながら，それでもヴィクトリア時代に比べれば大きく改善されており，イギリスの大半の国民の生活と健康は，結果としてよりよくなっている。封建的な貴族院には改革が行われ，この立法機関に所属するには，もはや世襲だけが唯一の基準ではなくなった。マルクス主義者たちなら，「金で買った名誉」というスキャンダルは，法律の改正だけでは政治体制を変えるのに十分ではないことを示している，と主張するだろう。

　今日では，マルクスが描いた通りのプロレタリアートは存在しないが，それでも人々は自分を「賃金の奴隷」と考え，クレジットカード会社に借金を返済するために懸命に働いている。多くの人が消費社会に巻き込まれている現在，イギリスでは借金が主要な問題になりつつある。マルクスが予測したように，ホームレスや失業者からなるおびただしい数の下層階級はいまだに存在する。（続く）

Phrases 5/6 マルクス主義は21世紀にも妥当するのか（5）（6）

0077	**alter** dramatically [ɔ́ːltər]	劇的に**変化する** 自 変わる　他 〜を変える
0078	treat somebody as an **equal** [íːkwəl]	人を**対等な人間**として扱う 名 対等なもの〔人〕　形 等しい
0079	**be riddled with** 〜 [biː rídld wið]	**〜で満ちている** （▷多） 動句 〜で満ちている
0080	the **flexibility** of the muscles [flèksəbíləti]	筋肉の**柔軟性** 名 柔軟性；適応性
0081	suffer from **depression** [dipréʃn]	**鬱病**にかかる （▷多） 名 憂鬱，鬱病；降下，沈下
0082	a sense of **alienation** [èiliənéiʃn]	**疎外**感 名 疎外；離反；譲渡
0083	a likely **supposition** [sÀpəzíʃn]	ありそうな**仮定** 名 仮定，想定；推測，仮説
0084	material **possessions** [pəzéʃnz]	物質的**富** （▷多） 名 所有；所有物；（複数形で）富
0085	a **phenomenal** success [finámənl]	**驚異的な**成功 形 驚異的な；異常な；現象の
0086	**affect** public opinion [əfékt]	世論**に影響を与える** 他 〜に影響を与える
0087	financial **globalization** [glòubələzéiʃn]	金融の**グローバル化** 名 グローバル化
0088	the **exploitation** of labor [èksplɔitéiʃn]	労働**搾取** 名 開発，開拓；利用；搾取
0089	**chase** a thief [tʃéis]	泥棒**を追跡する** 他 〜を追う　名 追跡；追求
0090	a **campaign** against cancer [kæmpéin]	癌撲滅**運動** 名 （社会的）運動；軍事行動

マルクス主義は21世紀にも妥当するのか (5)(6)

0091	**cease** to exist	存在すること**をやめる**
	[síːs]	他 〜をやめる 自 やむ，終わる

0092	extremely **numerous**	極端に**多い**
	[njúːmərəs]	形 多い，おびただしい

派生語

0093	alteration	名 変化，変質，改変（← alter）
0094	flexible	形 柔軟な，適応性のある（← flexibility）
0095	depress	他 〜を憂鬱にする，落胆させる（← depression）
0096	alienate	他 〜を疎外する，遠ざける（← alienation）
0097	suppose	他 〜と考える，想像する，仮定する（← supposition）
0098	possess	他 〜を所有する；(悪霊などが)〜に取りつく（← possessions）
0099	phenomenon	名 現象，事象（← phenomenal）
0100	globalize	他 〜を世界規模にする，全世界に及ぼす（← globalization）
0101	exploit	他 〜を搾取する；〜を利用する；〜を開発する（← exploitation）

多義語

riddle　名 なぞ；難問，難題

It was a complete riddle for them.
(それは彼らにとってまったくのなぞだった)

depression　名 不況，不景気（➡ 憂鬱，鬱病；降下，沈下）

Many people are losing their jobs in the current depression.
(多くの人々が現在の不況で仕事を失いつつある)

possession　名（悪魔などが）取りつくこと，憑依（➡ 所有；所有物；富）

His mental illness was the result of demonic possession.
(彼の精神病は悪魔に憑依された結果だった)

1 社会科学・哲学

Passage 5: Is Marxism relevant in the 21st century? (5)

Marx is much more relevant to today's world when we look at his philosophy. There are two main philosophical points to be considered:

1. Human nature is not a fixed thing but **alters** with social and economic conditions. This means that society can be changed by altering the economic system. Nobody was aware of this before Marx brought it to our attention. However, the history of the twentieth century has shown that it is not as easy as Marx believed to create the society of **equals** that he thought could develop. The fact that communist states have **been riddled with** inequalities does not mean that Marx was entirely wrong, but perhaps he was more optimistic about the **flexibility** of human nature than most people.

2. The most important part of Marx's philosophy was the understanding he gave us about the nature of freedom. Under capitalism we appear to be free but because economic conditions control our work, religion, politics and ideas, we cannot control our lives or society. **Depression** is one of the top three causes of absence from work in the United Kingdom — could this be a sign of **alienation**? Of course, this is a **supposition** which is not easily proved, but according to surveys carried out by NOP in 2006 just 36 per cent of British people now feel 'very happy'; in 1957 the figure was 52 per cent. People are less happy than they were 50 years ago, despite an increase in material **possessions**. The fact that we even acknowledge the possibility of this alienation is because Marx introduced the idea. People are now much more aware of the social and economic influences which shape their lives and this is due, in part, to Marx who first brought it to our attention.

(continued)

語句と構文

L06. it is not as easy as Marx believed to create ... の it は，to create 以下を受ける形式主語。not as ... as S' V' = S' が V' するほど…ない ／ L07. the society of equals that he thought could develop の he thought は，関係代名詞節中に挿入された節。／ L08. The fact that communist states have been riddled with inequalities の that は，The fact と同格となる名詞節を導く接続詞。この部分全体が主部で，この後に続く does not mean が述語動詞。

Translation 5 マルクス主義は 21 世紀にも妥当するのか（5）

　マルクスの哲学に視線を向けると，彼はいっそう今日の世界に妥当する。考慮すべき二つの主要な哲学的視点がある。

1. 人間の性質は不変のものではなく，社会条件や経済条件によって変わるものである。それはつまり，社会は経済システムを変えることによって変わり得るということである。マルクスがそのことに我々の注意を向けるまで，誰一人としてこのことに気づかなかった。しかしながら，20 世紀の歴史が示す通り，やがて生まれるとマルクスが考えたような対等な人間たちの社会を創り出すのは，彼が思ったほど容易ではない。社会主義諸国には不平等が蔓延しているからといって，マルクスが完全に間違っていたとは言えないが，おそらく彼は大方の人より人間性の柔軟さというものに関して楽観的だったのだろう。

2. マルクス哲学で最も重要なのは，自由の性質について彼がもたらした解釈だった。資本主義のもとでは我々は自由であるように見えるが，経済的条件が我々の労働，宗教，政治，思想をコントロールするので，我々は自分の生活や社会をコントロールすることができない。イギリスでは鬱病が欠勤の三大理由の一つである。これは疎外の兆候なのだろうか。もちろん，この仮説は簡単には証明できないが，2006 年に行われた全国世論調査会社の調査によれば，現在の英国民で「非常に幸せである」と感じている人はわずか 36％にすぎない。1957 年には，その数字は 52％だった。物質的富が増えているにもかかわらず，人々は 50 年前より幸福でないのだ。こうした疎外の可能性を我々が認識するのも，マルクスがその概念を導入したからである。現在，人々は自分たちの生活を決定づけるような社会的経済的影響を以前よりずっと強く認識しているが，それは，部分的には，最初にそのことに我々の注意を向けさせたマルクスのおかげなのである。（続く）

L17. NOP = National Opinion Polls（全国世論調査会社） ／ L20. The fact that we even acknowledge the possibility of this alienation の that は，The fact と同格となる名詞節を導く接続詞。この部分全体が主部で，この後に続く is が述語動詞。 ／ L23. due to 〜 = 〜による。ここでは in part「部分的に」が due と to の間に割り込んでいる。

Passage 6: Is Marxism relevant in the 21st century? (6)

The world developed in ways that Marx could not have predicted in just 100 years. In the early 1980s, few people could foresee the **phenomenal** rise of the power of home computers, mobile phones, the internet; the extent to which technological advances would change aspects of our society in a short space of time. There are signs within the music industry and publishing that people are taking the means of production into their own hands; technology in the Western world means we can all record our own music and make our own books. This will **affect** the structure of society yet again in ways we cannot be sure of right now.

There is also a growing movement against **globalization** of industry and **exploitation** of workers in countries in the Third World. Capitalism has been accused of '**chasing** poverty around the world'; as soon as workers in one country receive fair pay and rights then the products become too expensive, and so production is moved to another area of the world. At present in the UK, we are buying in many manufactured goods from China and Laos. This means that the proletariat exist outside our culture and society and become almost invisible. Many Marxists are a part of the **campaign** against globalization, which also includes religious and ecological groups. It is not clear how this will affect society in the long term.

To try to look at the development of Marxism over the next 100 years would be an exercise in science fiction. We cannot predict how technology will change our society. Perhaps work will **cease** to exist as a result of technological advances, perhaps society will be destroyed by some disaster and we will return to primitive communism.

The revolution Marx predicted never took place, but does that mean it will never happen? Marxists would argue that as long as 10 per cent of the population hold 99 per cent of the wealth then there is no equality. There are still **numerous** Marxist groups in the world who believe that as long as society remains dominated by capitalism, there must be a revolution. As long as the ideas of Marx are still alive in the minds of people throughout the world, this must be a possibility. (*The end*)

語句と構文

L15. buy in ～ = ～を買いつける ／ L18. It is not clear ... の It は，この後に続く how 節を受ける形式主語。

マルクス主義は21世紀にも妥当するのか（6）

　世界はたった100年で，マルクスが予想することができなかったような形で発展した。1980年代初期には，家庭用コンピュータ，携帯電話，インターネットの影響力が驚異的に大きくなることを，つまりテクノロジーの進歩が短期間に我々の社会のさまざまな局面を変えることを，予想できる人はほとんどいなかった。音楽産業と出版界では，人々が生産の手段を自分たちのものにしつつある兆候が見られる。西側社会のテクノロジーは，我々皆が自分の音楽を録音し，自分の本を作ることができることを意味している。このことがさらに，我々が今の段階では確信が持てないような形で，社会構造に影響を与えることになるだろう。

　産業のグローバル化に，また第三世界諸国における労働者の搾取に，反対する運動も高まっている。資本主義は「世界中で貧困を追い回している」と非難されてきた。ある国の労働者が公正な賃金と権利を受け取れば，すぐさま製品の価格が高くなりすぎるので，生産は世界の他の地域に移される。イギリスは現在，中国やラオスから多くの手工業製品を買い入れている。これはつまり，プロレタリアートがイギリスの文化と社会の外に存在し，ほとんど目に見えなくなっているということである。多くのマルクス主義者がグローバル化に反対する運動に参加しているが，この運動には宗教団体や環境団体も含まれている。長い目で見て，この運動が社会にどのような影響を与えるかは明らかでない。

　今後100年間にわたるマルクス主義の発展を展望しようと試みれば，SFの領域に足を踏み入れることになるだろう。テクノロジーが我々の社会をどのように変えることになるか予測することは不可能だ。テクノロジーの進歩によって労働がもはやなくなる［←存在することをやめる］可能性も多分にあるし，なんらかの災害によって社会が破壊され，我々が原始共産制に戻る可能性も多分にある。

　マルクスが予測したような革命は今まで一度も起こらなかったが，だからといって今後も起こらないと言えるだろうか。人口の10％が富の99％を持つ限り平等はないとマルクス主義者は主張するだろう。社会が資本主義に支配され続けている限り革命は行われなくてはならないと考えるマルクス主義のグループは，今でも世界に多く存在する。マルクスの思想が世界中の人々の心に生き続けている限り，それも一つの可能性であるに違いない。（完）

Phrases 7/8 プラトンのイデア論（1）（2）

0102	in a **sense** [séns]	ある**意味**で （▷多） 名 意味
0103	make **reference** to ~ [réfərəns]	~に**言及**する 名 言及；参照；問い合わせ
0104	**pin down** the facts [pín dáun]	事実**を突き止める** 動句 ~を突き止める
0105	an abstract **entity** [éntiti]	抽象的**存在** 名 存在；実在物；本質
0106	**independent** of ~ [ìndipéndənt]	~から**独立した** 形 独立した；無関係な
0107	Time will **fleet**. [flíːt]	時は**瞬く間に過ぎ去る**だろう。 自 過ぎ去る；飛び去る
0108	**partake** of ~ [pɑːrtéik]	~を**伴う** 自 伴う；共にする；参加する
0109	the **essence** of beauty [ésns]	美の**本質** 名 本質；核心；実在；要素
0110	an **implied** consent [impláid]	**暗黙の**同意 形 言外の，含意された
0111	the origin of the **cosmos** [kázməs]	**宇宙**の起源 名 宇宙
0112	**exemplify** a theory [igzémpləfài]	理論**を例証する** 他 ~を例証する；~を実証する
0113	preserve due **proportion** [prəpɔ́ːrʃn]	適切な**均衡**を保つ 名 割合，比；釣り合い，均衡
0114	solve an **equation** [ikwéiʒn, -ʃn]	**方程式**を解く 名 方程式；同等と見ること，同一視
0115	a **messy** desk [mési]	**乱雑な**机 形 乱雑な；面倒な；いい加減な

0116	a **chaotic** situation [keiátik]	混沌とした状況 形 混沌とした
0117	barely **perceptible** [pərséptəbl]	かろうじて知覚可能な 形 知覚できる，感知できる
0118	**accessible** to the mind [əksésəbl]	頭では理解できる 形 近づきやすい；理解できる
0119	under someone's **patronage** [pǽtrənidʒ, péi-]	人の庇護のもとで 名 保護；後援；ひいき

派生語

0120	refer	自 言及する，触れる；参照する（← reference）
0121	essential	形 本質的な；絶対必要な（← essence）
0122	imply	他 〜を暗に伝える，示唆する；〜を意味する（← implied）
0123	mess	名 混乱；乱雑さ（← messy）
0124	chaos	名 混沌，カオス（← chaotic）
0125	access	名 接近；入手 他 〜に到達する；〜を入手する（← accessible）
0126	patron	名 庇護者，保護者，後援者（← patronage）

多義語

sense 名 思慮，分別；感覚，五感（➡ 意味）

He is a person of sense.
（彼は分別のある人だ）
She lost the sense of hearing in the right ear.
（彼女は右耳の聴覚を失った）

Passage 7: Plato's theory of Ideas (1)

The doctrine for which Plato is best known is his theory of Forms or Ideas, by which for these purposes he meant the same thing. (In this context, the words Form and Idea are usually spelled with a capital letter to make it clear that they are being used in Plato's **sense**.)

Reference has been made to the fact that when Socrates asked "What is beauty?" or "What is courage?" he regarded himself not as trying to **pin down** the definition of a word, but as trying to discover the nature of some abstract **entity** that actually existed. He regarded these entities not as being in some place, or at any particular time, but as having some kind of universal existence that was **independent** of place and time. The individual beautiful objects that exist in our everyday world, and the particular courageous actions that individual people perform, are always **fleeting**, but they **partake** of the timeless **essence** of true beauty or true courage; and these are indestructible ideals with an existence of their own.

Plato took up this **implied** theory about the nature of morals and values and generalized it across the whole of reality. Everything, without exception, in this world of ours he regarded as being an ephemeral, decaying copy of something whose ideal form (hence the terms Ideal and Form) has a permanent and indestructible existence outside space and time. (*continued*)

語句と構文

L05. the fact の後の that は，the fact と同格となる名詞節を導く接続詞で，この that 節は文末まで続く。／L06. he regarded himself ... では，regard A as B「A を B と見なす」の as B の部分が，not X but Y「X ではなく Y」と組み合わされている。／L10. The individual beautiful objects ... の文の主部は，述語動詞 are fleeting の前までのすべて。The individual beautiful objects と the particular courageous actions という二つの主語がそれぞれ関係代名詞節で修飾され，and で結ばれている。／L16. Everything, without exception, ... は，O の Everything が強調のために文頭に出た倒置構文で，he が S，regarded が V。

プラトンのイデア論（1）

　プラトンの説として最もよく知られているのが，形相あるいはイデアの理論である。彼はこの理論によって，形相とイデアを持ち出した目的からして，同じことを意味した。（ここでは，形相とイデアという単語は，プラトンの言う意味で用いられていることを明確にするため，通常，大文字で始める。）

　ソクラテスが「美とは何か」「勇気とは何か」と尋ねる時，彼は自分自身は言葉の定義を突き止めようとしているのではなく，実在する抽象的存在の性質を見出そうとしていると考えていたことが指摘されている［←言及されてきた］。彼はこれらの存在を，特定の場所あるいは時間にあるものではなく，場所や時間から独立した一種の普遍的存在を持つものと考えた。我々の日常の世界に存在する個々の美しい物や，それぞれの人が行う個々の勇気ある行動は，常に瞬く間に過ぎ去って行くものであるが，それらは真の美，真の勇気という時を超えた本質を帯びている。こうしたものは，それ特有の存在を持つ不滅の観念なのである。

　プラトンは，道徳と価値の本質についてのこの暗黙の理論を取り上げ，それを現実界全体に普遍化した。彼は，我々が生きるこの世界のすべてを例外なく，あるものの，はかなく，壊れゆく複製と見なし，そのあるものの観念的な形体（そこからイデアや形相という言葉が生まれた）は時空の外に一つの永続的で不滅の存在を有している，としたのである。（続く）

Passage 8 Plato's theory of Ideas (2)

Plato supported this conclusion with arguments from different sources. For example, it seemed to him that the more we pursue our studies in physics, the clearer it becomes that mathematical relationships are built into everything in the material world. The whole **cosmos** seems to **exemplify** order, harmony, **proportion** —— or, as we would now put it, the whole of physics can be expressed in terms of mathematical **equations**. Plato, following Pythagoras, took this as revealing that, underlying the **messy**, not to say **chaotic** surface of our everyday world, there is an order that has all the ideality and perfection of mathematics. This order is not **perceptible** to the eye, but it is **accessible** to the mind, and intelligible to the intellect. Most important of all it is there, it exists, it is what constitutes underlying reality. In pursuit of this particular research program he drew into the Academy some of the leading mathematicians of his day, and under his **patronage** great strides were made in the development of various aspects of mathematics and what we now think of as the sciences. All were then part of "philosophy." (*continued*)

語句と構文

L.02. it seemed to him that の後は，the 比較級 ..., the 比較級 ... 「…すればするほど…する」の構文。the clearer it becomes の it は，この後に続く that 節を受ける形式主語。／ L.06. Pythagoras = ピタゴラス（古代ギリシャの哲学者・数学者・宗教家）／ L.07. underlying the messy, not to say chaotic surface of our everyday world は，後に続く there is an order ... の状況を説明する分詞構文。／ L.11. in pursuit of 〜 = 〜を遂行〔追求〕しようとして／ L.12. draw A into B = A を B に引き入れる。ここでは A の some of the leading mathematicians of his day が長いため，draw into B A の順序になっている。

プラトンのイデア論（2）

　プラトンはこの結論を，さまざまな源から引き出した論拠で裏付けた。例えば，彼にとっては，我々が自然科学の研究をすればするほど，物質界のすべてのものに数学的関係が組み込まれていることが明らかになるように思われた。宇宙全体が秩序，調和，均衡を例証するように思えるのである。あるいは，現代風に言うならば，物理学全体が数式で表現できるということになるだろう。プラトンは，ピタゴラスにならって，このことは我々の日常的な世界の，混沌としたとまでは言わないまでも乱雑な表層の背後に，数学の観念性と完璧さすべてを具有する秩序があることを明らかにしている，と考えたのだ。この秩序は目に見えないが，心で感じ取ることができ，知性で理解することができる。何よりも重要なのは，それがそこにあり，存在し，目に見えない現実を構成しているものだということである。この特別な研究課題を追求するために，彼はアカデメイアに当時の最先端を行く数人の数学者を招き入れた。そして，プラトンの庇護のもと，数学と現在我々が科学と見なすもののさまざまな側面の発展において大きな前進が見られたのである。その当時は，これらは皆「哲学」の一部だった。（続く）

プラトンのイデア論（3）（4）

0127	be **permanently** exiled [pə́ːrmənəntli]	**永久に**国外追放される 副 永久に
0128	the **formulation** of an idea [fɔ̀ːrmjəléiʃn]	考えの**公式化** 名 公式化
0129	**shorten** a speech [ʃɔ́ːrtn]	スピーチ**を短くする** 他 〜を短くする 自 短くなる
0130	a sensory **apparatus** [æ̀pərǽtəs, -réit-]	感覚**器官** 名 器具，装置；機構；器官
0131	**apprehend** danger [æ̀prihénd]	危険**を察知する** 他 〜を察知する；〜を理解する
0132	a **glimpse** of the truth [glímps]	真理の**一瞥** 名 ちらっと見る〔見える〕こと
0133	a **stable** currency [stéibl]	**安定した**通貨 形 安定した；不変の 名 馬小屋
0134	a profound **implication** [ìmplikéiʃn]	深遠な**意味** 名 含み，含意；密接な関係
0135	an **awareness** of a problem [əwéərnəs]	問題の**認識** 名 気づいていること；意識
0136	**inhabit** a city [inhǽbit]	都会**に住む** 他 〜に住む，生息する
0137	highly **perishable** [périʃəbl]	ひどく**壊れやすい** (▷多) 形 壊れやすい；永続しない
0138	the **Hellenistic** world [hèlənístik]	**ヘレニズムの**世界 形 ヘレニズムの
0139	the tradition of **Platonism** [pléitənìzm]	**プラトン主義**の伝統 名 プラトン哲学；プラトン主義
0140	the **New Testament** [ðə njúː téstəmənt]	**新約聖書** 名 新約聖書

プラトンのイデア論（3）（4）

1 社会科学・哲学

0141	**profoundly** grateful	**深く**感謝して
	[prəfáundli]	副 深く；切に；完全に

0142	an **orthodox** doctrine	**正統派の**教義
	[ɔ́ːrθədɑ̀ks]	形 正統派の

0143	a historic **mission**	歴史的**使命**
	[míʃn]	名 使命，任務，伝道；伝道団

0144	**preoccupy** many scholars	多くの学者**を夢中にさせる**
	[priːɑ́kjəpài]	他 〜を夢中にさせる

0145	**divine** grace	**神の**恵み
	[diváin]	形 神の；天与の　名 (the 〜で) 神

0146	the theory of **reincarnation**	**霊魂再来**説
	[rìːinkɑːrnéiʃn]	名 生まれ変わり，輪廻(りんね)

0147	the **bulk** of 〜	〜の**大半**
	[bʌ́lk]	名 大きさ，かさ；大きなもの；大半

0148	in every **respect**	あらゆる**点**で　　　(▷多)
	[rispékt]	名 点；関連；重視

派生語

0149	**permanence**	名 永久不変，永続 (← permanently)
0150	**apprehension**	名 理解；懸念，不安 (← apprehend)
0151	**stability**	名 安定，安定性 (← stable)
0152	**inhabitation**	名 居住；生息 (← inhabit)
0153	**Hellenism**	名 ギリシャ文化主義，ヘレニズム (← Hellenistic)
0154	**preoccupation**	名 夢中，没頭，忘我 (← preoccupy)

多義語

□ **perishable**　　形 腐敗しやすい (➡壊れやすい；永続しない)
　　The egg is a perishable product.（卵は腐敗しやすい品だ）

□ **respect**　　名 尊敬，敬意　他 〜を尊敬する，敬う (➡点；関連；重視)
　　She has worked hard to gain the respect of her peers.
　　（彼女は同僚の尊敬を勝ち得ようと懸命に働いてきた）

Passage 9 Plato's theory of Ideas (3) 1-09

   This approach, developed by Plato with great richness across a wide area of subject matter, resulted in a view of total reality as being divided into two realms. There is the visible world, the world as it is presented to our senses, our ordinary everyday world, in which nothing lasts and nothing stays the same —— as Plato liked to put it, everything in this world is always becoming something else, but nothing ever just **permanently** is. (This **formulation** became **shortened** to "everything is becoming, nothing is.") Everything comes into existence and passes away, everything is imperfect, everything decays. This world in space and time is the only world that our human sensory **apparatus** can **apprehend**. But then there is another realm which is not in space or time, and not accessible to our senses, and in which there is permanence and perfect order. This other world is the timeless and unchanging reality of which our everyday world offers us only brief and unsatisfactory **glimpses**. But it is what one might call real reality, because it alone is **stable**, unshakeable —— it alone just is, and is not always in the process of sliding into something else.

   The **implications** of the existence of these two realms are the same for us human beings considered as objects as they are for everything else. There is a part of us that can be seen, while underlying this is a part that cannot be seen but of which our minds are capable of achieving **awareness**. The part that can be seen consists of our bodies, material objects that exemplify the laws of physics and **inhabit** the realm of space and time. These physical bodies of ours come into existence and pass away, are always imperfect, are never the same for two moments together, and are at all times highly **perishable**. But they are the merest and most fleeting glimpses of something that is also us and is non-material, timeless, and indestructible, something that we may refer to as the soul. These souls are our permanent Forms. The order of being that they inhabit is the timeless, spaceless one in which exist all the unchanging Forms that constitute ultimate reality. (*continued*)

語句と構文

L01. developed by Plato ... subject matter の developed は過去分詞で，主語 This approach を説明している。／ **L13.** offer A a glimpse of B = A に B をちらりと見せる。our everyday world offers us only brief and unsatisfactory glimpses of the timeless and unchanging reality の下線部が関係代名詞 which の先行詞になっている。

Translation 9 プラトンのイデア論（3）

　広範囲の題材にわたり大いなる成果を上げながらプラトンによって展開されたこの研究方法は，結果として現実全体は二つの世界に分けられるという見方をもたらした。目に見える世界，我々の五感にさらされている世界，普通の日常の世界，何も続かず何も同じ状態にとどまらない世界，つまり，プラトンが好んで表現したように，この世界のすべては常に何か別のものに変化しつつあり，たとえどんなものでも永遠にそのままとどまることはない，そういう世界がある。（この公式化は後に「すべては生成し，とどまるものなし」と短く呼ばれることになった［←短くされた］。）すべては生成し消滅する，すべてが不完全であり，すべてが滅びる。空間と時間の中のこの世界は，我々人間の感覚器官が感じ取れる唯一の世界である。しかし，もう一つの世界もある。それは空間と時間の中には存在せず，我々の五感では感じ取れないが，永遠と完璧な秩序がある世界である。このもう一つの世界は，時を超越した不変の現実であり，我々の日常の世界では我々はその姿をほんのつかの間だけ不十分にしか見ることができない［←我々の日常の世界は我々にその姿の短く不十分な一瞥しか与えない］。しかし，それこそ真の現実というべきものである。なぜなら，それだけが安定していて揺るぎないものであり，それだけがそこにとどまり，常に別の何かに変わって行く過程にあるものではないからである。

　これら二つの世界の存在が表す意味は，人間以外のあらゆるものに当てはまるのと同じように，物体と考えられる我々人間にも当てはまる。目に見える我々の一部がある一方で，その背後には，目には見えないが，我々の精神がそれを認識し得る部分がある。目に見える部分は，我々の身体，つまり自然科学の法則を体現し，空間と時間の世界に存在する物体から成る。我々のこの肉体は生成しては消滅し，常に不完全で，二つの瞬間にわたってまったく同じということは決してなく，いつもひどく壊れやすい。しかし，それらはやはり我々であり，非物質的で時間を超越する不滅の何か，我々が魂と呼ぶような何かを，ほんの一瞬，つかの間に体現するものである。そしてこれらの魂こそ，我々の永続的な形相である。魂たちが宿る存在様式は，時空を越えた存在様式であって，そこには究極の現実を構成するあらゆるものの不変の形相が存在するのである。　（続く）

L18. while underlying this is a part that … = while a part that … is underlying this（倒置）この a part は that cannot be seen と of which our minds … awareness という二つの関係代名詞節に修飾されている。　／　**L20.** our bodies と material objects … space and time は同格。　／　**L23.** But they are the merest and most fleeting glimpses of … の they は前文の These physical bodies of ours を指し，glimpse はここでは「ちらっと現れること」の意。　／　**L24.** something that is also us … indestructible と something that we may … the soul は同格。　／　**L27.** in which exist all the unchanging Forms that … reality = in which all the unchanging Forms that … reality exist（倒置）

49

Passage 10: Plato's theory of Ideas (4)

Readers who have been brought up in a Christian tradition will at once recognize this view as familiar. That is because the school of philosophy that was dominant in the **Hellenistic** world in which Christianity came on to the scene and proceeded to develop was the tradition of **Platonism**. **The New Testament** was, of course, written in Greek; and many of the deeper thinkers among the early Christians were **profoundly** concerned to reconcile the revelations of their religion with Plato's main doctrines. What happened was that the most important of these doctrines became absorbed into **orthodox** Christian thinking. There was a time when it was quite common for people to refer to Socrates and Plato as "Christians before Christ." Many Christians seriously believed that the historic **mission** of those Greek thinkers had been to prepare the theoretical foundations for some important aspects of Christianity. The detailed working out of these connections was something that **preoccupied** many scholars during the Middle Ages.

Plato, to state the obvious, was neither Christian nor Jew, and arrived at his conclusions in complete independence of the Judeo-Christian tradition. In fact, he arrived at them by philosophical argument. They do not call for any belief in a God, or in religious revelation, and during the period since him they have been accepted in whole or in part by many who were not religious. Plato himself did in fact come to regard the Ideal Forms as **divine**, because perfect; and he also came to believe, as Pythagoras had done, in **reincarnation**; but the **bulk** of his philosophical influence has been on thinkers who declined to go along with him in either of those **respects**, some completely irreligious.

(*The end*)

語句と構文

L02. because 節は SVC の文で、S=the school of philosophy, V=(二つ目の) was, C=the tradition of Platonism。 ／ L03. come on to the scene = 現れる, 登場する ／ L06. be concerned to ... = …しようと努める ／ L06. reconcile A with B = A と B を適合させる ／ L16. Judeo-Christian = ユダヤ教的・キリスト教的な ／ L17. call for ～ = ～を要求する

Translation 10 プラトンのイデア論（4）

　キリスト教の伝統の中で育った読者は，すぐにこの考え方をなじみ深いものに思うだろう。それは，キリスト教が登場し，発展するに至ったヘレニズムの世界で支配的だった哲学の学派が，プラトン主義の伝統を汲んでいたからである。言うまでもなく，新約聖書はギリシャ語で書かれた。そして初期のキリスト教徒たちの中で深遠な思想を持つ者の多くは，自分たちの宗教の啓示とプラトンの主要な説を両立させようと懸命に努めた。その結果，プラトンの説の最も重要な部分は，正統的なキリスト教思想に吸収されたのである。人々がソクラテスとプラトンを「キリスト以前のキリスト教徒」と見なすのがごく普通である時代もあった。多くのキリスト教徒が，これらの古代ギリシャの思想家の歴史的使命はキリスト教のいくつかの重要な教義のために理論的な基盤を用意することだった，と堅く信じていた。そして，プラトンの説とキリスト教との関連を詳細に練り上げることが，中世の多くの学者の心をとらえた問題であった。

　当然のことだが，プラトンはキリスト教徒でもユダヤ教徒でもなく，ユダヤ教的・キリスト教的伝統とはまったく無関係に自分の結論に達した。彼はまさに哲学的論証により，そこに到達したのである。それらの結論は，神への信仰も宗教的啓示も要求するものではない。そして，彼以降の時代に，宗教的でない多くの人々によっても，それらの結論は全面的あるいは部分的に受け入れられてきたのである。実を言うと，プラトン自身は観念的形相を完璧であるがゆえに神のような存在と見なすようになった。また，ピタゴラスがそうであったように，霊魂再来を信じるようにもなった。しかし，彼の哲学が大きな影響を与えたのは [←彼の哲学の影響の大半は]，いずれの点においても彼に同調したがらなかった思想家たちに対してであり，その中にはまったく無宗教の人々もいた。（完）

L20. because (they were) perfect カッコ内の語句が省略されている。 ／ **L21.** believe in 〜 =〜（の存在）を信じる。ここでは as Pythagoras had done (=believed in reincarnation) という挿入節が間に割り込んでいる。 ／ **L22.** go along with 〜 =〜に賛成する，同調する ／ **L23.** some (thinkers being) completely irreligious は，カッコ内の語句が省略された独立分詞構文。

Phrases 11　ポストモダニズムとは何か（1）

#	英語	発音	日本語
0155	**postmodernism**	[pòustmádərnìzm]	ポストモダニズム 名 ポストモダニズム
0156	in **widespread** use	[wáidsprèd]	広く使用されて 形 普及した；広範な；大きく広げた
0157	a **descriptive** term	[diskríptiv]	記述用語 形 説明的な，記述的な，描写する
0158	an **apt** answer	[ǽpt]	適切な答え 形 適切な；賢明な；傾向がある
0159	bitter **disillusionment**	[dìsilú:ʒnmənt]	ひどい幻滅 名 幻滅
0160	**blossom** into ~	[blásəm]	~へと開花する 自 開花する　名 花；開花
0161	a **catch-all** term	[kǽtʃɔ̀:l]	包括的な言葉 形 包括的な　名 がらくた入れ
0162	a newspaper **supplement**	名[sʌ́pləmənt]　動[sʌ́pləmènt]	新聞の別刷り付録　（▷多） 名 補足；付録，特集　他 ~を補う
0163	**agonise** over ~	[ǽgənàiz]　《米》agonize	~でひどく苦しむ 自 ひどく苦しむ　他 ~を苦しめる
0164	**dismiss** doubts	[dismís]	疑いを捨てる 他 ~を退ける；~を追い出す
0165	deny something **outright**	[àutráit]	あることを即座に否定する 副 完全に；無遠慮に；即座に
0166	a **buzz-word**	[bʌ́zwə̀:rd]	流行語 名 流行語；通用語
0167	a **sell-by date**	[sélbai dèit]	賞味期限 名 賞味期限
0168	a **deluge** of information	[délju:dʒ]	情報の氾濫 名 洪水；大雨　他 ~を氾濫させる

ポストモダニズムとは何か（1）

1 社会科学・哲学

0169	a steady **drizzle** [drízl]	しとしとと降る**霧雨** 名 霧雨　自 霧雨が降る
0170	a **sober** judgment [sóubər]	**冷静な**判断 形 しらふの；真面目な；冷静な
0171	a periodic **reassessment** [rìːəsésmənt]	定期的**再評価** 名 再評価；再割り当て
0172	**wilfully** disobedient [wílfli]《米》willfully	**故意に**反抗的な 副 故意に；強情に
0173	**integrate** A into B [íntigrèit]	A を B に**融合させる**　（▷多） 他 ～を統合する；～を完成する
0174	with **exaggeration** [igzædʒəréiʃn]	**誇張**して 名 誇張；過大視；誇張表現

派生語

0175	**description**	名 記述，説明，描写（← descriptive）
0176	**disillusion**	名 幻滅（← disillusionment）
0177	**dismissal**	名 解雇；解散；却下（← dismiss）
0178	**wilful**〔willful〕	形 故意の，意図的な（← wilfully）
0179	**integration**	名 融合，統合（← integrate）
0180	**exaggerate**	他 ～を誇張する，大げさに言う（← exaggeration）

多義語

supplement　名 栄養補助食品（➡ 補足；付録，特集；～を補う）
Lifestyle diseases can be controlled through supplements.
（生活習慣病は栄養補助食品によって抑えることが可能である）

integrate　他 ～から（人種的・宗教的）差別を撤廃する（➡ ～を統合する；～を完成する）
Efforts to integrate schools have been made.
（学校での人種的差別を撤廃する努力がなされてきた）

Passage 11 What is postmodernism?（1）

　The term **postmodernism** has been in **widespread** use for three decades, but the story of its spread through culture is fairly complex. Apart from a number of isolated early sightings of the term, postmodernism started life mainly as an academic category concerned with certain developments in the arts, but soon became a **descriptive** term for all sorts of proposed shifts and changes in contemporary society and culture. To take just one example, it was argued that the world had lost faith in technological progress. Because faith in technological progress was seen as belonging to a specific 'modernist' historical period, the term 'postmodernist' was thought an **apt** description of our new period of **disillusionment**. However, by the mid-1980s, postmodernism had **blossomed** into what can sometimes seem like a **catch-all** term for just about anything.

　By the middle of that decade, postmodernism in many areas (like architecture, politics or literature) was frequently discussed in late night television 'culture' slots, radio arts programmes, and middlebrow Sunday newspaper **supplements**. These discussions often consisted of either **agonising** over what sense could possibly be made of a word like postmodernism, or **dismissing** it **outright** as a trendy **buzz-word** rapidly reaching its **sell-by date**.

　Today, the **deluge** of books on postmodernism has slowed to a steady **drizzle**, and heated debate has cooled into **sober reassessment**. In some quarters (the art world for instance) the word, if not the issues to which it refers, seems to be in the process of being **wilfully** forgotten. Meanwhile, aspects of postmodern theory have been fully **integrated** into humanities courses right across the Western world.

　So postmodernism persists, to the extent that we might almost say (again with a little **exaggeration**) that it has become part of everyday speech. This suggests that it might be worth our while to look into exactly what lies behind it. (*continued*)

語句と構文

L03. sighting = 目撃例，観察例 ／ L03. start life = 生まれる ／ L14. slot =（テレビ番組などの）時間帯，枠 ／ L14. arts = 人文科学 ／ L14. middlebrow = 知識・教養などが中位の，人並みの

Translation 11 ポストモダニズムとは何か（1）

1 社会科学・哲学

ポストモダニズムという言葉はこの 30 年間広く用いられてきたが，その文化への浸透の経緯はかなり複雑である。初期の頃に見られるこの言葉の孤立的な意味を持った少数の使用例は別として，ポストモダニズムは主に，芸術のある種の発展に関連した学問的なカテゴリーとして生まれたが，やがて現代の社会や文化において提唱されたさまざまな推移や変化を説明する言葉になった。ほんの一例を挙げれば，世界はテクノロジーの進歩への信奉を失ってしまったと主張されたのである。テクノロジーの進歩への信奉はもっぱら「モダニズムの」時代に属すると考えられていたので，「ポストモダニズム」は我々の新しい幻滅の時代を表すのにふさわしい言葉と考えられた。しかしながら，1980 年代の中頃までにポストモダニズムは大きく開花し，時にはほとんど何でも表すことのできるような包括的な言葉に発展していった。

この 1980 年代の中頃には，多くの分野（建築，政治，文学など）におけるポストモダニズムが，深夜テレビの「文化」枠やラジオの教養番組，中程度の教養人を読者対象とする日曜版の別刷りなどでしばしば議論されていた。これらの議論では，ポストモダニズムといった言葉がどのような意味を持ち得るのだろうと煩悶するか，あるいはそれをすぐに賞味期限の切れる流行語として即座に切り捨ててしまうかのどちらかであることが多かった。

今日では，洪水のように押し寄せたポストモダニズム関係の書籍の出版はしとしとと降り続ける小雨程度になり，白熱した討論は沈静化し，冷静な再評価に落ち着いている。この言葉が指し示す問題を忘れようとしているのではないにしても，この言葉を故意に忘れようとしているように思える分野（例えば芸術界）もある。その間，ポストモダニズム理論のさまざまな側面は，まさしく西側世界のすべてにおいて，人文科学に完全に統合されてきている。

したがって，ポストモダニズムは，（またもやいささか大げさではあるが）日常会話の一部になったと言ってもよい程度には生き残っている。だから，その背後にあるものを正確に調べる価値があると言えなくもないのである。（続く）

L15. what sense could possibly be made of ... は，make sense of 〜「〜を理解する」の sense を主語にした受動態の間接疑問。／L26. be worth (one's) while to ... =（人が）…する価値がある

Phrases 12 ポストモダニズムとは何か（2）

0181	classic **psychoanalysis** [sàikouənǽləsis]	古典的な**精神分析学** 名 精神分析学
0182	a **school** of thought [skúːl]	学**派** 名 流派；流儀
0183	a **unified** movement [júːnifàid]	**統一された**運動 形 統一された
0184	a socialist **theoretician** [θìːəritíʃn]	社会科学の**理論家** 名 理論家
0185	a **spokesperson** for women [spóukspə̀ːrsn]	女性の**代弁者** 名 代弁者
0186	a required **discipline** [dísəplin]	必修**学科** （▷多） 名 学問分野
0187	an exclusive **periodical** [pìriádikl]	高級**雑誌** 名 定期刊行物　形 定期刊行の
0188	**proliferate** rapidly [prəlífərèit]	急激に**増殖する** 自 増殖〔繁殖〕する；激増する
0189	**multiply** enormously [mʌ́ltəplài]	恐ろしく**増える** 自 増える　他 ～を増す
0190	**generate** electricity [dʒénərèit]	電気**を発生させる** 他 ～を生成する；～を引き起こす
0191	**obscure** a fact [əbskjúər]	事実**を不明瞭にする** 他 ～を覆い隠す　形 不明瞭な
0192	**clarify** a matter [klǽrəfài]	問題**をはっきりさせる** 他 ～を明確にする；～を浄化する
0193	**compatible** with ～ [kəmpǽtəbl]	～**と矛盾がない** 形 適合する；両立する
0194	**circulate** among people [sə́ːrkjəlèit]	人々の間に**流布する** 自 循環する；広まる；動き回る

ポストモダニズムとは何か（2）

0195	speak **ironically** [airánikli]	**皮肉混じりに**語る 副 皮肉混じりに；皮肉にも
0196	a **controversial** subject [kàntrəvə́:rʃl]	**議論の余地ある**話題 形 論争の；問題の多い
0197	a **shorthand** for 〜 [ʃɔ́:rthænd]	〜の**省略表現** 名 速記（法）；省略表現 形 速記の
0198	a radical **transformation** [trænsfərméiʃn]	根本的な**変化** 名 変化，変質，転換
0199	a **sceptical** attitude [sképtikl] 《米》skeptical	**懐疑的な**態度 形 懐疑的な，疑い深い
0200	literary **criticism** [krítəsìzm]	文芸**批評** 名 批評，評論；批判，非難

派生語

0201	**unification**	名 統一，合一（← unified）
0202	**proliferation**	名 増殖，急増（← proliferate）
0203	**generation**	名 発生，生成；世代（← generate）
0204	**obscurity**	名 不明瞭，不分明；無名（← obscure）
0205	**clarification**	名 明瞭化，明確化（← clarify）
0206	**circulation**	名 流布，循環（← circulate）
0207	**ironical** 〔ironic〕	形 皮肉な，反語的な（← ironically）
0208	**controversy**	名 論争，議論（← controversial）
0209	**scepticism** 〔skepticism〕	名 懐疑，疑い（← sceptical）

多義語

discipline 名 訓練，鍛錬；しつけ，規律正しさ（➡ 学問分野）

Learning poetry is a good discipline for the memory.
（詩を学ぶことは記憶力にとってよい訓練となる）
Discipline in the armed forces was breaking down.
（軍隊内部の規律が崩壊しつつあった）

Passage 12: What is postmodernism? (2)

It is possible to look at the field of **psychoanalysis**, identify its founding figure as Sigmund Freud, and go on to describe the main conceptual tools behind the psychoanalytic method. With postmodernism it is not quite so easy to do this. Postmodernism is not, strictly speaking, a **school** of thought. It is not a **unified** intellectual movement with a definite goal or perspective, and it does not have a single dominant **theoretician** or **spokesperson**.

This is because ideas about postmodernism have been adopted by virtually every **discipline**, from philosophy to cultural studies, from geography to art history. Each area has produced books and **periodicals** with their own particular angles on the topic, each has defined postmodernism in their own terms. In short, postmodernism has **proliferated**. Taken on board in so many different fields, where it can refer to so many different things, its meanings have **multiplied**, and the sheer volume of texts it has **generated** have tended to **obscure**, rather than **clarify**, what on earth it is all about. The problem is that what postmodernism might mean in one discipline is not necessarily **compatible** with what it might mean in another.

So postmodernism now leads a complicated life. So complicated, in fact, that there are really several postmodernisms in existence, or at least many variations on it. On the one hand it now **circulates**, however **ironically**, in popular culture. On the other hand, it remains a **controversial** subject in academic books and journals. Some areas have become bored with it and are looking for alternatives. Others are only just getting used to having it around. For some, it is now a firmly established **shorthand** for a range of social and cultural **transformations**. Still others remain **sceptical** about its usefulness.

Even in the day to day speech of what are sometimes called the 'chattering classes' postmodernism has more than one application. It can be used, for example, as a vague term for any contemporary artefact that seems in some way ironic. Or it can be used, even more vaguely, as a general name for our particular moment in history. Add to this the fact that its meaning has been argued over in the very areas (such as literary **criticism**) in which it was born, and it seems the only certain thing is that postmodernism is hard to get to the bottom of.

(The end)

語句と構文

L11. Taken on board in so many different fields は過去分詞で始まる分詞構文で。／ L14. what on earth it is all about は間接疑問で，obscure の目的語。／ L25. day(-)to(-)day = 日々の，毎日の

Translation 12 ポストモダニズムとは何か（2）

1 社会科学・哲学

　精神分析学の分野に目を向け，ジークムント・フロイトをその創始者と認め，次に精神分析学の方法の裏にある主要な概念的道具を説明することは可能である。ポストモダニズムについて同じことをするのは，それほど簡単ではない。ポストモダニズムは，厳密に言えば，一つの学派ではない。特定の目標や展望を持つ統一された知的運動ではないし，一人の主要な理論家や代弁者がいるわけでもない。

　それは，ポストモダニズムに関するさまざまな概念が，哲学から文化研究，地理学から芸術史に至る，事実上すべての学科に採り入れられているからである。それぞれの分野において，この話題を独自の視点からとらえた書籍や雑誌が生み出され，それぞれの分野が独自の言葉でポストモダニズムを定義してきた。要するに，ポストモダニズムは拡大解釈された［←増殖した］のである。あまりに多様な分野で受け入れられ，それらの分野で多くの異なった事柄を指し示すことができるので，その意味は多様化し，それが生み出してきた膨大な文言は，ポストモダニズムが一体何についてのことなのかはっきりさせるというより，むしろあいまいにさせる傾向がある。問題なのは，ある分野でポストモダニズムが意味するところが他の分野で意味することと必ずしも矛盾がないわけではない，ということだ。

　そんなわけで，現在，ポストモダニズムは複雑な運命をたどっている。実際，あまりにも複雑すぎて，実にさまざまなポストモダニズムが存在する。あるいは，少なくともたくさんのバリエーションがある。ポストモダニズムは，一方では，いかに皮肉なこととはいえ，大衆文化に広まり，他方では，今でも学問的な書籍や雑誌で論議の余地ある主題のままである。この言葉に飽きてしまい，別の何かを探し求めている分野もある。また，この言葉を身近に置くことにやっと慣れかかったばかりの分野もある。ある人々にとっては，この言葉は今やさまざまな社会的・文化的変化を表現できる定着した手短な表現である。また一方で，それが役に立つかどうかまだ疑っている人もいる。

　「おしゃべり階級」と時に言われることのある人々の日常的な会話の中でも，ポストモダニズムという言葉は複数の事柄に適用されている。例えば，何か皮肉めいて見える現代の人工的な産物を表すあいまいな言葉として用いられることがある。あるいは，もっとあいまいに，歴史の流れの中での今の時代を表す総称的な名称として用いられることもある。これに加えて，まさにこの言葉が生まれた分野（例えば文芸批評）においてその意味が議論され続けているという事実がある。かくして，ポストモダニズムの意味を探り当てるのは難しいということだけが，唯一確かなことであるように思える。（完）

L25. the 'chattering classes' = おしゃべり階級（政治などについて議論する中上流階級の知識人のこと）／ L27. artefact = 人工物；芸術品 ／ L29. add A to B = AをBに加える。ここではAのfact that ... born が長いので，add to B A の順序になっている。／ L31. get to the bottom of ～ = ～の意味を探り当てる，真相を究明する

➤ 知ってますか？

0210　the labor theory of value　图 労働価値説

「労働価値説」は『資本論』で展開されているマルクス経済学の要に相当し、「商品（commodity）の価値はその商品の生産に必要とされる平均的な労働時間によって客観的に計測される」とする理論である。例えば、時計とかばんを作るのに、前者が後者の2倍の労働時間がかかるなら、時計の価格はかばんの2倍になる。労働価値説自体はアダム・スミスやリカード（David Ricardo）なども採り入れていたが、マルクスが特異だったのは、労働者の「労働力」も商品だとして、労働価値説を労働力にも適用した点だ。彼は、労働力という商品の価値（つまり賃金）は、労働時間に依存するとした。そして、賃金は、労働者が衣食住をまかない明日への労働力を維持していくのに平均的に必要な金額でなければならないとした。つまり、労働者が毎日元気に働くことができるために必要な衣食住をまかなうにはどの程度の労働時間が必要かを問題にした。仮に時給を1,000円として、1日8時間労働すれば毎日元気に働けるなら、正しい賃金は1日8,000円になる。ところが、資本家は労働者を1日12時間働かせて8,000円しか払わない。つまり余分な4時間という労働時間の賃金は資本家が労働者から搾取している剰余価値になる。こう見てくると、マルクスが労働価値説を労働力にも当てはめたのは、資本家の不当性、すなわち資本家が**不労所得**（unearned income）を取得し、労働者を搾取していることを暴くことが目的だったことがわかる。

念のために述べておくと、経済学的には労働価値説は明らかに誤りである。商品の価値は、その商品の**希少性**（scarcity）、労働の質（医者と単純労働者の仕事の質を比較せよ）、需要と供給などの市場の動向、その他の要因によって決定されるから、商品に投下された労働時間という単一の要素で商品の価格を決定することはできないのである。

0211　the base　图 下部構造
0212　the superstructure　图 上部構造

この二つは、マルクス主義経済学者たちが経済とそれ以外の社会的制度との関係を論じる時に使用した言葉。下部構造とは社会の経済的基盤をいい、上部構造とは下部構造に基づいて築き上げられるとされる社会制度、政治制度、法律制度及び宗教、哲学、芸術、思想などをいう。参考までに、エンゲルスが1880年に著した『空想より科学へ』から、関連箇所を引用する。

「その時々の社会の経済的構造が、つねにその現実の基礎をなし、歴史上の各時代の、法律制度や政治制度はもちろんそのほか宗教や哲学その他の観念形式などの全上層建築は結局はこの基礎から説明すべきものであることがあきらかになった」（岩波

文庫　大内兵衛訳）
ここに出てくる「基礎」が下部構造,「上層建築」が上部構造のことである。

0213　**utopian socialism** 名 空想的社会主義
0214　**scientific socialism** 名 科学的社会主義
0215　**dialectical materialism** 名 弁証法的唯物論

　サン・シモン（Henri de Saint-Simon : 1760-1825），フーリエ（Charles Fourier : 1772-1837），オーウェン（Robert Owen : 1771-1858）などが行った社会改革運動は「空想的社会主義」と呼ばれている。その理由は，彼らは資本主義的生産様式とそれがもたらす悲惨な結果を批判はしたが，そのメカニズムを科学的に説明できず，ただ将来の理想的な社会を思い描いていたにすぎないからだ。それに対して，マルクスやエンゲルスは自らの理論を「科学的社会主義」と呼んだ。マルクスは『資本論』の序章で自らの理論を「鉄の必然性をもって作用し」と述べているし，またエンゲルスは『空想より科学へ』の中で「この二大発見，すなわち唯物史観と，剰余価値による資本主義的生産様式の秘密の暴露とは，われわれがマルクスに負うところである。社会主義はこの発見によって一つの科学となった」と述べている。なお，ここに出てくる「唯物史観」は「弁証法的唯物論」と同義である。弁証法的唯物論とは，唯物論の立場に立って，世界は発展（具体的には運動・発生・消滅）することを本質とし，その内部にはらむ矛盾を低次元な解決から高次元の解決へと無限に続く循環過程としてとらえる理論である。エンゲルスは弁証法を説明する際にダーウィンの例を挙げ，ダーウィンは動物も植物も，したがって人間も，幾百万年にわたる絶え間ない進化の過程の産物であることを弁証法によって証明したと語っている。

0216　***the Republic*** 名 『国家』
0217　**the allegory of the cave** 名 洞窟の比喩

　プラトンが著した対話編の中で最も有名なものが『国家』。ソクラテスが弟子たちと交わした問答を記録したもので，個人の**正義**（**justice**），国家の正義，そして国家の統治のあり方を検討し，結論としては国家の**守護者**（**Guardian**）は一定の資質と教育を受けた**哲人王**（**philosopher-king**）であるべきだとした。この『国家』の中に洞窟の比喩が出てくる。プラトンはこの比喩で人間の経験と知識についての彼の見解を説明しようとした。洞窟の模様は次のようなものである。
　洞窟の奥に行き止まりの壁がある。ここには入り口からの太陽の光は届かない。

一列に並んだ囚人たち（a row of prisoners）が入り口に背を向け，行き止まりの壁に顔を向けて座っている。囚人たちは手足を鎖で縛られ，頭も自由に動かせない。囚人たちの後ろには人の背丈ほどの壁があり，その壁の向こうでは人々が物を運び，さらにその向こうには**火**（fire）がある。物を運んでいる人たちの姿は囚人たちの前の壁に映し出されている。次に囚人が自由にされて，後ろを向き，最初に火を次にうごめく人々を見る。ところが，囚人はこれらは今まで見慣れていたものとは違うので本物ではないと思い，また壁の方を見ようとする。しかし，囚人を無理やり洞窟の入り口まで連れ出し，太陽の光の中に入れると，囚人は次第に太陽自体を見るのに慣れてくる。これには苦痛が伴うけれども，そうやって初めて囚人は以前は影を見ていたにすぎなかったことがわかる。

この比喩でプラトンが言いたかったことは，人間は肉体，つまり感覚器官に左右されてしまう存在であり，感覚が経験しているものは本当の現実ではない。理性によってそこから抜け出して初めてイデアの世界に入れるということであろう。

0218　metaphysics　名 形而上学（けいじじょう）

なぜこのような奇妙な（？）言葉になったか，由来を説明する。後世の人がアリストテレスの講義録を編纂（へんさん）する際に，アリストテレスが「第一哲学」と呼んでいた学科の講義ノートを**自然学**（英語では**physics**）」の後に置き「自然学の後の書（ギリシャ語で ta meta ta physika）」とした。そして，この ta meta ta physika をラテン語に変える際に，ラテン語には冠詞がないので二つの冠詞 ta が抜け，metaphysica すなわち英語の metaphysics になった。そしてこれを日本語に翻訳する際に，『易経（えききょう）』の「繋辞伝（けいじでん）」の中にある「形而上——目に見える形より以上の意味」を手がかりにして，「形而上学」という訳語をつけた。訳者は，形而上学は「感覚によってとらえられる現象世界を超越したところにある事物の本質や存在そのものの根本原理を究めようとする学問」を表すのにふさわしいネーミングだと考えたのだろう。

0219　structuralism　名 構造主義
0220　deconstruction　名 脱構築

構造主義は，言語学，数学，人類学などさまざまな分野に関わるが，共通しているのは，人間の文化的事象を成しているさまざまな構成要素を分析・総合して，どのような意味作用を持っているかを探ろうとする思想である。構造主義は，スイスの言語学者ソシュール（Ferdinand de Saussure : 1857-1913）から始まる。ソシュールといえば，**シニフィアン**（フランス語で signifiant, 英語では **signifier**）とシ

ニフィエ（フランス語で signifié，英語では **signified**）の用語で有名だ。シニフィアンは言語記号の音声面を指し，例えば「リンゴ」という言葉がそれに当たる。シニフィエは意味内容のことで，シニフィアンの指示対象であるりんごのこと。そして，ソシュールはシニフィアンの恣意性を明らかにした。つまり，ネーミングは「リンゴ」に必然的に決まるのではなく，apple でも何でもよいのである。しかし，ソシュールはもっと大切なことを発見している。それはシニフィアンがあらかじめ存在する実体を指す単なる記号ではなくて，出来事や想念を恣意的に分ける，つまり分節する作用があることに気がついたのである。要するに，言葉には現実を切り取る役割があるという構造を発見したのである。例えば，ここに実物としてのリンゴとトマトがあるとしよう。「リンゴ」と「トマト」という言葉がなければ，リンゴとトマトの境界はあやふやである。ところが，「リンゴ」と「トマト」という言葉が存在すれば，これはリンゴ，これはトマトと差異化することができる。これが言葉に分節する働きがあるとか，現実を切り取る作用があるということの意味である。こう見てくると，物事を認識する上で言葉がどれほど重要な役割を果たしているかがわかる。

　次に人類学の例を見てみよう。例えば，フランスの社会人類学者レヴィ・ストロースはオーストラリアの未開民族の複雑な婚姻規則の構造を数学者の助けを借りて分析し，それらはより基本的な原理に還元されるとし，人類一般に見られる「**近親婚**（**incest**）**の禁止**」の意味を突き止めた。レヴィ・ストロースは，女性が身内との結婚を禁止されると，女性は他の家の人と結婚せざるを得ず，その結果，集団間で「女性の交換」が行われ，集団間の交流が保証される，という意味作用を構造的に明らかにしたのである。

　構造主義は社会事象を分析する場合，言語的な資料，すなわちテクストを使用することが多いから，構造主義にはテクストの徹底的な解読という作業が伴う。この関係で用いられるのが「脱構築」という言葉だ。脱構築で特に有名なのがフランスの哲学者ジャック・デリダ（Jacques Derrida：1930-2004）である。この立場では，例えば文芸批評の場合，作家のテクストの構造分析にもっぱら注目し，作家の**隠れた前提**（**hidden assumption**）**や意図的に語っていない部分**（**absence**），脚注や逸脱などの細部にこだわり，テクストを徹底的に脱構築し，その上で改めて再構築を試みることになる。このような脱構築に対しては，些細なことにこだわっている，論点がはっきりしない，その手法が**恣意的**（**arbitrary**）で主観的である，この社会にはテクストや言説だけでは分析できないものもある，といった批判もある。

社会科学・哲学

➤ Related Words & Phrases

マルクス

0221	*Capital*（*Das Kapital*）	名	『資本論』
0222	*The Communist Manifesto*	名	『共産党宣言』
0223	advertise a commodity	名	商品を宣伝する
0224	the editor of a magazine	名	雑誌の編集長
0225	get a doctorate	名	博士号を取る
0226	intellectual collaboration	名	知的協働同作業
0227	banish a person	他	人を追放する
0228	surplus value	名	剰余価値
0039	the spectre of communism	名	共産主義という亡霊〔妖怪〕（再掲）
0229	socially equitable	形	社会的に平等な
0230	a corrupt bureaucrat	名	腐敗した役人〔官僚〕
0231	abolish a monopoly	名	独占を廃する
0232	a utopian community	形	ユートピア〔理想郷の〕社会
0233	capital accumulation	名	資本の蓄積
0234	an ardent anarchist	名	熱心な無政府主義者
0235	anarchism	名	無政府主義
0236	fetishism	名	物神崇拝
0237	commodity-fetishism	名	商品の物神崇拝
0238	class struggle	名	階級闘争
0239	carry out a revolution	名	革命を遂行する

0240	**private property**	名 **私有財産**
0241	practice **philanthropy**	名 **博愛**を実践する
0242	**unearned** income	形 **不労**〔**労力によらずに得た**〕所得
0243	a **reserve army**	名 **予備軍**
0244	**command economy**	名 **計画経済**
0245	a social **upheaval**	名 社会的**激変**〔**動乱**〕
0246	crush a **revolt**	名 **反乱**を鎮圧する
0247	political **propaganda**	名 政治的**プロパガンダ**〔**宣伝**〕
0248	oppose **colonialism**	名 **植民地主義**に反対する
0249	the **opium** of the people	名 人民の**アヘン**〔**阿片**〕
0250	**collectivization** of agriculture	名 農業の**集団化**

プラトン

0251	resume a **dialogue**	名 **対話**を再開する
0252	a dangerous **dogma**	名 危険な**独断**
0253	**dogmatic**	形 **独断的な**
0254	mild **ridicule**	名 穏やかな**あざけり**〔**嘲笑**〕
0255	a man of **virtue**	名 **徳のある人**
0256	**impiety**	名 **不敬**，**不信心**
0257	bureaucratic **corruption**	名 官僚の**腐敗**
0258	have a **mentor**	名 **良き指導者**を持つ
0259	the **obstinacy** of old age	名 老いの**頑固さ**

0260	the **immortality** of the soul	名	霊魂の**不滅**〔**不死**〕
0261	a trained **midwife**	名	訓練を受けた**産婆**〔**助産婦**〕
0262	a misleading **analogy**	名	誤解を招きやすい**類比**
0263	**semantics**	名	**意味論**
0264	establish an **aristocracy**	名	**貴族政治**を樹立する
0265	**logos**	名	**ロゴス**（理性的な心の働き）
0266	**pathos**	名	**パトス**（感情・情念などの心の働き）
0267	**physis**	名	**フュシス**（自然界の法則）
0268	**nomos**	名	**ノモス**（人間界の法則）
0269	**epistemology**	名	**認識論**
0270	a witty **aphorism**	名	機知に富んだ**警句**
0271	**skepticism**	名	**懐疑主義**，**懐疑論**
0272	the **oracle** at Delphi	名	デルポイの**神託**

ポストモダニズム

0273	**relativism**	名	**相対主義**，**相対論**
0274	lapse into **formalism**	名	**形式主義**に陥る
0275	**essentialism**	名	**実在論**；**本質主義**
0276	**literary criticism**	名	**文芸批評**
0277	an **arbitrary** definition	名	**恣意的な**〔**勝手な**〕定義
0278	**modernism**	名	**近代主義**，**モダニズム**
0279	postmodern **architecture**	名	ポストモダンな**建築**

Related Words & Phrases

0280	reconstruction	名	再構築
0281	authenticity	名	正当性, 真正であること
0282	discourse	名	言説
0283	nihilism	名	ニヒリズム, 虚無主義
0284	an important function	名	重要な機能〔役目〕
0285	economic rationality	名	経済的合理性
0286	dread novelty	名	目新しさを恐れる
0287	a dominant idea	形	支配的な考え
0288	dominance	名	支配, 優勢
0289	autonomy	名	自主, 自主性, 自律
0290	simulation	名	シミュレーション, 模擬実験
0291	commit incest	名	近親相姦を犯す
0292	aesthetics	名	美学
0293	a parody of a film	名	映画のパロディー〔もじり〕
0294	avant-garde art	形	前衛派の芸術

1 社会科学・哲学

第2章　政治学・法学

Theme 1　グローバリゼーションの意味

　グローバリゼーション（**globalization**）の定義は学者により微妙に異なるが，「世界が経済的，政治的，社会的，文化的な面で**単一のグローバルなシステム**（**a single global system**）に**統合さ**（**integrate**）れ，**相互依存関係**（**interdependence**）を強めていく過程」と言うことができる。2008年に**サブプライムローン**（**sub-prime loan**）を契機としたアメリカ発の**金融危機**（**monetary crisis**）が世界中に影響を及ぼしたことは，まさしくグローバリゼーションの一例である。

Theme 2　グローバリゼーションをもたらした要因

　理解しやすいように主な要因を箇条書きにしてみよう。
（1）情報通信技術の発達
1960年代，マクルーハン（Marshall McLuhan：1911-80）はすでに，マスメディアと文化の関係を考察した『メディア論』（*Understanding Media*）の中で「**地球村**（**global village**）」という言葉を使い，新しい情報通信技術の発達によって世界が一つの村のように緊密につながることを予測していた。
（2）多国籍企業の成長
多国籍企業（**multinational company**）とは「多数の国に生産のための現地法人を設立し，世界的な事業活動を展開する巨大企業」のこと。より安い労働力，より安い原材料，より低い税金を求めて，多国籍企業は国境をビジネスの障害と見なし，それを乗り越えていく。
（3）消費や生活スタイルの**標準化**（**standardization**）
例えば，アメリカのファーストフード店マクドナルドやコーヒー店スターバックスは，調理の作業工程をより細かく分割・単純化し，効率性と利潤を高めることに成功している。このような経営原理は**マクドナルド化**（**McDonalization**）と呼ばれ，現在では単純作業化が可能な他のサービス産業にも普及し，それは世界中に及び，人々の消費や生活スタイルの標準化を促進している。
（4）**世界規模の環境危機**（**world-wide ecological crisis**）
地球温暖化（**global warming**）などの環境問題はその性質上一国では対処できず，多くの国々と連携して対処する必要がある。
（5）政治的要因
　グローバリゼーションをもたらす社会的・経済的要因とは別に，特に重要なものとして政治的要因がある。この点につき，フランシス・フクヤマはその書 *The End of History and the Last Man*（1992）で大要次のようなことを述べている。

20世紀の最後の20年間はソ連邦の崩壊に象徴されるように共産主義体制が崩壊し，アメリカが**唯一の超大国**（the sole superpower）となった。その結果，近代西欧社会の**自由主義的民主主義**（liberal democracy）と**自由市場経済**（free-market economics）を柱とする資本主義を選択することが世界の国々の運命となった。

Theme 3　何が問題なのか？

　西欧社会の民主主義と資本主義の理念を体現したグローバリゼーションは，フクヤマが言うように諸手を挙げて歓迎すべきものなのだろうか。問題はそう単純ではない。問題の本質は，グローバリゼーションは**均質化**（homogenization）と**差異化**（differentiation），**地方主義**（localism）と**世界化**（globalism）というまったく相矛盾する対立をもたらすこと，もっと端的に言うと，グローバリゼーションに対しては根強い抵抗運動があるということである。この点については，第1章でも取り上げたマルクスとエンゲルスが『共産党宣言』の中でグローバリゼーションを資本主義の発展がもたらす問題としてすでに指摘している。少し長くなるが引用する。
「ブルジョア階級は，世界市場の搾取を通して，あらゆる国々の生産と消費とを世界主義的なものに作りあげた。反動家にとってははなはだお気の毒ではあるが，かれらは，産業の足もとから，民族的な土台を切りくずした。遠い昔からの民族的な産業は破壊されてしまい，またなおも毎日破壊されている。これを押しのけるものはあたらしい産業であり，それを採用するかどうかはすべての文明国民の死活問題となる。しかもそれはもはや国内の原料ではなく，もっとも遠く離れた地帯から出る原料にも加工する産業であり，そしてまたその産業の製品は，国内自身において消費されるばかりでなく，同時にあらゆる大陸においても消費されるのである。国内の生産物で満足していた昔の欲望の代りに，あたらしい欲望があらわれる。このあたらしい欲望を満足させるためには，もっとも遠く離れた国や気候の生産物が必要となる。昔は地方的，民族的に自足し，まとまっていたのに対して，それに代ってあらゆる方面との交易，民族相互のあらゆる面にわたる依存関係があらわれる。物質的生産におけると同じことが，精神的な生産にも起る。個々の国々の精神的生産物は共有財産となる。民族的一面性や偏狭は，ますます不可能となり，多数の民族的および地方的文学から，一つの世界文学が形成される。」（大内兵衛・向坂逸郎訳）

　現在我々が直面しているグローバリゼーションの問題点をこれほど簡潔に，そして鋭く突いている文章は，他にはないであろう。

Theme 4 グローバリゼーションとアラブ世界

　Freedom House という**非営利の団体**（**nonprofit organization**）がある。この団体は，世界の**圧制**（**tyranny**）に反対し，世界中の民主主義と自由の代弁者の役割を果たしている。この団体が行っている Freedom in the World という調査は，国の自由度を（1）Free（自由な），（2）Partly Free（部分的に自由な），（3）Not Free（自由ではない）の三つに分けているが，2008 年のデータによると，アラブ諸国はイエメンやヨルダンなど数カ国だけが Partly Free で，残りの国はすべて Not Free に分類されている。これは**サハラ以南のアフリカ**（**Sub-Saharan Africa**）の国々と比較しても自由度が非常に低い状態にある。西欧世界とその影響を受けた国々が民主主義と自由主義の道を着実に歩んでいる中，一体なぜアラブ世界は歴史に逆行するような状況にあるのだろうか。

　その要因としてはまず**宗教的過激主義**（**religious extremism**）がある。これは，イスラム教徒たるものは本来のイスラム教に原点回帰し，イスラム法である**シャリーア**（**sharia**）に従うべきである，民主主義は西欧社会の発明にすぎない，との立場だ。2001 年のアメリカ同時多発テロ事件の首謀者と見られているオサマ・ビン・ラディン（Osama bin Laden : 1957-）もこの考えのようである。このような宗教的過激主義の近年のモデルとしては，2001 年にアメリカが進攻するまでアフガニスタンを実効支配していた**タリバン政権**（**the Taliban regime**）がある。この政権では，女性が働くことを禁じたり，見せしめのために公開処刑を行ったりと，およそ民主主義社会では考えられないようなことが常態であった。

Theme 5 「豊かさ」が民主主義と自由を阻害する

　アラブ世界が自由でないことをまったく別の要因に見出す人がいる。*The Future of Freedom* の著者ファリード・ザカリア（Fareed Zakaria : 1964-）氏だ。彼は次のように言う。

　アラブ世界に民主主義や自由が浸透していない理由は「豊かさ」である。その豊かさとは天然資源の豊かさである。天然資源に恵まれた国の政権は経済的政治的に**近代化**（**modernization**）を図ろうとしない。天然資源から労せずしてお金が得られるために，政府は国民にまったく課税しないか，あるいはほとんど課税しない。したがって，**説明責任**（**accountability**）や**透明性**（**transparency**），国民の**代表**（**representation**）といった形で国民に負う義務もない。国民にほとんど何も要求しない代わりに，国民にほとんど何も与えないのだ。さらに，天然資源から得られる富は，政府に国民の反抗を軍事的につぶすことができる力も与える。かくして，アラブ世界の人々は，マクドナルドのハンバーガーやロレックスの時計やキャデラックの自動車など西欧の商品に表層的な興味を示しはするものの，西欧社会の本質たる民主主義や自由主義を輸入することには

臆病である。そしてその臆病さが結局はテロリズムの温床にもなっている。

Theme 6　テロリズムの定義と問題点

　テロリズムの定義は100通り以上もあると言われ，いまだに国際社会に共通に受け入れられている定義は存在しない。その理由はテロリズムと一口に言っても，主体（国家か民間人か），時代，地域，目的によってさまざまなテロリズムが存在するからだ。

　だから，「**ある人のテロリストは他の人の自由の戦士である**（One man's terrorist is another man's freedom fighter.）」といった文句がまかり通ることになる。この文句は，定義次第では，自由のための合法的な戦いもテロリズムと**ラベリング**（labeling）されてしまう不当性を示唆している。ただ，近年のテロリズムに共通している要素，すなわち（1）暴力の利用もしくは脅威を含む，（2）**直接の犠牲者**（direct victim）だけでなく，**広範囲の観衆**（wide audience）にも恐怖心を引き起こすことを目的としている，という二つの要素を考慮に入れて，次のような定義を与えている辞書（Britannica Online Encyclopedia）がある。この定義は，現代のテロリズムを理解するものとしては便利であろう。

The systematic use of violence to create a general climate of fear in a population and thereby to bring about a particular political objective.
（ある地域の住民の中に一般的な恐怖の風潮を作り出し，それによって特定の政治的目的を達成するために，暴力を組織的に利用すること）

Theme 7　テロリズムを正当化することはできるのか？

　欧米のマスコミなどではテロリズムはまったく許容できないといった報道が目立つが，果たしてそうなのだろうか。実はテロリズムが許されることはある，とする見解がある。国際問題の研究家であるウォルター・ラカー（Walter Laqueur）氏は，*Terrorism: A Brief History* という論文の中で，旧約聖書にテロリズムが登場することや，ジュリアス・シーザーの暗殺などに見られる**暴君殺し**（tyrannicide）などを踏まえて，次のように述べている。

「**満場一致**（unanimity）というわけではないが，かつては過半数の意見は一定の状況下ではテロリズムは許されるというものであった。神の法と人間の正義を犯してすべての人類の敵となっている**残酷な圧制者**（cruel oppressor）すなわち**暴君**（tyrant）が，その犠牲者に耐えがたい圧政から他に逃れるすべを与えない時は，テロを犯すことは ultima ratio（「最後の議論」の意）すなわち他の手段がすべて尽きた時に虐げられた人々に残された**最後の避難所**（the last refuge）だった。」

Theme 5で紹介したファリード・ザカリア氏もイスラム教には**反権威主義的な**（**anti-authoritarian**）性質があることを指摘している。**預言者ムハンマド**（**Prophet Mohammed**）の言葉を集めた**ハディース**（**hadith**）の中に，イスラム教徒にとって支配者に対する**従順**（**obedience**）の義務があるのは支配者が神の法に従っている時だけである，だから支配者がこれに反するようなことをしたなら，イスラム教徒は支配者に耳を傾ける必要もないし，その命令に従う必要もない，と書かれているという。

　仮に以上のような**正当な暴君殺し**（**justifiable tyrannicide**）の論理を認めたとしても問題がないわけではない。一つは，暴君を殺す正当な理由がないのに，あるいは抗議や抵抗を表明する他の手段がある時にも，この暴君殺しの論理を持ち出してくる危険性があるということだ。もう一つは，暴君殺しは対象を政治的指導者に限るという意味でいわば古典的なテロリズムだが，現代のテロリズムは**無差別テロ**（**indiscriminate terrorism**）が原則であって，政治的指導者が殺されることはまれで，**無辜の**（**innocent**）一般人が犠牲になることが圧倒的に多いということだ。だから，古典的な暴君殺しの論理をそのまま現代のテロリズムを正当化する根拠にはできないであろう。

Theme 8　日本の裁判員制度

　日本では，2009年5月から，司法の民主化と効率化を目的として，「**裁判員制度**（**citizen judge system**）」が導入された。この制度によると，**殺人**（**murder**）や**放火**（**arson**）などの**重大犯罪**（**major crime**）の場合は，原則として，**選挙権**（**the right to vote**）を有する市民から無作為に選ばれた**裁判員**（**citizen judge**）6人と裁判官3人の合議体で審理・裁判が行われる。裁判員は有罪無罪を決めるだけでなく，量刑（刑罰の程度を定めること）にも関与する。そして，判決に関しては裁判員は裁判官と同じ一票を持ち，判決は**多数決**（**majority vote**）で決定される。したがって，5対4で死刑が決まることもあり得る。裁判員制度には，専門家による不公正な裁判を防止するために常識的な市民感覚を裁判に取り入れるという評価すべき点もあるが，不安な点もある。そこで，アメリカが建国以来採用している陪審制を知ることが日本の裁判員制度を今後進めていく上で意義のあるものになろう。

Theme 9　陪審制の基礎知識

　ここではアメリカの刑事事件における陪審制の概要を整理しておく。
（1）**合衆国憲法修正第6条**（**the Sixth Amendment of the Constitution**）
この憲法条項は，すべての刑事事件において**被告人**（**the accused**）に「公平な陪審による公開裁判」を保障している。ただし，この規定は**軽微な犯罪**（**petty offense**）（6

カ月以下の投獄）には保障されない。
（2）**陪審**（jury）の種類
陪審には**大陪審**（grand jury）と**小陪審**（petit〔petty〕jury）がある。大陪審は起訴陪審とも呼ばれ，**刑事事件**（criminal case）において検察官が提示した事実及び申し立てが被告人の**起訴**（indictment）を相当とするかどうかを審査する。通常は23人の**陪審員**（juror）から成る。小陪審は審理陪審とも呼ばれ，事実問題の認定に携わる。大陪審の23名に対して12名（州法では例外があり6名の場合もある）の陪審員から成るので，小陪審と言われている。
（3）小陪審の審理過程
訴訟の当事者はそれぞれ陪審員に証拠を提示し，裁判官は**事実認定**（finding of facts）に関してどのように法を適用すべきかを陪審員に説示する。陪審は別室に引き下がって**審議し**（deliberate），事件に関して無罪か有罪かの**評決**（verdict）を下す。次に裁判官が専門的な見地から量刑を決め，**判決を言い渡す**（deliver a sentence）。
（4）合理的な疑いを超えた立証と全員一致
被告人は**合理的な疑いを超えた立証**（proof beyond a reasonable doubt）がなされない限り有罪とはされない。また，連邦裁判所においては表決は陪審員12名の全員一致によらなければならない。州の裁判所では全員一致によらない多数決による表決（9対3まで）も許容されている。ただし，6名から成る陪審の場合には全員一致によらなければならない。
（5）「**公平な陪審**（impartial jury）」の保障
被告人が黒人の場合に陪審員の大多数が白人では公平な裁判は保障されない。そこで，現在では陪審団は**裁判地**（venue）の地域住民の人口構成を反映しなければならないことになっている。具体的には，陪審員は選挙人名簿や運転免許のリストなどから無作為に選ばれている。また，事件が裁判前にマスコミなどで過度に報道されたりしていると陪審員は事件に関して偏見を持ちやすくなるので，そのような場合，裁判所は裁判を一定期間延期したり，裁判地を変更したり，**陪審員予備尋問**（voir dire）などを行って不当な予断もしくは偏見を持っている恐れのある人を陪審団から外したりすることも可能である。

日本の陪審制

大正デモクラシーの影響を受け，1923年に陪審法が制定され，1928年から施行された。しかし，利用率がよくなかったため1943年に施行停止になった。

政治学・法学

グローバル化とアラブ世界 (1)(2)(3)

#	英語	発音	日本語
0295	**liberalize** the economy	[líbərəlàiz]	経済**を自由化する** / 他 ~を自由化する
0296	an **extraordinary** ability	[ikstrɔ́ːrdənèri]	**並外れた**才能 / 形 並外れた；異常な
0297	**ape** the West	[éip]	西欧**を模倣する** / 他 ~を模倣する　名 猿
0298	**fraught** with ~	[frɔ́ːt]	~**に満ちた** / 形 伴った；満ちた
0299	Western **modernity**	[mɑdə́ːrnəti]	西欧的**近代性** / 名 現代的であること
0300	the trend for **secularism**	[sékjələrìzm]	**世俗主義**への傾向 / 名 世俗主義
0301	a **dead end**	[déd énd]	**袋小路** / 名 行き止まり；行き詰まり
0302	**disrupt** the environment	[disrʌ́pt]	環境**を破壊する** / 他 ~を混乱させる；~を破壊する
0303	economic **dynamism**	[dáinəmìzm]	経済的**活力** / 名 活力；迫力
0304	a **caricature** of the truth	[kǽrikətʃùər]	事実の**戯画化** / 名 風刺画〔文〕；戯画化
0305	a highway **billboard**	[bílbɔ̀ːrd]	幹線道路沿いの**看板** / 名 広告板，看板
0306	an **unsettling** dream	[ʌnsétliŋ]	**心を乱す**夢 / 形 心を乱す，人騒がせな
0307	an intense **fascination**	[fæ̀sənéiʃn]	強烈な**魅力** / 名 魅了されること；魅力
0308	a strong **repulsion**	[ripʌ́lʃn]	強い**反発** / 名 嫌悪；反発

グローバル化とアラブ世界（1）（2）（3）

0309	**disorient** people [disɔ́ːrìent]	人々**の方向感覚を失わせる** 他 ~の方向感覚を失わせる
0310	the **disparity** of wealth [dispǽrəti]	富の**格差** 名 不同；違い，格差
0311	**demographic** statistics [dèməgrǽfik]	**人口学的**統計 形 人口学の；人口統計の
0312	**socialization** of the young [sòuʃələzéiʃn]	若者の**社会化** 名 社会化；社会主義化
0313	fall **prey** to ~ [préi]	~の**犠牲**となる 名 えじき；犠牲　自 捕食する
0314	a religious **resurgence** [risə́ːrdʒəns]	宗教の**復活** 名 再起，復活，生き返り

派生語

0315	**liberalization**	名 自由化；自由主義化（← liberalize）
0316	**secular**	形 世俗の，現世の（← secularism）
0317	**disruption**	名 分裂，崩壊；混乱（← disrupt）
0318	**dynamic**	形 活動的な，活力のある（← dynamism）
0319	**unsettle**	他 ~の心を乱す，~を不安にする（← unsettling）
0320	**fascinate**	他 ~を魅了する，~の興味をそそる（← fascination）
0321	**disorientation**	名 方向喪失（← disorient）
0322	**demography**	名 人口学（← demographic）
0323	**socialize**	他 ~を社会主義化する；~を社会化する（← socialization）

2 政治学・法学

Passage 13: Globalization and the Arab world (1)

About a decade ago, in a casual conversation with an elderly Arab intellectual, I expressed my frustration that governments in the Middle East had been unable to **liberalize** their economies and societies in the way that the East Asians had. "Look at Singapore, Hong Kong, and Seoul," I said, pointing to their **extraordinary** economic achievements. The man, a gentle, charming, erudite, and pro-Western journalist, straightened up and replied sharply, "Look at them. They have simply **aped** the West. Their cities are cheap copies of Houston and Dallas. That may be all right for fishing villages, but we are heirs to one of the great civilizations of the world. We cannot become slums of the West."

This sense of pride and fall is at the heart of the Arab problem. It makes economic advance impossible and political progress **fraught** with difficulty. America thinks of **modernity** as all good —— and it has been almost all good for America. But for the Arab world, modernity has been one failure after another. Each path followed —— socialism, **secularism**, nationalism —— has turned into a **dead end**. People often wonder why the Arab countries will not try secularism. In fact, for most of the last century, most of them did. Now people associate the failure of their governments with the failure of secularism and of the Western path. The Arab world is disillusioned with the West when it should be disillusioned with its own leaders. (*continued*)

語句と構文

L02. my frustration の後の that は同格の接続詞。この that 節は文末まで続く。／ **L03.** in the way that the East Asians had (liberalized their economies and societies) カッコ内の語句を補って考える。／ **L05.** The man と a gentle, charming, erudite, and pro-Western journalist は同格。／ **L15.** Each path followed の followed は，path にかかる過去分詞。「（アラブ人によって）たどられたそれぞれの道」が直訳。／ **L17.** most of them did = most of the Arab countries tried secularism

Translation 13 グローバル化とアラブ世界（1）

　10年ほど前，年配のアラブ人知識人と雑談をしている時，私は，中東の政府が東アジア諸国のように経済と社会の自由化が［←経済と社会を自由化することが］できないでいることに対する不満を述べた。「シンガポール，香港，ソウルを見てください」と言って，私はそれらの国の目覚ましい経済発展を指摘した。その人物は，穏やかで，魅力的で，博学で，西洋寄りのジャーナリストだったが，居住まいを正し，鋭い口調でこう答えた。「彼らを見てごらんなさい。西洋の猿まねをしているだけです。彼らの国の都市はヒューストンやダラスの安っぽいコピーにすぎません。漁村ならそれでいいかもしれませんが，我々は世界の偉大な文明の末裔(まつえい)なのです。西洋のまがい物にはなることはできないのです。」

　誇りと没落のこの感覚がアラブ問題の核心である。それが経済的発展を不可能にし，政治の進歩を困難に満ちたものにしているのである。アメリカは近代化を全面的によいことだと考える。確かに，近代化はアメリカにとってよいものであったと言ってよいだろう。しかし，アラブ世界にとって，近代化は失敗につぐ失敗だった。社会主義，世俗主義，国家主義など，たどった道はどれも袋小路に入った。なぜアラブ諸国は世俗主義を試そうとしないのかと人々はよく疑問に思う。だが，実際には，前世紀のほとんどの期間，多くの国はそれを試したのだ。こうして，人々は今は自国政府の失敗を世俗主義の失敗，そして西洋化への道の失敗と結びつけて考えている。アラブ世界は，自身の指導者たちに対して幻滅すべきなのに，西洋に幻滅しているのである。（続く）

Passage 14 Globalization and the Arab world (2) ◉1-14

The new, accelerated globalization that flourished in the 1990s has hit the Arab world in a strange way. Its societies are open enough to be **disrupted** by modernity, but not so open that they can ride the wave. Arabs see the television shows, eat the fast foods, and drink the sodas, but they don't see genuine liberalization in their societies, with increased opportunities and greater openness. They don't see economic opportunities and **dynamism**, just the same elites controlling things. Globalization in the Arab world is the critic's **caricature** of globalization, a slew of Western products and **billboards** with little else. For the elites in Arab societies it means more things to buy. But for some of them it is also an **unsettling** phenomenon that threatens their comfortable base of power.

This mixture of **fascination** and **repulsion** with the West — with modernity — has utterly **disoriented** the Arab world. Young men, often better educated than their parents, leave their traditional villages to find work. They arrive in the noisy, crowded cities of Cairo, Beirut, Damascus or go to work in the oil states. (Almost 10 percent of Egypt's working population worked in the Gulf states at one point.) In their new world they see great **disparities** of wealth and the disorienting effects of modernity; most unsettlingly, they see women, unveiled and in public places, taking buses, eating in cafes, and working alongside them. They come face to face with the contradictions of modern life, seeking the wealth of the new world but the tradition and certainty of the old.

(*continued*)

語句と構文

L01. The new, accelerated globalization ... は SVO の文。S=The new, accelerated globalization, V=has hit, O=the Arab world。／ **L06.** just the same elites controlling things は独立分詞構文。the same elites が分詞の意味上の主語。／ **L07.** the critic's caricature of globalization と a slew of Western products and billboards with little else は同格。／ **L13.** often better educated than their parents は，主語 Young men を説明する挿入句。educated = 教育を受けた

Translation 14 グローバル化とアラブ世界（2）

　1990年代に花開いた，新しい，加速するグローバル化は，奇妙な形でアラブ世界を襲った。アラブ諸国の社会は，近代化に混乱させられる程度には開かれているが，その波に乗れるほどには開かれていない。アラブ人はテレビ番組を見，ファーストフードを食べ，炭酸飲料を飲むが，より大きな機会と開放性を持つ真の自由化を自分たちの社会で目にすることはない。まったく同じエリートたちが社会をコントロールしているため，アラブ人は経済的機会と活力を手にすることはない。アラブ世界のグローバル化は，批評家たちが言うところのグローバル化の漫画であり，山ほどの西洋の製品や看板広告であり，それ以外には何もない。アラブ社会のエリートたちにとっては，グローバル化は買える物がより多くあるということに他ならない。しかし，彼らの一部にとっては，グローバル化は自分たちの居心地のよい権力基盤を脅かす不穏な現象でもある。

　西洋，つまり近代化に対する，この魅了と反発の複雑な感情は，完全にアラブ世界の方向性を失わせてしまった。親より教育程度が高いことが多い若者たちは，昔ながらの村を出て，仕事を探しに行く。そして，カイロ，ベイルート，ダマスカスなどのにぎやかで人の多い都市に行くか，産油国に働きに行く。（エジプトの労働人口のほぼ1割が湾岸諸国で働いていた時期があった。）新しい世界で，彼らは大きな富の格差と，近代化の影響からくる混乱を目撃する。最も心を乱されるのは，ベールをかぶらない，公共の場での女性たちである。彼女たちはバスに乗り，カフェで食事をし，彼らのそばで働いている。彼らは現代生活の矛盾に直面する。すなわち，新しい世界の富を求めるが，同時に古い世界の伝統と確かさも求めるという矛盾である。（続く）

L18. they see women ... は SVOC の文。S=they, V=see, O=women, C=taking ..., eating ..., and working ...。unveiled and in public places は women を説明する挿入句。／ L20. come face to face with 〜 = 〜に直面する ／ L21. seeking 以下は分詞構文。分詞構文には，実質上，前の名詞の同格となるものがある。この seeking 以下は the contradictions of modern life と同格的関係にある。

Passage 15: Globalization and the Arab world (3) 🔊 1-15

Globalization has caught the Arab world at a bad **demographic** moment. Its societies are going through a massive youth bulge; more than half of the Arab world is under the age of twenty-five. Fully 75 percent of Saudi Arabia is under the age of thirty. A bulge of restless young men in any country is bad news. Almost all crime in every society is committed by men between the ages of fifteen and twenty-five. Lock all young men up, one social scientist pointed out, and violent crime will drop by more than 95 percent. (That is why the **socialization** of young men —— in schools, colleges, and camps —— has been one of the chief challenges for civilized societies.) When accompanied by even small economic and social change, a youth bulge produces a new politics of protest. In the past, societies in these circumstances have fallen **prey** to a search for revolutionary solutions. France went through a youth bulge just before the French Revolution in 1789, as did Iran before its revolution in 1979. Even the United States had a youth bulge that peaked in 1968, the year of the country's strongest social protests since the Great Depression. In the case of the Arab world, this upheaval has taken the form of a religious **resurgence**.　　(*The end*)

語句と構文

L.04. bad news = 厄介なこと〔人〕／ L.06. one social scientist pointed out は挿入節。その前後が，命令文＋ and ...「…しなさい，そうすれば…」の構文になっている。／ L.09. When (a youth bulge is) accompanied by even small economic and social change, カッコ内の語句が省略されている。／ L.13. as did Iran before ... = as Iran went through a youth bulge before ... ／ L.14. 1968 と the year of the country's strongest social protests since the Great Depression は同格。

Translation 15 グローバル化とアラブ世界（3）

　グローバル化は，人口統計学的には悪いタイミングでアラブ世界に訪れた。アラブ社会は若年層のものすごい増加に見舞われている。アラブ世界の半数以上の人々は25歳以下である。サウジアラビアの優に75パーセントが30歳以下である。不安定な若者の増加というのはいかなる国においても厄介な問題である。あらゆる社会における犯罪のほとんどは，15歳から25歳の男性によって犯される。若い男を全員閉じ込めれば，暴力犯罪は95パーセント以上減るだろう，と指摘した社会学者もいる。（学校や大学や軍隊での若い男性の社会化が文明社会にとって主要な課題の一つであるのはそのためである。）ほんの小さな経済的・社会的変化が起こっただけで，あふれかえった若者たちは新しい抗議目的を考え出す。過去にこうした状況にあった社会は，革命による解決を追い求める運動の犠牲となった。フランスは1789年のフランス革命の直前に若者の増加を経験した。1979年の革命前夜のイランも同様である。アメリカ合衆国も1968年をピークとする若者の増加を経験したが，その年にアメリカでは大恐慌以来最も強力な社会的抗議が行われた。アラブ世界の場合，この大変動は宗教の復活という形をとった。（完）

テロリズム（1）（2）

0324	**instrumental** in ～ [ìnstrəméntl]	～に**役立つ** (▷多) 形 役立つ，助けになる
0325	a radical **re-think** 名[ríːθiŋk] 動[rìːθíŋk]	抜本的な**再考** 名 再考　自他 (～を) 考え直す
0326	**counter** the risk of violence [káuntər]	暴力の危険**に対処する** 他 ～に対抗する　名 計算機；調理台
0327	a **separatist** movement [sépərətist]	**分離独立**運動 形 分離独立の　名 分離独立主義者
0328	medical **literature** [lítərətʃər]	医学の**文献** (▷多) 名 文献；論文
0329	**evaluate** the data [ivǽljuèit]	データ**を評価する** 他 ～を評価する　自 評価を行う
0330	atomic **warfare** [wɔ́ːrfèər]	核**戦争** 名 戦争；交戦状態；闘争
0331	high-tech **weaponry** [wépnri]	ハイテク**兵器** 名 兵器（類）；兵器製造
0332	an **inconceivable** event [ìnkənsíːvəbl]	**ありそうもない**出来事 形 想像も及ばない，ありそうもない
0333	a **multinational** company [mʌltinǽʃnəl]	**多国籍**企業 形 多国籍の　名 多国籍企業
0334	**eliminate** accidents [ilímineìt]	事故**をなくす** 他 ～を除去する，排除する
0335	a **just** war [dʒʌst]	**正義の**戦争 形 正しい　副 まさに，ちょうど
0336	**proportionate** to one's income [prəpɔ́ːrʃənit]	収入と**均衡がとれた** 形 比例した，均衡がとれた
0337	**self-defence** [sélfdiféns] 《米》self-defense	**正当防衛** 名 自己防衛；正当防衛

テロリズム（1）（2）

2 政治学・法学

0338	**exhaust** the money [igzɔ́:st]	金**を使い果たす** 他 ~を使い果たす；~を疲れさせる
0339	a **bilateral** talk [bailǽtərəl]	**二国間**交渉 形 双方の，互恵的な
0340	**negotiate** with terrorists [nigóuʃièit]	テロリストと**交渉する** 自 交渉する 他 ~を取り決める
0341	a geographical **boundary** [báundəri]	地理上の**境界** 名 境界（線）；限界
0342	**depose** a king [dipóuz]	王**を退位させる** 他 ~を退位させる，解任する
0343	a communist **cell** [sél]	共産党の**下部組織** 名 細胞；下部組織；電池；独居房

派生語

0344	**instrument**	名 手段，方便；道具；楽器（← instrumental）
0345	**conceivable**	形 考えられる，想像できる（← inconceivable）
0346	**conceive**	自 他（~と）考える，想像する（← inconceivable）
0347	**elimination**	名 除去，除外（← eliminate）
0348	**exhaustion**	名 使い果たすこと，蕩尽；疲弊（← exhaust）
0349	**negotiation**	名 交渉，話し合い（← negotiate）

多義語

□ **instrumental** 形 楽器の，器楽の（➡役立つ，助けになる）
He is collecting instrumental music online.
（彼はネット上で器楽曲を集めている）

□ **literature** 名 文学（➡文献；論文）
Hamlet is a great work of literature.
（『ハムレット』は偉大な文学作品だ）

Passage 16 Terrorism (1)

　　The attack on New York on 11 September 2001 was, without doubt, **instrumental** in a major **re-think** of security, and of the way in which nations can **counter** the threat of terrorism. There were terrorist attacks before that, including extended campaigns like that of the IRA in Northern Ireland and the Basque **separatist** movement (ETA) in Spain, but it was the sheer scale and location of 9/11 that made it so significant.

　　The **literature** is already extensive, and cannot realistically be reviewed here, but some recent books (for example, Francis Fukuyama's *America at the Crossroads*) have explored and attempted to **evaluate** the political significance of that event and the resulting 'War on Terror'.

　　With the rise of the modern nation state, **warfare** and threats were seen as a state-against-state phenomenon. The scale of the power and **weaponry** held by states, as opposed to private individuals and groups, made it seem **inconceivable** that a serious threat could come other than from another state. That is no longer the case. The attacks on 11 September were carried out by an organization that is trans-national. Just as a **multinational** company can have branches throughout the world, so it seems an organization that has political or violent ends can be global. This creates a very special problem, for nations are equipped to fight other nations; they are not equipped to fight networks of individuals or small groups.

　　That was the problem that faced the USA after the attack on New York. It would have been easy if one particular nation could be shown to be responsible —— a quick and decisive war might have **eliminated** the problem. It was not to be so easy, as the wars in Afghanistan and Iraq have shown. (*continued*)

語句と構文

L02. of the way in which ... はその前の of security と並列で，a major re-think につながる。／
L05. it was the sheer scale and location of 9/11 that made it so significant は強調構文。／
L08. *America at the Crossroads* =『岐路に立つアメリカ』（邦訳タイトルは『アメリカの終わり』）

Translation 16 テロリズム（1）

　2001年9月11日のニューヨークへの攻撃が，治安について，また国家がテロリズムの脅威に対処する方法について，多くの人々が再考するのに役立ったことは，疑いの余地はない。それ以前にも，北アイルランドのIRAやスペインのバスク分離独立運動（ETA）などの長期にわたる活動を含めてテロ攻撃はあったが，9.11の途方もない規模の大きさと場所こそが，テロリズムの重大性を示したのである。

　9.11に関する文献はすでに広範囲にわたり，ここでそれらを検討するのは実際のところ不可能だが，最近の書籍の中には，この出来事とその結果として起こった「対テロ戦争」の政治的意味を研究し，評価しようと試みているものがある（例えば，フランシス・フクヤマの『岐路に立つアメリカ』）。

　近代国民国家の台頭とともに，戦争や脅威は国家対国家の現象と見なされるようになった。国家が所有する権力と武力は，個人や私的なグループが持つ力とは対照的に，あまりにも規模が大きいために，他の国家以外から深刻な脅威を受ける可能性はあり得ないように思われていた。しかし，もはやそれは真実ではない。9月11日の攻撃は，国際的な組織により実行された。ちょうど多国籍企業が世界中に支社を持つことができるのと同じように，政治的または暴力的目的を掲げた組織も世界的規模になることが可能なようである。このことから，非常に特別な問題が生まれた。というのは，国家は他の国家と戦う準備はあるが，個人のネットワークや小さなグループと戦う準備はないからだ。

　それこそがニューヨークへの攻撃の後にアメリカ合衆国が直面した問題だった。もし特定の国家に責任があることが証明できるなら，事は簡単であっただろう。迅速かつ果断な戦争が問題を解決して［←なくして］いたかもしれない。そう簡単にいかなかったことは，アフガニスタンとイラクの戦争が示した通りである。（続く）

L12. The scale of the power ... はSVOCの使役構文。S=The The scale of the power and weaponry held by states, V=made, O=it, C=seem inconceivable で，Oのitはthat a serious threat ... another stateを受ける形式目的語。／ L13. as opposed to 〜 = 〜とは対照的に ／ L14. other than ... = except ... ／ L16. (Just) as ..., so ... =（ちょうど）…であるように，…である ／ L18. end = 目的 ／ L23. It was not to be so easy のbe to ... は「運命」を表している。

Passage 17 Terrorism (2)

The '**just** war' theory is designed to apply to state-on-state violence, rather than terrorism. Clearly, terrorists do not represent any accepted 'authority', nor do they generally, although there are exceptions, respect civilian loss of life. Nor can their actions be deemed **proportionate**, since it is often unclear what the aim of the terrorist attack is, other than to do damage.

The only principle that might be used to justify terrorism would be the argument that, if one's life and property is threatened, one has the right to defend oneself —— a principle set out by both Hobbes and Locke. Terrorism might then be seen as a form of *self-defence* where the imbalance of weapons and power would make a direct military confrontation unrealistic as a way of securing goals. It would also need to show that peaceful means of achieving the terrorists' stated goals had been **exhausted**. The problem is that, not being a nation state, it is difficult for terrorist groups to enter into **bilateral** talks in the first place. Governments frequently declare that they will not talk to or **negotiate** with terrorists.

The principles by which a war can be deemed 'just' can also be applied to the military response to terrorism, but here there are considerable problems. A key question:

- Is a nation to be held responsible for a terrorist group that may operate from within its geographical **boundaries**?

Afghanistan was very clearly a base for al-Qaeda operations, and it was on that basis that the United States went on the offensive in that country, **deposing** the Taliban regime that had supported the terrorists. But what of Pakistan, which officially opposes such terrorist groups, but is generally thought to have them operating within its territory? What of Britain and other western-European countries? If a terrorist **cell** based in Britain had carried out an attack in another country, would that justify direct action by the forces of that country on British soil? (*continued*)

語句と構文

L.04. it is often unclear の it は，その後の間接疑問 what the aim of the terrorist attack is を指す形式主語。／ L.06. the argument の後の that は同格の接続詞。／ L.08. Hobbes = トーマス・ホッブズ（1588-1679。英国の政治哲学者。）／ L.13. in the first place = そもそも ／ L.19. Is a nation to be held responsible ... の be to ... は「義務」を表している。

Translation 17　テロリズム（2）

　「正義の戦争」という理屈は，テロリズムに適用されるというよりはむしろ，国家対国家の暴力に適用されるためのものである。明らかに，テロリストは世の中に認められたいかなる「権威」も代表しないし，例外はあるとはいえ，一般に市民の生命を尊重することもない。また，彼らの行動は均衡がとれているとも考えられない。というのは，テロ攻撃の目的は損害を与える以外に何であるのかはっきりしないことが多いからだ。

　テロリズムを正当化するのに用いることができる唯一の原理は，もし自分の生命や財産が脅かされたら人は自己防衛する権利を持つという主張，つまりホッブズとロックが提唱した原理であろう。この原理に従えば，武器と力に不均衡があるために目的を達成する方法として直接軍事対決をすることが非現実的と思われるような時は，テロリズムが「正当防衛」の一形態と考えられる余地がある。この場合，テロリストの掲げる目的を達成する平和的手段が尽きたことを示す必要もあるだろう。問題は，テロ組織は国民国家でないために，そもそも二国間会談の席に着くのが難しいということである。政府は幾度も，テロリストと話したり交渉したりするつもりはないと宣言している。

　戦争が「正当である」と見なされ得る原理はまた，テロリズムへの軍事的対応にも適用されることがあるが，そこには多くの問題が存在する。根本的な問題は次の点である。
- 国家は，自国の国境内［←地理上の境界の範囲内］から作戦行動を行うテロ組織に対する責任を負うべきであろうか。

　アフガニスタンがアルカイダの作戦行動の基地であることは疑いの余地がなかった。だからこれに基づき，アメリカ合衆国は同国を攻撃して，テロリストを支援していたタリバン政権を覆したのである。しかし，パキスタンに関してはどうだろう。パキスタンは公式にはそのようなテロ組織に反対しているが，そうした組織を国内で活動させていると一般に考えられている。イギリスや他の西欧諸国はどうだろう。もしイギリスに拠点を持つテロリストの下部組織が他の国で攻撃を仕掛けたら，その国の軍隊によるイギリス国土への直接的な軍事行動は正当化されるだろうか。（続く）

L21. al-Qaeda = アルカイダ（Osama bin Laden が 1990 年頃に組織したイスラム原理主義テロリストグループ）／ L21. it was on that basis that ... は強調構文。／ L23. what of 〜？=〜はどうなのか。／ L24. which officially opposes ... its territory は Pakistan を先行詞とする関係代名詞節。

Phrases 18/19 テロリズム（3）（4）

No.	英語	発音	意味
0350	the **effectiveness** of a drug	[iféktivnəs]	薬の**有効性** / 名 有効性，効能
0351	**conventional** weapons	[kənvénʃənl]	**在来型**兵器 / 形 型通りの；伝統的な；陳腐な
0352	**launch** an attack	[lɔ́:ntʃ]	攻撃**を開始する** / 他 ～を発射する；～を始める 名 発射
0353	a **pre-emptive** strike	[pri(:)émptiv]	**先制**攻撃 / 形 先制の；先買の
0354	**retaliate** immediately	[ritǽlièit]	即座に**報復する** / 自 報復する
0355	**preventative** war	[privéntətiv]	**予防**戦争 / 形 予防の
0356	**couple** A with B	[kʌ́pl]	A を B と**一緒にする** / 他 ～をつなぐ；～を一緒にする
0357	**mass destruction**	[mǽs distrʌ́kʃn]	**大量破壊** / 名 大量破壊
0358	a **catastrophic** war	[kæ̀təstráfik]	**壊滅的な**戦争 / 形 壊滅的な；悲劇的な
0359	**subdue** a riot	[səbdjú:]	騒動**を鎮圧する** / 他 ～を征服する；～を抑制する
0360	quiet **resentment**	[rizéntmənt]	内に秘めた**恨み** / 名 憤慨，憤り；恨み
0361	the **casualties** of war	[kǽʒuəltiz]	戦争の**死傷者** / 名 （複数形で）死傷者（数）
0362	military **conquest**	[kánkwest]	軍事的**征服** / 名 征服；獲得；征服地
0363	fight for a **cause**	[kɔ́:z]	**大義**のために闘う （▷多） / 名 目的；信条；大義

テロリズム（3）（4）

0364	**deserving** of death [dizə́ːrviŋ]	死に**値する** 形 値する；功績のある
0365	**resort** to law [rizɔ́ːrt]	法に**訴える** （▷多） 自 頼る；しばしば行く
0293	**parody** a politician [pǽrədi]	政治家**を風刺する** （再掲） 他 ～を風刺する 名 もじり（作品）

派生語

0366	☐ effective	形 有効な，効果のある（← effectiveness）
0367	☐ convention	名 しきたり，因習；大会，集会（← conventional）
0368	☐ retaliation	名 報復，仕返し（← retaliate）
0369	☐ catastrophe	名 破局；大惨事，大災害（← catastrophic）
0370	☐ resent	他 ～に憤慨する，～を恨む（← resentment）
0371	☐ deserve	他 ～に値する，～を受けて当然である（← deserving）

多義語

☐ **cause** 名 原因；動機；根拠（→目的；信条；大義）

The police are investigating the cause of the fire.
（警察は火事の原因を調査している）

☐ **resort** 名 行楽地，リゾート（→頼る；しばしば行く）

In recent years this little town has grown into a fashionable resort.
（近年，この小さな町はおしゃれなリゾート地に発展した）

Passage 18: Terrorism (3)

The next question concerns the **effectiveness** of military action:
- Is it possible to defeat terrorist groups through **conventional** military means?

The basis upon which America **launched** the War on Terror was that of **pre-emptive** action. It was no longer considered that they should wait to be attacked and then **retaliate**; rather the US was prepared to take the fight to the enemy. The idea of **preventative** war was born: where a threat, or potential threat, could be identified, it was deemed appropriate to take whatever action was necessary, including the use of force.

That principle, **coupled** with evidence (later shown to be incorrect) that Iraq had weapons of **mass destruction** that were capable of threatening international security, led to the Iraq war of 2003. It was argued that, if Iraq (or any other nation) were to provide weapons of mass destruction to a terrorist group, the results could be **catastrophic**. (*continued*)

語句と構文

L05. It was no longer considered ... の It は，この後の that 節を受ける形式主語。／ **L07.** The idea of preventative war の具体的内容はコロンの後で述べられている。where a threat, or potential threat, could be identified の where は「…するところで，…の場合」という意味の接続詞。it was deemed appropriate ... の it は to take 以下を受ける形式主語。whatever は複合関係形容詞で，whatever action was necessary が take の目的語。この部分を書き換えると，take any action that was necessary となる。／ **L10.** That principle に対応する述語動詞は 12 行目の led。この間に過去分詞 coupled で始まる分詞構文（実質的には，前置詞句とも考えられる）が挿入されている。that Iraq had weapons of mass destruction は evidence と同格の that 節，that were capable of threatening international security は weapons of mass destruction を先行詞とする関係代名詞節。／ **L12.** It was argued ... の It は，この後の that 節の内容を指している。／ **L12.** if Iraq (or any other nation) were to provide ... の were to ... は，実現性の低い仮定を表している。

Translation 18 テロリズム（3）

　次の問題は軍事行動の有効性に関するものである。
・　在来型の軍事手段によってテロ組織を打ち負かすことは可能だろうか。
　アメリカが対テロ戦争を始めるにあたって根拠にしたものは，先制攻撃だった。攻撃されるのを待ち，それから報復するということは，もはや考えられなかったのである。正確には，アメリカはいつでも敵との戦いができる体制にあったということだ。そうして，予防としての戦争という考えが生まれた。つまり，脅威，あるいは潜在的脅威があることが確認された場合は，武力の行使を含めて，必要などんな行動をとることも適切だと見なされたのである。
　この原理が，イラクが国際的安全保障を脅かすことのできる大量破壊兵器を持っているという証拠（のちに誤りとわかった）に補強されて［←と一緒にされて］，2003年のイラク戦争を引き起こしたのである。もしイラクが（あるいは他のいかなる国家でも）テロ組織に大量破壊兵器を供給することになれば，壊滅的な結果を招くだろう，というのがその主張であった。（続く）

Passage 19 Terrorism (4)

There were two major problems with this:
- A nation, going to war against another nation, can occupy that country and replace its government. However, military action cannot **subdue** a religious or political ideology. If anything, as has been demonstrated in Iraq, an ideology is *strengthened* when it faces a visible enemy, and it feeds on all the **resentment** caused by the inevitable **casualties** of war.
- Because an international terrorist group is based ideologically and not geographically, it cannot be subdued through conventional military **conquest**. In other words, whatever national target is selected, it is bound to be wrong, and hitting a wrong target always helps the enemy.

There is, of course, another approach. Terrorism thrives on perceived injustice. People join terrorist organizations because they believe there is a **cause** to be fought for, an injustice **deserving** of their terror. If the causes of that injustice are removed, then there is less reason for people to **resort** to terror, and less reason for others to give them shelter or tacit support.

To **parody** Tony Blair on crime, a balanced moral and philosophical approach to terror might be: 'Tough on terror; tough on the causes of terror.'　(*The end*)

語句と構文

L02. going to war against another nation は「時」を表す分詞構文。go to war against ～ = ～と戦争を始める ／ L04. if anything = どちらかと言うと ／ L04. as has been demonstrated in Iraq = イラクで見られたように（as は文全体の内容を先行詞とする関係代名詞）／ L05. feed on ～ = ～をえさにする；～を糧にはぐくまれる ／ L09. whatever national target is selected は譲歩を表す副詞節。書き換えると，no matter what national target is selected となる。／ L09. be bound to ... = きっと…する ／ L16. Tony Blair = トニー・ブレア（1953-。英国の元首相（1997-2007）。労働党。かつて死刑に反対する理由として，"Tough on crime; tough on the causes of crime." と語ったことがある。)

Translation 19 テロリズム（4）

　この点については主に二つの問題があった。
- 国家は，他の国家と戦争を始めた場合，その国を占拠し，その政府に取って代わることができる。しかしながら，武力では宗教や政治のイデオロギーを抑えることはできない。どちらかと言えば，イラクで見られたように，イデオロギーは目に見える敵に直面した時には「強化され」，また戦争の避けがたい死傷者が原因となって抱かれる憤りを糧として増殖するのである。
- 国際的なテロ組織は，地理的ではなく理念的な基盤を持つので，従来の軍事的制圧では抑えることができない。言い換えれば，どんな国家をターゲットとして選んでも，必ず誤りを犯すこととなるし，誤ったターゲットを攻撃することは常に敵を助けることになる。

　もちろん，別のアプローチもある。テロリズムは人々が感じている不正を糧として力を増す。人々は闘う大義やテロ行為を受けるに値する不正があると感じて，テロ組織に加入する。その不正の原因が取り除かれれば，人々がテロ行為に訴える理由が少なくなり，また他の人々が彼らに避難所や暗黙の援助を与える理由も少なくなる。

　トニー・ブレアの犯罪に関する言葉をもじれば，テロに対するバランスのとれた道義的・哲学的アプローチは，「テロに対して厳しく，テロの原因に対して厳しく」なのかもしれない。（完）

Phrases 20 なぜ陪審制があるのか（1）

0372	a **criminal** process	[krímənl]	**刑事**手続き / 形 犯罪の；刑事上の　名 犯罪者
0373	a grand **jury**	[dʒúəri]	大**陪審** / 名 陪審；陪審員（団）；審査員
0374	a criminal **charge**	[tʃɑ́ːrdʒ]	刑事**告発** / 名 告発；容疑；責任；料金
0375	the case for a **defendant**	[diféndənt]	**被告人**の言い分 / 名 被告（人）
0376	a **petit** jury	[péti]	**小**陪審 / 形 小さい；重要でない
0377	a **colonial** policy	[kəlóuniəl]	**植民地**政策 / 形 植民地の；植民地時代の
0378	a **guardian** of justice	[gɑ́ːrdiən]	正義の**守護者** / 名 守護者，保護者；後見人
0379	the **imposition** of new taxes	[ìmpəzíʃn]	新税の**賦課** / 名 課すこと；つけ込むこと
0380	**the Supreme Court**	[ðə suːpríːm kɔ́ːrt]	**最高裁判所** / 名 最高裁判所
0381	a written **constitution**	[kὰnstitjúːʃn]	成文**憲法**　（▷多） / 名 憲法；構造
0382	an **unfounded** accusation	[ʌ̀nfáundid]	**根拠のない**告発 / 形 根拠のない；確立されていない
0383	**responsive** to opinion polls	[rispánsiv]	世論調査に**反応する** / 形 応答的な；反応する；敏感な
0384	defend **the accused**	[ði əkjúːzd]	**被告人**を弁護する / 名 被疑者，被告人
0385	a **safeguard** against violence	[séifgὰːrd]	暴力からの**保護手段** / 名 保護；保護手段　他 ～を保護する

なぜ陪審制があるのか（1）

0386	a **corrupt** judge	**腐敗した**裁判官	
	[kərʌ́pt]	形 堕落した　他 ～を堕落させる	
0387	a federal **prosecutor**	連邦**検察官**	
	[prásikjùːtər]	名 検察官，告発者	
0388	**eccentric** behavior	**常軌を逸した**行動	
	[ikséntrik]	形 常軌を逸した；風変りな　名 奇人	
0389	an ethical **provision**	倫理**規定**　　　　　　　　　　(▷多)	
	[prəvíʒn]	名 条項；但し書き；供給	
0390	**reluctance** to help others	他人を助け**たがらないこと**	
	[rilʌ́ktəns]	名 気が進まないこと	
0391	**unchecked** power	**抑制されていない**権力	
	[ʌ̀ntʃékt]	形 抑制されていない；未検査の	

政治学・法学

派生語

0392	crime	名 犯罪，罪　(← criminal)
0393	respond	自 返答する；対応する　(← responsive)
0394	prosecute	他 ～を起訴する；～を遂行する　(← prosecutor)
0395	reluctant	形 気が進まない，不承不承で　(← reluctance)
0396	check	他 ～を抑制する，阻止する；～を調査する　(← unchecked)

多義語

☐ **constitution**　名 体質；体力　(➡憲法；構造)

This food does not agree with my constitution.
（この食べ物は私の体質に合わない）

☐ **provision**　名（複数形で）食料，糧食　(➡条項；但し書き；供給)

They had enough provisions for two weeks.
（彼らは2週間分の食料を持っていた）

Passage 20: Why do we have juries? (1)

A distinctive feature of the **criminal** process in common law countries is the **jury**. There are two kinds of juries. The grand jury indicts, or brings **charges** against a **defendant**. The trial jury, or **petit** jury, decides the issue of guilt at trial. (The grand jury is grand and the trial jury petit —— French for "small" —— because of their sizes. Historically the grand jury had twenty-three members and the trial jury had twelve.)

The jury has been the deciding body in criminal trials in English law for seven hundred years and in American law since the founding. It assumed particular importance in **colonial** times when it functioned as a **guardian** of the colonists' liberties against the **impositions** of royal judges. **The Supreme Court** described the jury's historic functions in *Duncan v. Louisiana* (1968):

> Those who wrote our **constitutions** knew from history and experience that it was necessary to protect against **unfounded** criminal charges brought to eliminate enemies and against judges too **responsive** to the voice of higher authority.... Providing an **accused** with the right to be tried by a jury of his peers gave him an inestimable **safeguard** against the **corrupt** or overzealous **prosecutor** and against the compliant, biased, or **eccentric** judge.... Beyond this, the jury trial **provisions** in the Federal and State Constitutions reflect a fundamental decision about the exercise of official power —— a **reluctance** to entrust plenary powers over the life and liberty of the citizen to one judge or a group of judges. Fear of **unchecked** power, so typical of our State and Federal Governments in other respects, found expression in the criminal law in this insistence upon community participation in the determination of guilt or innocence.
>
> (*continued*)

語句と構文

L01. the criminal process = 刑事手続き（犯罪の捜査・起訴・審判・刑の執行に関する手続き）／ L01. common law = コモンロー（ここでは英米法全体を指している。判例法，特に非成文法的慣習法などを指すこともある。）／ L02. brings charges against は indicts（他動詞）を言い換えたもので，どちらも「～を起訴する」という意味。／ L08. and (the jury has been the deciding body in criminal trials) in American law since the founding カッコ内を補って考える。／ L08. assume =（性質）を帯びる／ L11. *Duncan v. Louisiana* =「ダンカン対ルイジアナ州事件」（米国最高裁判所の判例）

Translation 20 なぜ陪審制があるのか（1）

　コモンローを採用している国における刑事手続きの際立った特徴は，陪審である。陪審には2種類ある。大陪審は被告人を起訴する，すなわち被告人に対する告訴を決定する。審理陪審，つまり小陪審は，裁判において有罪か無罪かを判断する。（大陪審は大きく，審理陪審は小さい——petit は「小さい」という意味のフランス語——が，これは規模からきている。歴史的には，大陪審は 23 人から成り，審理陪審は 12 人から成っていた。）

　陪審は，英国法では 700 年前から，米国法では建国以来，刑事裁判の決定機関である。植民地時代には特に重要性を持っていた。その時代には，英国国王が任命した裁判官の押し付けから入植者の自由を守る役割を果たしていた［←自由の守護者として機能していた］からである。最高裁判所は，「ダンカン対ルイジアナ州事件」（1968）で陪審の歴史的役割について次のように述べている。

> 　我が国の憲法を起草した人々は，歴史と経験から，敵を排除するために持ち込まれる根拠のない刑事訴訟や上層部の意向に過剰に反応する裁判官から身を守る必要性を，承知していた。……被告人に被告人と同じ市民からなる陪審によって裁かれる権利を与えることは，腐敗した，あるいは過度に熱心な検察官から，また権威に迎合的であったり，偏見を持っていたり，常軌を逸していたりする裁判官から，身を守る計り知れないほどの保護手段を被告人にもたらした。……さらに，連邦および州憲法の陪審制条項は，公権力の行使についての基本的な判断を反映している。すなわち，市民の生命と自由に関する全権を一人の裁判官あるいは裁判官のグループにゆだねることへの不同意である。制限を受けない権力に対する恐怖は，他の点でも米国の州政府および連邦政府に特徴的なことであるが，有罪か無罪かという判断に地域社会が参加することを断固主張するという形で，刑法にもその精神が現れたのである。（続く）

L12. Those who wrote our constitutions ... は SVO の文。S=Those who wrote our constitutions, V=knew, O=that it was ... higher authority。that 節の it は to protect 以下を受ける形式主語。brought to eliminate enemies はその前の unfounded criminal charges を，too responsive to the voice of higher authority はその前の judges を，それぞれ修飾している。／ L15. Providing an accused ... は SVOO の文。S=Providing an accused with the right to be tried by a jury of his peers, V=gave, O=him, O=an inestimable safeguard against ...。／ L20. entrust A to B = A を B にゆだねる　／　L21. Fear of unchecked power ... は SVO の文。S=Fear of unchecked power, V=found, O=expression。find expression in 〜 = 〜に現れる

Phrases 21 なぜ陪審制があるのか（2）

0397	the oath of a **juror**	[dʒúərər]	**陪審員**の宣誓	名 陪審員；審査員
0398	anti-American **sentiment**	[séntəmənt]	反米**感情**	名 感情；意向；感想；志向
0399	a packed **courtroom**	[kɔ́ːrtrùːm]	満席の**法廷**	名 法廷
0400	fully **equipped**	[ikwípt]	完全に**準備のできた**	形 準備のできた
0401	a **neutral** attitude	[njúːtrəl]	**公平無私**の態度	形 中立の　名 中立者〔国〕
0402	a **detached** opinion	[ditǽtʃt]	**公平な**意見	形 分離した；私心のない
0403	the voice of **conscience**	[kánʃəns]	**良心**のささやき	名 良心，道義心
0404	jury **nullification**	[nʌ̀ləfəkéiʃn]	陪審による**法の無視**	名 無効化，破棄，取り消し
0405	**acquit** the accused	[əkwít]	被告人**に無罪を言い渡す**	他 〜に無罪を言い渡す
0406	an **unreviewable** sentence	[ʌ̀nrivjúːəbl]	**再考不可能な**判決	形 再考できない；検査できない
0407	**convict** a defendant	動[kənvíkt]　名[kánvikt]	被告人**に有罪判決を言い渡す**	他 〜を有罪とする　名 囚人
0408	a **lesser** charge	[lésər]	**軽い**容疑	形 小さい方の；より劣った
0409	**harsh** regulations	[háːrʃ]	**過酷な**規則	形 荒い；刺激が強い；過酷な
0410	**nullify** a law	[nʌ́ləfài]	法**を無効にする**	他 〜を無効にする，取り消す

0411	deliver a **verdict**	**評決**を下す
	[və́ːrdikt]	名 評決；判断, 意見
0412	**exposure** to danger	危険に**さらされること** (▷多)
	[ikspóuʒər]	名 さらすこと；さらされること
0413	**accommodate** someone's wishes	人の希望**を考慮する** (▷多)
	[əkɑ́mədèit]	他 ～をもてなす；～に対応する

派生語

0414	sentimental	形 感情的な, 感傷的な (← sentiment)
0415	equipment	名 準備, 装備 (← equipped)
0416	neutrality	名 中立（状態）, 不偏不党 (← neutral)
0417	detachment	名 公平, 無私；超絶；無関心 (← detached)
0418	acquittance	名 無罪宣告；免除 (← acquit)
0419	conviction	名 有罪判決；確信, 信念 (← convict)
0420	expose	他 ～をさらす, 露出する (← exposure)
0421	accommodation	名 (宿泊) 設備；融通, 便宜 (← accommodate)

多義語

exposure 名 暴露；摘発 (➡さらすこと：さらされること)

After the exposure of his scandal, the minister resigned.
（醜聞が暴露された後, 大臣は辞職した）

accommodate 他 ～を**収容する, 入れる, 乗せる** (➡～をもてなす；～に対応する)

This ship can accommodate 2,000 passengers.
（この船は 2,000 人の乗客を収容できる）

Passage 21: Why do we have juries? (2)

More recently, the jury has come under attack. The criticisms have come in part because the jury has been fulfilling its historic functions, but critics believe those functions no longer fit our modern world. **Jurors** bring too much community **sentiment** into the **courtroom**. Under this view, the role of the jury is not to protect the defendant's liberties but simply to find the facts without error or prejudice, a task for which they are less well **equipped** than a professional judge. These criticisms expose an inherent conflict in the jury's role. The jury is the ultimate fact finder and, as such, should be **neutral**, **detached**, and objective. At the same time, the jury is the **conscience** of the community in the courtroom. By bringing in the community's perspective, the jury may do something other than simply determine the facts and apply the law in a neutral way.

An extreme example of this conflict is found in the debate over *jury nullification*. At trial, the judge instructs the jury on the relevant law, and the jury determines the facts of the case and applies the law it has been given to the facts. But because a jury's decision to **acquit** is for all practical purposes **unreviewable**, it can, if it chooses to do so, refuse to apply the law and acquit a defendant or **convict** on **lesser** charges in spite of the judge's instructions. If the jury finds the law to be unjust, too **harsh**, or out of line with the values of the community, it can, in this way, **nullify** the law.

For all of the criticisms of juries, the social science evidence suggests that in most cases they do a good job, or at least as good a job as a judge would do. In a large majority of cases, when judges are asked what **verdict** they would have arrived at, they come to the same conclusion as the jury. In the cases in which they differ judges are probably more likely to convict, in part because their constant **exposure** to the criminal justice system leads them to conclude that most defendants are in fact guilty. Juries are more likely to take account of factors such as the good background of the defendant, the need to **accommodate** human weakness in issues such as self-defense, and the character of the victim.

(*The end*)

語句と構文

L01. come under 〜 = 〜を受ける / L06. a task for which they are less well equipped than a professional judge は、その前の to find the facts without error or prejudice を説明している。 / L08. as such = そういうものとして、それ自体 / L16. for all practical purposes =（理論は別として）実際には / L19. out of line with 〜 = 〜と一致しない

Translation 21 なぜ陪審制があるのか（2）

　近年，陪審は逆風に見舞われるようになった。批判の一つは，陪審はその歴史的役割を果たしてきたが，これらの役割はもはや現代社会に合わないというものである。陪審員は地域的感情をあまりにも多く法廷に持ち込みすぎる。この視点に立つと，陪審の役割は被告人の自由を守ることではなく，単に誤謬や偏見なく事実を見出すことになるが，この任務については，陪審員は職業裁判官ほど適任とは言えない［←よく準備ができていない］。こうした批判は，陪審の役割に内在する矛盾を明らかにしている。陪審は最終的な事実認定者である。したがって，それ自体が，中立的で，公平で，客観的でなければならない。それと同時に，陪審は法廷においては地域社会の良心である。地域社会の視点を持ち込むことによって，陪審は，単に事実を判断し中立的に法を適用する以上のことをなし得るのである。

　この矛盾の極端な例が「陪審による法の無視」に関する議論に見出される。審理において，裁判官は陪審に関連する法律について説示する。そして陪審は訴訟事件の事実認定をし，与えられた法律をその事実に適用する。しかし，無罪であるとする陪審の判断は事実上再検討できないので，もし陪審がそうしたければ，裁判官の説示にかかわらず，その法律を適用することを拒否して，被告人を無罪にしたり，軽めの有罪判決を言い渡したりすることができる。もし，法律が不公正であるとか，厳しすぎるとか，地域社会の価値観から逸脱していると陪審が考えた場合，陪審はこの方法で法律を無視することができる。

　陪審に対するもろもろの批判にもかかわらず，社会学的証拠が示すところによると，たいていの場合，彼らはよい仕事をしているか，少なくとも裁判官と同程度の仕事をしている。裁判官にあなただったらどのような判定をしたでしょうかと尋ねると，大半は陪審と同じ結論を出す。裁判官と陪審の結論が異なる場合は，裁判官は有罪判決に傾きがちであろう。それは，一つには，彼らは刑事司法制度に日頃からさらされているために，ほとんどの被告人は実際に罪を犯していると結論づけてしまうからである。陪審員は，被告人の好ましい履歴，正当防衛のような争点で人間の弱さを考慮する必要，被害者の性格などの要素をより考慮に入れる傾向がある。（完）

▶知ってますか？

0422　the Golden Arches Theory of Conflict Prevention　图 紛争予防黄金アーチ理論

　Golden Arches はハンバーガーチェーン店のマクドナルドの M 字型のロゴのこと。「紛争予防黄金アーチ理論」とは，「マクドナルド店を有する国同士は戦争をしない」という理論。ニューヨークタイムズのコラムニストであるトーマス・フリードマン（Thomas L. Friedman : 1953-）がグローバリゼーションを論じた著書『レクサスとオリーブの木』（*The Lexus and the Olive Tree*）の中で次のように述べたことに由来する。

No two countries that both had McDonald's had fought a war against each other since each got its McDonald's.
（マクドナルド店を有する二国は，それぞれの国にマクドナルド店を開店させて以降，互いに戦争をしたことがなかった。）

　もっと正確に言うと，「ある国の経済がマクドナルドのチェーン店網を支えられるほど大きな中産階級を持つレベルまで発展すると，中産階級は戦争よりもマクドナルドを買うために列に並ぶことを選ぶ。だからマクドナルド店を有する国同士は戦争をしない」という理論である。フリードマンがこの理論を発表した 1996 年当時は確かにマクドナルド店を有する国同士は戦争をしたことがないと言えたが，その後の国際紛争ではこの理論が当てはまらない例も出ている（例えば，2008 年のロシアとグルジアの交戦）。しかし，フリードマンは「マクドナルド店」を比喩的に使用したのであり，その真意は，互いに通商を行う国同士は相互依存の必要性を強め，戦争がしにくくなる，というグローバリゼーションのポジティブな面を示すことにあった。だから，「紛争予防黄金アーチ理論」が一概に間違っているということにはならないだろう。

0423　the McLibel case　图 マック名誉毀損訴訟
0424　libel　图 名誉毀損

　「マック名誉毀損訴訟」とは，マクドナルドが環境保護団体 London Greenpeace の活動家 5 人（3 人は途中で脱落，最後まで闘ったのが Helen Steel と David Morris）を名誉毀損で訴えた訴訟事件のこと。1989 年，Helen Steel と David Morris は「**マックの何が問題なのか？ マックがあなたに知ってもらいたくないすべてのこと**（What's wrong with McDonald's: Everything they don't want to know.）」というパンフレットをロンドンのマクドナルド店の店先で配布した。パンフレットの主張は七つのカテゴリーにわたるが，主なものは，（1）健康によい食べ物だとうその宣伝をして**子供を食い物にしている**（exploit children），（2）

心臓病や癌の原因となっている，（3）牧場を作るために**熱帯雨林を破壊している**（destroy rainforests），（4）労働者を劣悪な労働環境のもとに置き，**組合に強い反感を持っている**（strongly antipathetic to unions），（5）**動物に対する虐待**（cruelty to animals）を行っている，というもの。これに対してマクドナルドは，パンフレットの主張はすべて間違っているとして**名誉毀損の訴訟を提起し**（file a libel suit），12万ポンドの損害賠償と**差止命令**（injunction：この場合パンフレットの配布を禁止させること）を求めた。この訴訟以前，マクドナルドは自社を批判する者に対して名誉毀損の訴訟を提起したり，あるいは提起すると警告して相手の訴訟意欲をくじいたりして，そのたびに難を免れることができた。その理由は，イギリスの法律では名誉毀損訴訟の場合，**被告**（defendant）に**立証責任**（the burden of proof）があり，その立証がかなり困難であること，それに加えて，名誉毀損の被告人は英国法では法律の扶助（弁護士を無料で雇えるなど）を受けられないこと，そうして敗訴した場合には莫大な賠償金を取られる恐れがあることなどから，被告人は法廷で争う意欲を失ってしまうからだ。ところが，Helen Steel と David Morris は，法律にはまったく素人であったにもかかわらず法律や事実関係をよく調べ，また多くの賛同者から寄付を受けて，粘り強く，執拗に闘った。こうして1997年6月に一審の判決日を迎えたが，裁判官は，パンフレットの主張の一部は証明されているが，他の部分は証明されていないという理由で，マクドナルド勝訴の判決を言い渡し，二人に6万ポンドの賠償金支払いを命じた。そこで，Helen Steel と David Morris はこれを不服として控訴した。一方，マクドナルドは事実上の敗北を認め，自社に不利な判決内容についても控訴を断念した。実は，マクドナルドはこの訴訟で一般大衆を敵に回していること，企業イメージが大きく損なわれていることに気づき，一審の判決が出る前に二度にわたって被告人に**和解**（settlement）を持ちかけていたが，被告人に拒絶されている。控訴審では，Helen Steel と David Morris は一審で証明できなかった「心臓病のリスクを高める」こと，「労働者が劣悪な労働環境のもとに置かれている」ことなどを証明し，勝訴した。なお，この訴訟とは別に，Helen Steel と David Morris は1991年に英国政府を**ヨーロッパ人権裁判所**（the European Court of Human Rights）に訴えている。この訴訟は「マック第二次名誉毀損訴訟」と呼ばれている。訴えの理由は，英国法は名誉毀損の被告人に法律の扶助を与えていないから，被告人から**公正な裁判**（fair trial）を受ける権利と**表現の自由**（freedom of expression）を奪っている，というもの。そして2005年2月，ヨーロッパ人権裁判所は，英国法は，巨大企業のビジネス慣習が人々の生活や健康を害したり，環境に悪影響を及ぼしたりする恐れがある場合に，それを批判する大衆の権利を守っていないという理由で，原告勝訴の判決を言い渡した。この訴訟ではグローバル企業の企業倫理が問われ，グローバリゼーションのネガティブな面が論議されたと言えよう。

0425	mercantilism	名 重商主義
0426	free trade	名 自由貿易
0427	free trade agreement	名 自由貿易協定
0428	free trade area	名 自由貿易地域

「重商主義」とは，商業的富の蓄積が国の富と力を増大させるとする初期資本主義を代表する経済思想である。そしてその主な手段は，貿易構造を誘導・統制して貿易差額，すなわち貿易黒字を生じるようにすること，すなわち**保護貿易主義**（**protectionism**）を採ることだった。具体的には，輸出を促進し，輸入を抑制するために，例えば，外国製品の輸入に高関税を賦課したり，自国製品の海外市場開拓を行う貿易団体へ独占的特権を与えたりした。しかし，「**見えざる手**（**invisible hand**）」による市場の自己調整的機能を重視したアダム・スミスは，重商主義は国富の増進を妨げるとして猛烈に反対した。かくして，「自由貿易」という考えが生まれたが，これは輸入制限・輸出奨励などを撤廃しようとする政策ないし思想である。「自由貿易協定」は特定の国もしくは地域間で**関税**（**tariff**）などの貿易障壁を撤廃することを定める国際的取り決めをいう。そのような取り決めがなされている地域を自由貿易地域という。自由貿易地域としては，**ヨーロッパ自由貿易連合**（**EFTA**：**the European Free Trade Association**）や**北米自由貿易協定**（**NAFTA**：**the North American Free Trade Agreement**）などがある。

| 0429 | tax haven | 名 タックス・ヘイブン，租税回避地 |
| 0430 | money laundering | 名 マネー・ロンダリング，資金洗浄 |

タックス・ヘイブンとは外国法人の所得に対して無税あるいは低税率の便宜を提供している国をいう。タックス・ヘイブンは，当初企業誘致や雇用促進を図るという目的もあって外国法人にこのような便宜を供与したが，本国の規制や監督を逃れようとする多国籍企業に利用されたり，あるいは麻薬などの犯罪やテロの活動資金などのマネー・ロンダリングなどに利用されたりするのに及んで，現在，その規制強化が問題になっている。

| 0431 | jury nullification | 名 陪審による法の無視 |

陪審が，裁判官の説示に従って法を適用したならば被告が有罪になってしまう事件で，証拠に反することを知りながら，裁判官の説示に従うことを拒否して無罪の評決を出すことをいう。なぜこのような法の無視が行われるのか。それは，**政治的**

大義（**political cause**），市民としての不服従（**civil disobedience**：納税の拒否など），人種差別（**racism**），選択的訴追（**selective prosecution**：政府にとって不都合な者を狙い撃ちで訴追することなど）などの事件の場合には不公正な裁判が行われやすいからだ。この意味で，jury nullification には形式的な法律の適用を回避して不当な訴追から被疑者の人権を守るという働きがあると言える。

0432	**voir dire**	名 陪審員予備尋問
0433	**challenge for cause**	名 理由付きの陪審員忌避
0434	**peremptory challenge**	名 理由を告げない陪審員忌避

　voir dire は to speak the truth（真実を語る）の意味。陪審員予備尋問とは，陪審員候補者が陪審の責務を果たす資格や能力があるかどうかを決定する手続きをいう。通常，裁判官，検察官，**弁護士**（**attorney**）がこの尋問に当たる。尋問の結果，陪審員候補者が知的能力に欠ける，あるいは事件や被告人に対する不当な偏見ないし予断を持っていることが判明した場合には，例えば弁護士はその理由を裁判官に告げ，それが認められれば当該の陪審員候補者を忌避することができる。これが理由付き陪審員忌避である。これ以外に，連邦裁判所でも州裁判所でも，理由を告げない陪審忌避が一定の範囲内で認められている。陪審員予備尋問は陪審員構成の公正さを保つために認められている被告人の権利である。

| 0435 | **Miranda warnings** | 名 ミランダ警告 |

　アリゾナ州で窃盗の容疑で逮捕された Ernesto Miranda は，弁護士に相談する機会を与えられないまま長時間警察の取調べを受け，これを不服として提訴した。この裁判で連邦最高裁判所は，逮捕権を持つ官憲には被疑者などに次のような警告を与える義務があることを認めた。これをミランダ警告という。
"You have the right to remain silent. Any statement you do make may be used as evidence against you. You have a right to the presence of an attorney. If you cannot afford an attorney, one will be appointed for you prior to any questioning if you so desire."
（あなたには黙秘権があります。あなたが行う供述はどれもあなたにとって不利な証拠として使われる可能性があります。あなたには弁護士の立会いを要求する権利があります。もしあなたが弁護士を雇う経済的余裕がない場合には，あなたが希望するならば，一切の尋問に先立って，当局が弁護士を任命致します。)

| 0436 | hearsay evidence | 名 伝聞証拠 |
| 0437 | hearsay rule | 名 伝聞法則 |

　裁判に素人である陪審は証拠の判断を誤る可能性が高い。そこで，英米法ではそれを防ぐための厳密な証拠法が発達し，証明力の低い証拠は最初から法廷に出されないように，その証拠能力を否定する法則が発達した。その一例が伝聞証拠という概念。例えば，Xがナイフで人を殺すのを見たとAが法廷で供述した場合，弁護士はAに思い違いや記憶違いを犯していないか問いただすことができる。これを**反対尋問**（cross-examination）という。ところが，Xがナイフで人を殺すのを見たとAが警察官に供述し，その供述調書が法廷に出された場合には，調書は人間ではないから反対尋問を行うことができない。したがって，Aの供述調書が真実かどうか検証する機会がない。このように，法廷において反対尋問の機会を与えられていない供述証拠を伝聞証拠といい，原則として証拠にはできない。これを伝聞法則という。

Words of Wisdom

法についての名言を二つ紹介しておく。

1. Lawyers and painters can soon change white to black.
   法律家と画家は即座に白を黒に変えることができる。
   　　　　　　　　　　　　　　　　　　　——デンマークのことわざ

2. In the old days, if a neighbor's apples fell into your yard, you worked it out over the back fence or picked them up and made pies. Today, you sue.
   昔は，隣人のりんごが庭に落ちた場合には，垣根越しにそっと返すか，りんごを拾い上げてパイを作った。近頃は訴訟を提起する。
   　　　　　　　　　　　　　　　　　　　——Lee Iacocca

➤ Related Words & Phrases

グローバリゼーション

0438	**interdependence**	名 **相互依存**
0439	a **global village**	名 **地球村**
0440	**standardization**	名 **標準化**
0441	**McDonalization**	名 **マクドナルド化**
0442	**homogenization**	名 **均質化**
0443	**differentiation**	名 **差異化**
0444	**localism**	名 **地方主義**
0445	**globalism**	名 **世界化**
0446	**Sub-Saharan** Africa	形 **サハラ以南の**アフリカ
0447	religious **extremism**	名 宗教的**過激主義**
0448	the Taliban **regime**	名 タリバン**政権**〔**政体**〕
0449	**accountability**	名 **説明責任**
0450	**transparency**	名 **透明性**
0451	**representation**	名 **代表**
0452	resist **protectionism**	名 **保護貿易主義**に抵抗する
0453	**neo-colonialism**	名 **新植民地主義**
0454	**indigenous** peoples	形 **現地の**〔**土着の**〕民
0455	**national self-determination**	名 **民族自決(主義)**

テロリズム

0456	**combat** terrorism	他 **テロリズムと戦う**

政治学・法学

0457	a **freedom fighter**	名	**自由の戦士**
0458	a cruel **tyrant**	名	残酷な**暴君**
0459	**tyrannicide**	名	**暴君殺し**
0460	**anti-authoritarian**	形	**反権威主義の**
0461	a **left-wing** group	形	**左翼**グループ
0462	a **right-wing** group	形	**右翼**グループ
0463	**suicide terrorism**	名	**自爆テロ**
0464	**al-Qaeda**	名	**アルカイダ**
0465	**hijack** an airplane	他	飛行機**をハイジャックする**
0466	free a **hostage**	名	**人質**を解放する
0467	a **biological weapon**	名	**生物兵器**
0468	a **chemical weapon**	名	**化学兵器**
0469	a **homemade bomb**	名	**手作りの爆弾**
0470	toss a **grenade**	名	**手榴弾**(しゅりゅうだん)を投げる
0471	**detonate** a bomb	他	爆弾**を爆発させる**
0472	**kidnap** a child	他	子供**を誘拐する**
0473	a large **ransom**	名	莫大な**身代金**(ばくだい)
0474	pose a **threat**	名	**脅迫**する
0475	**illegal** immigration	形	**不法**移住〔入国〕
0476	the **mastermind** of an attack	名	攻撃の**首謀者**
0477	military **intelligence**	名	軍の**諜報活動**(ちょうほう)

0478	a **high-profile** attack	形 **注意を集める**攻撃

陪審制

0479	a **lay** jury	形 **素人の**陪審
0480	a **plaintiff**	名 **原告**
0481	the **burden of proof**	名 **立証責任**
0482	civil **disobedience**	名 市民としての**不服従**
0483	a criminal **prosecution**	名 刑事**訴追**
0484	an **attorney**	名 **弁護士**
0485	**cross-examination**	名 **反対尋問**
0486	a **majority vote**	名 **多数決**
0487	commit **arson**	名 **放火**をする
0488	a **grand jury**	名 **大陪審**
0489	a **petit**〔**petty**〕**jury**	名 **小陪審**
0490	a summary **indictment**	名 略式**起訴**
0491	an **impartial** jury	形 **公正な**陪審
0492	a **driver's license**	名 **運転免許証**
0493	a **voter registration list**	名 **有権者登録名簿**
0494	the **law of evidence**	名 **証拠法則**
0495	a **prospective** juror	形 陪審員候補［←**予期される**陪審員］
0496	the **abuse** of power	名 権力の**濫用**
0497	one year's **imprisonment**	名 一年間の**投獄**

2 政治学・法学

第3章　経済学・経営学

Theme 1　バブルと暴落，そして経済学者

　バブル，正確に言うなら**投機的バブル**（**speculative bubble**）とは，「投機の目的とされた株や土地などの商品がその**本来の価値**（**intrinsic value**）をはるかに上回る値をつけられ，膨張し続けていく経済的状況」をいい，**暴落**（**crash**）とは「その値が急激に下落し，**バブルが崩壊する**（**the bubble bursts**）こと」をいう。

　1990年代後半のITバブル（情報・通信産業の急激な発展に投資家が過剰期待した結果もたらされたバブル）の頃，日本の複数の経済学者が「これで不況はなくなった。好景気が永遠に続くだろう」といった趣旨の，経済史と人間心理に無知な発言をしたことがある。また，1929年10月29日にニューヨークの株価が暴落する少し前に，当時経済学者として**賢人**（**sage**）ともてはやされていたイェール大学のアーヴィング・フィッシャー（Irving Fisher : 1867-1947）は「株価は**永久的に高い高原状態**（**permanently high plateau**）と見てもよさそうな水準に達した」と述べている。

　バブルはなぜ起こるのか，そしてバブルを巡る予測はなぜ外れるのか。この問題を過去の主要なバブルを紹介した後，検討してみよう。

Theme 2　主要なバブル1——チューリップバブルなど

（1）**オランダのチューリップバブル**（**the Dutch tulip mania**）
1630年代にオランダのアムステルダムで起こった**チューリップの球根**（**tulip bulb**）を巡るバブル。16世紀にトルコ原産のチューリップがオランダに入ってくると，美しく珍しいチューリップは園芸用として金持ちに歓迎され，チューリップの球根市場が活発になった。そして，1634年頃からプロの投資家だけでなく一般の人たちも投資に加わり，例えば，センペル・アウグストゥス（Semper Augustus）という希少種の球根は，投機熱が最高潮に達した時には一株5,500ギルダーにまでなった。これは，一個の球根で「新しい馬車一台，上等な馬二頭，そして馬具一式」と交換可能なまでに価格が高騰したことを意味した。しかし，1637年に一部の賢明な人たちがこの投資から手を引き始めると，他の人もそれに追随し，チューリップの球根の価格は雪崩を打つように下落していった。

（2）**サウスシー・バブル**（**the South Sea Bubble**）
1720年代にロンドンの株式市場で起こったバブル事件。この当時のイギリスはスペイン継承戦争で生じた債務に苦しんでいた。1711年，サウスシー会社はイギリスの債務を引き受けることと引き換えに**株式会社**（**joint-stock company**）の設立と株式発行権を取得した。会社は南アメリカ大陸のいくつかの地域との貿易の**独占権**（**monopoly**）を与えられていること（内実は，ほとんど実体のないもの）をうたい文句にし，それにつられて多くの人がこの会社の株式を買うようになった。会社の株価は，1720年1月

には約128ポンド，3月には330ポンド，5月には550ポンド，6月には890ポンド，そして夏には約1,000ポンドまで急上昇した。しかし，社内の人や会社幹部の利食い売りがきっかけとなり，株価は8月に175ポンドまで急落し，12月には124ポンドにまで下がった。

（3）**ミシシッピ・バブル**（**the Mississippi Bubble**）
1719年から1720年にかけてパリで起こったバブル事件。主人公はスコットランド人のジョン・ロー（John Law：1671-1729）。ローは金融に縁のある家庭に育った。若い頃はロンドンで際立った放蕩生活をしていたが，かたわら**銀行業**（**banking**）や**金融**（**finance**）の勉強もしていた。そして，1694年，ロンドンの中心部の近くで**決闘**（**duel**）を行うはめになり，相手を殺し，逮捕，投獄された。その後脱獄し，大陸に逃亡，パリに登場する。当時のフランスは，太陽王ルイ14世が亡くなったばかりで，王の贅沢な生活や度重なる戦争で国庫は**破綻し**（**go bankrupt**），多くの負債があった。ローはこれに目をつけ，1716年に国から銀行を設立する権利を得，この銀行が後にロワイヤル銀行となった。ロワイヤル銀行は**銀行券**（**bank note**）を発行する権能も与えられ，この銀行券が政府の経費と**国債**（**government bond**）の償還に当てられた。この銀行券は所有者が望めば金に**交換することが可能で**（**exchangeable**）あった。この金を確保するために，北米大陸のルイジアナの金鉱を探査する目的を持つミシシッピ会社が設立された。この会社の株が公開されると爆発的な人気となり，追加需要に応じるために新たな株式発行も行われた。だが，株式の売上代金は金鉱の探査ではなく政府の負債の返済に充てられた。そのために銀行券と交換できる金は次第に微小になっていき，大勢の人が金と交換するために銀行に押しかけるという事態が発生し，1720年には銀行券はもはや金との交換性がないと宣言された。

Theme 3　主要なバブル２──大恐慌，住宅バブルなど

（4）**大恐慌**（**the Great Depression**）
1929年10月29日のニューヨーク株式市場での株価暴落から始まって1939年まで10年間続いた大不況のこと。具体的な数字を見るとその深刻さがわかる。1931年から1932年にかけて5,069の銀行が倒産した。**失業率**（**unemployment rate**）は1929年の3.2%が，1933年には24.9%，1934年には26.7%まで上昇した。また，全国で1,500の大学がつぶれるか休校になり，本の売り上げは50%落ちたと言われている。1929年に就任した共和党のフーヴァー大統領の不況対策には目立った効果がなかった。1933年に就任した民主党のローズベルト大統領は大恐慌脱出のために数々の**ニューディール政策**（**the New Deal**）を打ち出したが，アメリカの景気が本格的に好転したのは第二次世界大戦勃発後であった。

（5）**1987年10月の株式市場の暴落**（**the stock market crash of October 1987**）

暗黒の月曜日（the Black Monday）とも呼ばれるニューヨーク株式市場の大暴落を指す。平均株価で508ドル，率にして22.6％という下落を記録した。

（6）**日本の土地バブル**（**the Japanese Land Bubble**）
1980年代後半から1990年代初めにかけて起こった土地価格の高騰によって支えられたバブル。銀行が土地を**担保**（**collateral**）に行った融資は土地価格の急落により担保割れを起こし，銀行は大量の**不良債権**（**bad loan**）を抱え込むことになった。

（7）**アメリカの住宅バブル**（**the American Housing Bubble**）
2000年から2007年夏にかけてのアメリカの住宅価格の高騰と暴落。全米10カ所の平均をとった住宅価格指数によると，2000年を100とした場合，2006年6月にピークとなり，2倍以上の226まで上昇した。しかし，2007年夏になると住宅価格は大きく値を崩し，それとともに低所得者向けの住宅ローンが組み込まれたサブプライムローン証券化商品は暴落した。

Theme 4　なぜバブルは起こるのか？

　バブルがなぜ起こるかについて，アメリカの経済学者ガルブレイス（John K. Galbraith : 1908-2006）はeuphoria（ユーフォリア）という言葉を使って説明している。

　この英語は本来は「多幸感，幸福感」の意味だが，ガルブレイスは，大勢の人が自己の利益しか目に入らず現実を見失ってしまった「集団的狂気」の意味で使っている。彼は『バブルの物語』（*A Short History of Financial Euphoria*）の中でバブルの原因をこう述べている。

「**陶酔的熱病**（**euphoria**）が生じると，人々は，価値と富が増えるすばらしさに見ほれ，自分もその流れに加わろうと躍起になり，それが価格をさらに押し上げ，そしてついには破局が来て，暗く苦しい結末となるのであるが，こうした陶酔的熱病が再び起こった時に，**規制**（**regulation**）であるとか，正統的経済学の知識のようなものは，個人や金融機関を守る働きはしない。陶酔的熱病の危険から守ってくれるものがあるとすれば，それは控えめに言っても**集団的狂気**（**mass insanity**）としか言いようのないものへ突っ走ることに共通する特徴を明瞭に認識することしかない。」（鈴木哲太郎訳）

　そして，この陶酔的熱病を支える共通する特徴としてガルブレイスは次の二つを挙げている。

> **経済学者 Burton Malkiel の言葉**
> 暴走した欲が歴史上のすべての投機バブルの本質的特徴である。

（1）ひどい金融危機があっても，人々はそれをすぐに忘れてしまう。
（2）暴落の前に金融の天才が出現し，そのような人の知性を過度に信頼してしまう。
　先に挙げた経済学者のアーヴィング・フィッシャーやミシシッピ・バブルのジョン・ローを思い出せばこのことは理解できよう。

Theme 5 「てこ」の原理

　ガルブレイスはバブルを後押しする陶酔的熱病と，それを支える二つの心理的要因を分析した後，技術的な要因に触れる。それは，すべてのバブルに「**てこ**（leverage）の原理」が働いているということだ。「てこ」とは小さな作用で大きな効果をもたらすことをいう。例えば，銀行の場合，金庫に置いてある現金の預金量しか銀行券を発行できなければ「てこ」の作用は働かない。しかし，すべての預金者が一斉に預金を引き出すことはないであろうとの見込みから，銀行はその金庫に置いてある現金量以上の銀行券を発行できるという「てこの原理」を発見し，それを活用する。つまり，銀行は一定量の現金を「てこ」として理屈上は無限に負債を負うことが可能になるということである（ちなみに，これを避けるために現在の銀行では自己資本率が定められている）。

Theme 6 バブル崩壊のメカニズム

　「てこの原理」は，銀行が想定していた以上の多数の預金者が預金を一時に引き出すと働かなくなり，破綻する。ミシシッピ・バブルの例では，わずかな金で膨大な預金を支えていたが，預金者が一斉に金との交換を求めたために破綻した。オランダのチューリップバブルではどうだろうか。チューリップは花が咲いてからモザイク病にかかり美しい模様を作ることがある。このため，チューリップの球根は，花が咲いてから球根が掘り出される前に**先物取引**（futures trading）される。その場合，買い手は将来の球根の値上がりを担保にして，現金を払わないかわずかの現金だけを払う。まさしくこれは「てこ」である。しかし，その担保となっている球根が暴落すれば，買い手は借金だけを抱え込むことになる。このようなことは1929年の大恐慌の時も起こった。株式市場が**強気市場**（bull market）の場合，株の購入者は株の将来の値上がりを担保として，購入株の代金は一部しか払わず，差額は借金とする。しかし，株が暴落すれば借金を抱え込むことになる。近年のアメリカの住宅バブルの場合も同様のことが起こった。低所得者でも住宅の将来の値上がりを見込んで住宅ローンを組むことができたが，住宅価格が暴落し，負債を抱え込んでしまった。

　最後にもう一度ガルブレイスの言葉を前出の本から紹介しておこう。
「昔から言われてきたように，愚者は，早かれ遅かれ，自分の金を失う。また，悲しいかな，一般的な楽観ムードに呼応し，自分が金融的洞察力をもっているという感じにとらわれる人も，これと同じ運命をたどる。何世紀にわたって，このとおりであった。遠い将来に至るまで，このとおりであろう。」（鈴木哲太郎訳）

Theme 7　NGOはなぜ増えているのか？

　NGO（**nongovernmental organization**），すなわち**非政府組織**とは，政府と**提携していない**（**not affiliated**）個人の集団もしくは組織をいう。アメリカでは，第1セクターは政府，第2セクターは営利を目的とした産業部門を指し，非政府組織はこのいずれでもないという意味で**第3セクター**（**the third sector**）と呼ばれることもある。このようにNGOは通常は営利を目的としないので，**NPO**（**nonprofit organization**），すなわち**非営利組織**と重なることが多い。

　NGOは昔からあったが，1970年代以降急激に増えている。現在アメリカには100万以上のNGOがあると言われている。なぜNGOはこれほど急激に増えたのであろうか。その主な理由としては一般に次のようなものが挙げられている。

（1）都市化やグローバリゼーションなど，現代社会の進展によって生じているさまざまな問題に従来型の国家は必ずしも対処できていない。国家はもはや自らの運命の支配者ではなくなってしまった。国家に代わって，情報提供や政策提言などを行う組織が必要である。

（2）社会の変革を求める場合，かつては**政党**（**political party**）を通して行うことが多かったが，多くの市民は政党のすべての主張に賛成しているわけではないので，問題への個別的なアプローチをとっているNGOに期待するようになった。

（3）人権問題，環境問題，平和の問題などは国別ではなくグローバルに対処することが必要だが，民主主義の普及，情報通信革命によってこれが可能となり，そのために多くの国際的なNGOが設立されるようになった。

Theme 8　NGOの活動

　NGOの役割と言うと，多くの人は緊急性の高い難民の救済などを即座に思い浮かべるだろうが，現在ではNGOの役割は非常に多様化している。仮に機能別に分けるならば，（1）政府などへの情報や**専門知識**（**technical expertise**）の提供，（2）具体的な政策の提言（平和の実現や貧困の撲滅など），（3）基本的人権や環境規制が守られているかなどの**監視**（**monitoring**），などになろう。NGOがこうした活動を行う場合は，政府の活動に見られるように部門ごとに区切られる傾向が少なく，より**全体的**（**holistic**）で**積極的な戦略**（**positive strategy**）が採られる傾向がある。例えば，平和の問題では，従来の政治では戦争の停止といった事後的・**消極的戦略**（**negative strategy**）が採られたが，NGOは，**経済的福祉**（**economic well-being**），**自己決定**（**self-determination**），人権の尊重，**非暴力**（**non-violence**），**紛争解決**（**conflict resolution**：信頼の置ける第三者が当事者の言い分を聞いて紛争を未然に防ぐ一種の仲裁。「葛藤解決」という訳

語はこの場合は不適）などを重視した戦略を採る。

　ちなみに，現在世界的に活動している NGO には，（1）**赤十字国際委員会**（**the International Committee of the Red Cross**），（2）**アムネスティ・インターナショナル**（**Amnesty International**），（3）**グリーンピース**（**Greenpeace**），（4）**オックスファム**（**Oxfam**），（5）**ケア**（**CARE**），（6）**世界自然保護基金**（**the World Wide Fund for Nature**），（7）**セーブ・ザ・チルドレン**（**Save the Children**）などがある。

Theme 9　NGO とボランティアの関係

　そして忘れてはならないのが NGO とボランティアの関係だ。NGO には専門のスタッフがいるが，その仕事を補佐するのがボランティアである。市民の中には社会のために役に立ちたいと思っている人がいる。その**受け皿**（**vehicle**）になっているのが NGO で，人々に社会福祉に貢献する機会を与え，人と人をつないで社会を流動化する働きをしているのである。しかし，NGO の働きはそれだけにとどまらないであろう。例えば，退職した高齢者は，ボランティア活動をすることによって**社会から取り残されていると感じ**（**feel marginalized**）ずに済むかもしれない。また，現代の**大量消費主義**（**consumerism**）にあっては，我々の価値は「**我消費す，ゆえに我あり**（**I consume, therefore I live.**）」という基準によって判断されがちだが，無報酬のボランティア活動はそのような物質主義へのアンチテーゼになるかもしれない。

> 『ネクスト・ソサエティ』
> （P・F・ドラッカー著　上田惇生訳）より
> 昨日の慈善は小切手を切ることだった。ところが今日，仕事で何らかの成功を収めた人たちは，小切手を切るだけでは不十分だと感じている。同時に，彼らはセカンドキャリア（第二の人生），あるいはそれよりもパラレルキャリア（第二の仕事）を求めている。

Theme 10　組織における動機付け理論——人間関係論，公式組織，非公式組織

　組織内における仕事の効率を高め，組織の目的を達成する場合，かつては，管理者側が意図的・計画的に編成した**公式組織**（**formal organization**）を利用すること（具体的には，職務・権限・責任の分割，命令系統の階層化など）が効果的であると考えられていた。しかし，このような公式組織は理性的・合理的ではあるが，働く者の主観的な側面を考慮していないので，**動機付け**（**motivation**）として弱い面があった。そこで，人間の心理的・情緒的側面に注目して職場内の人間関係全体を考慮に入れる**人間関係論学派**（**human relations school**）が登場した。この立場は，組織内に自然発生的に

形成される**非公式組織**(**informal organization**)を重視し，公式の権力と**実際の権力**(**actual power**)との関係や**口コミ**(**grapevine**)などの組織内でのコミュニケーションなども考察の対象にする。非公式組織は，企業の目的に沿うか否かによって，益にも害にもなり得る。人間関係論はオーストラリアの産業心理学者メーヨー(George Elton Mayo : 1880-1949)が始めた。彼は，労働者の作業効率を高めるのは職場の物理的環境条件（例えば照明度や休憩時間）ではなく，職場の人間関係であることを実験によって明らかにし，その後の組織経営のあり方に大きな影響を及ぼした。

Theme 11 マズローの欲求段階説

組織の動機付け理論に多大な影響を与えたのが，アメリカの心理学者マズロー(Abraham Harold Maslow : 1908-70)の**欲求段階説**(**the Need Hierarchy**)である。マズローは *Motivation and Personality* の中で，人間の欲求は最も下位の(1)**生理的欲求**(**the physiological needs**：飢え，渇き，性，休息など)から始まり，(2)**安全の欲求**(**the safety needs**：肉体的・心理的安全)，(3)**帰属と愛の欲求**(**the belongingness and love needs**：何らかの集団に所属し，受け入れられること)，(4)**尊敬欲求**(**the esteem needs**：他人から尊敬され認められること)，(5)**自己実現の欲求**(**the self-actualization need**：潜在的能力を実現して，本来の自分になること)へと順に高次の欲求を満たす方向に進むとの理論を提唱した。マズローの理論で注意すべきは，下位の欲求が満たされると，それはもはや**動機付け要因**(**motivator**)にはならないということ，すなわち，**満たされない欲求**(**unsatisfied need**)だけが動機付け要因となり，それが満たされてしまうと次の段階の欲求が現れる，ということである。

※ (1)～(5)の欲求の表現はPassage 31の図の表現と少し異なるが，ここでは原著の表記に従っている。

Theme 12 X理論，Y理論

マズローの欲求段階説に依拠しながら新しい人間観に基づいた組織管理理論を提唱したのが，アメリカの経営学者マグレガー(Douglas M. McGregor : 1906-64)である。彼は伝統的な人間観に基づいた組織管理理論を**X理論**(**Theory X**)と名付け，新しい人間観に基づく自らの組織管理理論を**Y理論**(**Theory Y**)と名付けた。X理論とY理論の主たる内容を対比すると次の通りである。

> X理論：
>   （1）人間は生来的に仕事嫌いで，可能なら仕事をしたくないと思っている。
>   （2）だから，強制したり，脅したり，監督したりしないと，十分な力を発揮しない。
>   （3）人間は，命令されるのを好み，責任を回避したがり，野心もなく，何よりも安全を求める。
>
> Y理論：
>   （1）人間は仕事嫌いではなく，仕事に満足を見出すことができる。
>   （2）だから，組織の目標達成のために自分で方向付けをして働くことができる。
>   （3）自己実現欲求を満たせるような適切な条件や報酬を与えれば，人間は責任を引き受け，創造性を発揮して，与えられた目標を達成する。

　以上のようなX理論とY理論を比較検討した上で，マグレガーは，現代社会は昔と違って教育や生活のレベルが向上した，だから人間を強制的に管理するのは有効な方法とは言えず，むしろ，人間の自己実現欲求を基礎においたY理論に基づき，個人の目標と組織の目標の統合を果たすべきではないか，と提唱したのである。

Theme 13　動機付け・衛生理論

　アメリカの心理学者ハーズバーグ（Frederick Herzberg : 1923-2000）は，ピッツバーグの技術者と経理担当者約200人を面接調査し，マズローなどの理論を参考にしながら，**職務満足**（**job satisfaction**）に関する理論を作った。それが，**動機付け・衛生理論**（**the motivation-hygiene theory**）と言われるものである。ハーズバーグの理論の特徴は，職務満足に関しての要因を，仕事への満足感を生み出す職務満足要因と，仕事への不満足を防止する働きしかしない**衛生要因**（**hygiene factor**）の二つに分けたことである。職務満足要因と衛生要因の内容は次のようなものである。

> 職務満足要因：**達成**（**achievement**），**認められること**（**recognition**），**仕事それ自体**（**work itself**），**責任**（**responsibility**），**昇進**（**advancement**）
> 衛　生　要　因：**会社の方針と運営**（**company policy and administration**），**職場環境**（**working conditions**），**監督**（**supervision**），**対人関係**（**interpersonal relations**），**お金**（**money**），**地位**（**status**），**安全**（**security**）

　衛生要因という言葉は医学用語から借用してきたもので，ハーズバーグがこの言葉を使ったのは，衛生状態をよくすれば人は病気になりにくいかもしれないが，健康になれるわけではない，それと同じく，職場環境をよくすれば，不満足を感じにくくなるかもしれないが，満足感を覚えるわけではない，ということを言いたかったからだ。結局，ハーズバーグの主張は，人を真に動機付けようと思うなら，単に仕事の周辺の環境を整備するだけでは足りず，仕事そのものに配慮しなければならない，ということである。

Phrases 22 金融バブル小史(1)

0498	a long **recession** [riséʃn]	長い**景気後退** / 图 後退, 退去;景気後退, 不況
0499	**witness** an incident [wítnəs]	事件**を目撃する** / 他 ~を目撃する 图 目撃者;証人
0500	a mania for **speculation** [spèkjəléiʃn]	**投機**熱 (▷多) / 图 投機, 思惑売買
0501	an ordinary **share** [ʃéər]	普通**株** (▷多) / 图 株;株券 他 ~を分ける
0502	**charter** a bank [tʃɑ́ːrtər]	銀行**に独占権を与える** / 他 ~に免許を与える;~を借り切る
0503	enemy **territory** [téritɔ̀ːri]	敵の**領地** / 图 領地;なわばり;領域
0504	a financial **panic** [pǽnik]	金融**パニック** / 图 恐怖, 恐慌 他 ~を恐慌状態にする
0505	a stock market **crash** [krǽʃ]	株式市場の**暴落** / 图 急落;墜落;衝突;崩壊
0506	**the Great Depression** [ðə gréit dipréʃn]	**大恐慌** / 图 大恐慌
0507	a major **quake** [kwéik]	大きな**地震** / 图 揺れ;震え;地震
0060	a man of **property** [prɑ́pərti]	**資産**家 (再掲) / 图 財産;不動産;所有;特性
0508	financial **instability** [ìnstəbíləti]	金融の**不安定** / 图 不安定;変わりやすさ
0509	**succession** to the throne [səkséʃn]	王位の**継承** / 图 連続;継承;相続
0510	a **medieval** cathedral [mìːdiíːvl, mèdi-]	**中世の**大寺院 / 形 中世の;中世的な

金融バブル小史（1）

0511	the menace of **dictatorship** [diktéitərʃip]	**独裁政治**の脅威 名 独裁政治；独裁国
0512	an institutional **investor** [invéstər]	機関**投資家** 名 投資家；授与者
0513	**assets** and liabilities [ǽsets]	**資産**と負債 名（複数形で）資産，財産
0514	**offset** a loss [ɔ(ː)fsét]	損失**を相殺する** 他 ～を相殺する，埋め合わせる
0515	a temporary **equilibrium** [ìːkwilíbriəm]	一時的**均衡** (▷多) 名 均衡，釣り合い

派生語

0516	**speculate**	自 投機をする；思索する (←speculation)
0517	**succeed**	自 継承する；成功する (←succession)
0518	**dictator**	名 独裁者 (←dictatorship)
0519	**dictate**	他 ～に命令する，指令する (←dictatorship)
0520	**invest**	他 ～を投資する (←investor)

多義語

□ **speculation** 名 思索，考察；憶測 (➡投機，思惑売買)
There is speculation that the President is ill.
（大統領が病気であるとの憶測がある）

□ **share** 名 分け前，取り分 (➡株；株券；～を分ける)
He has no right to a share in the profits.
（彼には利益の分け前にあずかる権利はない）

□ **equilibrium** 名 心の平静 (➡均衡，釣り合い)
She tried hard to maintain her equilibrium.
（彼女は心の平静を保とうと懸命に努力した）

3 経済学・経営学

Passage 22 A short history of financial bubbles (1)

Like **recessions**, financial shocks are as old as capitalism itself. Tulip mania started in Holland in 1624. The eighteenth century **witnessed** the South Sea Bubble in Britain (**speculation** focused on the **shares** of the South Sea company that had been **chartered** to slave and fish in the South Seas) and the Mississippi Land Bubble in France (the focus of the attention was land values in France's **territory** of Louisiana). The nineteenth century was full of financial **panics** that only look small in comparison with the "big one" of the twentieth century —— the stock market **crash** of 1929 and the banking collapse of 1930 that led to **the Great Depression**. That **quake** almost destroyed capitalism —— unemployment hit 27 percent.

The last half of the twentieth century has also seen its share of small and large financial panics. The collapse of the American savings and loan industry, a worldwide collapse in **property** values, the stock market crash of October 1987, one major stock market crash in a small country (Taiwan), and a very big stock market crash in the world's second biggest economy (Japan). Financial **instability** is to capitalism what **succession** problems are to **medieval** kingdoms or **dictatorships**. Both put their respective systems at risk.

Like unemployment, theoretically, financial crises should not occur in capitalism. Patient, long-run **investors** who know the true underlying values beneath those financial **assets** should be buying and selling in the financial markets to **offset** the instabilities created by the herd mentality of the short-run speculators who jump on upward and downward trends. Unfortunately, patient financial investors with their eyes on the distant future interested in long-run-**equilibrium** values just don't seem to exist in any number.

(continued)

語句と構文

L07. in comparison with ～ =～と比べれば　/　**L11.** see one's share of ～ = 自らも～に関与する　/　**L15.** A is to B what C is to D = AとBの関係はCとDの関係と同じである　/　**L19.** Patient, long-run investors ... は SV の文。S=Patient, long-run investors, V=should be buying and selling。to offset は「結果」を表している。created by the herd mentality ... downward trends はすべて the instabilities にかかる。　/　**L23.** patient financial investors は, with their eyes on the distant future と interested in long-run-equilibrium values の二つに後置修飾されている。

金融バブル小史（1）

　景気後退と同じように，金融ショックは資本主義そのものと同じくらい歴史の古いものである。チューリップ熱は1624年にオランダで始まった。18世紀には，英国でサウスシー・バブル（南半球の海洋での奴隷売買と漁業を行う特許を与えられたサウスシー会社の株が集中的に購入された投機事件），そしてフランスではミシシッピ土地バブル（ルイジアナのフランス領における地価に関心が集中した）が起こった［←18世紀は…を目撃した］。19世紀には数え切れないほどの金融パニックが起こったが，それでも20世紀の「大パニック」に比べれば小規模なものだった。20世紀の「大パニック」とはすなわち，1929年の株式市場の暴落と1930年の銀行破綻であり，これらが大恐慌の始まりだった。その震動は資本主義をほとんど壊滅させ，失業率は27パーセントに達した。

　20世紀の後半にも，大小の金融危機があった。アメリカの貯蓄・貸付産業の崩壊，世界的な資産価値の急落，1987年10月の株価暴落，小国（台湾）の株価大暴落，世界第二の経済大国（日本）での株価大暴落などである。資本主義にとっての金融の不安定は，中世の王国や独裁政権にとっての後継問題に相当する。どちらもそれぞれの体制を危機にさらすものである。

　失業と同様に，理論上は，金融危機は資本主義では起こらないものとされる。つまり，金融資産の隠れた真の価値を知る，辛抱強い，長期的展望を持つ投資家たちが金融市場で継続的に売り買いをしているから，上昇傾向や下降傾向に飛びつく短期の投機筋の群集心理によって引き起こされる不安定さが相殺されることになるのである。しかし残念ながら，株価の長期的な均衡価格に興味を持って遠い未来を見据える気の長い金融投資家はあまりいないようである。（続く）

金融バブル小史（2）（3）（4）

#	英語	発音	日本語	品詞・意味
0521	an **unsustainable** burden	[ʌ̀nsəstéinəbl]	担えない負担	形 支えることができない
0522	a **price-earnings ratio**	[práisə́ːrniŋz rèiʃou]	株価収益率	名 株価収益率
0523	**overvalue** someone's ability	[òuvərvǽljuː]	人の能力を過大評価する	他 〜を過大評価する　名 過大評価
0524	an **otherwise** happy lady	[ʌ́ðərwàiz]	他の点では幸福な女性　（▷多）	副 他の点では
0525	**greed** for power	[gríːd]	権力欲	名 欲，貪欲；食い意地
0526	**as opposed to** 〜	[əz əpóuzd tu]	〜とは反対に	前句 〜とは対照的に
0527	Memories **fade**.	[féid]	記憶は薄れる。	自 薄れる；衰える；消える
0528	an **irresistible** impulse	[ìrizístəbl]	抗しがたい衝動	形 抑えがたい；圧倒的な
0529	a sudden **debacle**	[deibáːkl, di-]	突然の崩壊	名 崩壊；失敗
0530	the **repetition** of mistakes	[rèpətíʃn]	間違いの繰り返し	名 繰り返し，反復
0531	a **flexible exchange rate**	[fléksəbl ikstʃéindʒ rèit]	変動為替相場	名 変動為替相場
0532	a **capital control**	[kǽpitl kəntróul]	資本規制	名 資本規制
0533	a **recurrence** of cancer	[rikə́ːrəns]	癌の再発	名 再現，再発；循環；回想
0534	**rescind** a rule	[risínd]	規則を撤廃する	他 〜を撤廃する；〜を取り除く

No.	英語	発音	日本語
0535	a deposit **deregulation**	[dìːrègjəléiʃn]	預金の**規制緩和** / 名 規制緩和, 自由化
0536	**obsolete** ideas	[ὰbsəlíːt]	**時代遅れ**の考え / 形 時代遅れの; 廃れた 名 廃語
0537	**enforce** a law	[infɔ́ːrs]	法**を施行する** / 他 〜を施行する; 〜を強制する
0538	in the **aftermath** of war	[ǽftərmæθ]	戦争の**余波**を受けて / 名 余波, 影響
0539	financial **derivatives**	[dirívətiv]	金融**派生商品** / 名 派生物 形 派生的な
0540	avoid **bankruptcy**	[bǽŋkrʌptsi]	**破産**を免れる / 名 破産, 倒産; 破たん, 失墜

派生語

0541	sustainable	形 支えることが可能な; 持続可能な (⇔ unsustainable)
0542	greedy	形 貪欲な, 欲張りな (← greed)
0543	resistible	形 抵抗できる; 阻止できる (⇔ irresistible)
0544	repeat	自 他 (〜を) 繰り返す, 反復する (← repetition)
0545	recur	自 再発する, 繰り返される (← recurrence)
0546	regulation	名 規制, 統制; 規則, 条例 (⇔ deregulation)
0547	enforcement	名 施行; 強制 (← enforce)

多義語

otherwise 副 別のやり方で; さもないと (→他の点では)

She is incapable of behaving otherwise.
(彼女は別のやり方で行動することができない)

We had better leave now, otherwise we will be late.
(私たちは今出かけた方がいいでしょう, さもないと遅刻するでしょう)

Passage 23: A short history of financial bubbles (2)

If one examines financial crises, the question is not "Why did the markets crash?" but "How could market prices have reached such **unsustainable** levels in the first place?" Examine the value of tulips in the 1620s in Holland (one tulip bulb bought three homes in Amsterdam), the value of the shares of the South Sea Company in the early eighteenth century, the value of land along the Mississippi in France's Louisiana Territory in the late eighteenth century during the Mississippi Land Bubble, or the values of the American stock market in 1929 (doubling in 1928 and 1929 although the GNP was already falling in those years), the Taiwan stock market in 1988, property values in the mid to late 1980s, and the Japanese stock market in 1990 (100-to-1 **price-earnings ratios**) and in each case you see assets clearly grossly **overvalued** by the financial markets. Given absurd overvaluations, it is only a question of when the market falls and whether the fall is slow or rapid.

How could **otherwise** smart human beings not see that assets were overvalued? The answer is found in **greed**. Humans know exactly what is going to happen but they cannot resist. As prices rise in a financial bubble, there is a lot of money to be made in the short run on the way up, even if everyone knows that prices are too high and must eventually fall. Everyone jumps into the markets thinking that they will be smart enough to get out before the end comes. If one gets out too soon, one loses a lot of potential income. (*continued*)

語句と構文

L03. Examine the value of tulips ... の文は，命令文 + and ... の構文。Examine の目的語が 11 行目の and の前まで長々と並列されている。／ L12. Given 〜 = 〜を考慮すれば

金融バブル小史（2）

　金融危機について調べるなら，問題は「なぜ市場が暴落したか」ではなく，「市場価格はそもそもどのようにしてそのような持ちこたえられない水準に達し得たのか」である。オランダにおける1620年代のチューリップの価格（球根一つでアムステルダムの家が3軒買えた），18世紀前半のサウスシー会社の株価，18世紀後半に起こったミシシッピ土地バブルの時のフランス領ルイジアナのミシシッピ川沿いの地価，1929年のアメリカの株価（1928年から1929年にかけてGNPがすでに下降していたにもかかわらず2倍になった），1988年の台湾の株価，1980年代中期から後期の資産価値，1990年の日本の株式市場（株価収益率が100になった）を調べれば，いずれの場合においても資産が金融市場によって明らかに途方もなく過大評価されていたことがわかる。法外に過大評価されれば，残る問題はいつ市場が下落するか，その下落は穏やかなものか急速なものか，ということだけである。

　他の面では賢い人間がどうして資産の過大評価を見抜けないのだろうか。その答えは欲にある。人間は何が起ころうとしているかはっきりわかっていても抵抗できないのだ。金融バブルで株価が上がれば，上昇する短期間に多くの金をもうけられると思う。高すぎていずれは下落することは誰もがわかっていても，そうなのだ。自分は終わりの来る前に売り抜けるだけの才があると考えて，皆市場に飛び込むのである。そしてさらに，抜け出すのが早すぎれば，得られたはずの利益を逃すことになる。（続く）

Passage 24: A short history of financial bubbles (3) ◎1-24

But it is impossible to predict the timing of the peak, since some trivial factor that never will be discovered determines the exact timing of the end of the bubble. To this day, for example, no one can tell exactly why the American stock market started to fall on October 29, 1929 —— **as opposed to** a few months earlier or a few months later. Some do get out in time before prices start to fall but most don't. When the end is clear, everyone rushes to sell and prices fall before anyone can exit. At the end of every such bubble, everyone declares that it won't happen again, but it always does. Memories **fade** and those huge profits on the way up to the peak of the bubble are **irresistible**.

For the first three decades after World War II, the institutions that had been put in place in reaction to the **debacle** of the 1930s prevented any **repetition** of these events. It became possible to believe that financial instability was not an inherent part of capitalism. Believing so, the movement toward less regulation of financial markets began in 1971 when the world moved from fixed to **flexible exchange rates**. By the late 1970s all of the world's principal countries with the exception of Japan had abolished the **capital controls** adopted at the end of World War II. Over the decades of the 1970s and 1980s, the regulations adopted to prevent a **recurrence** of the Great Depression were **rescinded**.

If legal **deregulations** had not occurred, technological deregulations would have occurred. New technologies make **obsolete** many of the regulations, such as capital controls, that had previously existed. If the old regulations had not been rescinded, they would simply have ceased to be obeyed. When money had to be loaded into a backpack and walked across the Alps from Italy to Switzerland, it was possible for the Italian government to **enforce** capital controls. (*continued*)

語句と構文

L05. Some do get out ... の do は強調の助動詞。／ L06. but most don't (get out in time before prices start to fall) カッコ内の語句が省略されている。／ L08. it always does = such bubble always happens again ／ L11. put 〜 in place = 〜を整備する ／ L16. capital control = 資本規制（国際的な資本の流れを制限する規制のこと）／ L20. New technologies make obsolete ... は SVOC の文だが，O の many of the regulations ... previously existed が長いため，C の obsolete が前に出ている。

金融バブル小史（3）

　しかし，最高値のタイミングを予測するのは不可能である。というのも，絶対に発見されることのないささいな要因がバブルの終わりの正確なタイミングを決めるからだ。例えば，なぜアメリカの株式市場が数カ月前でも数カ月後でもなく，1929年10月29日に下落し始めたのか，今日まで誰も正確に説明できていない。株価が下がり始める前にうまく抜け出す人もいるが，多くの人は抜け出せない。終わりが明らかになった時，誰もが売りに走り，逃げられないうちに株価は下がる。そうしたバブルが終わると必ず，誰もが二度とこのようなことは起こらないだろうと断言するが，結局それはまた起こるのである。記憶は薄れるものだし，バブルの最高値に達するまでに得られる巨額の利益は抗しがたい魅力なのである。

　第二次世界大戦後の最初の30年間は，1930年代の崩壊をきっかけに整備された法令や制度がこうした出来事の繰り返しを防いでいた。金融の不安定は資本主義に固有のものではないと信じられるようになった。だからこそ，金融市場の規制緩和に向けた動きが1971年に始まり，世界は固定為替相場から変動為替相場に移行したのだ。1970年代後半までに，日本を除く世界の主要国のすべてが第二次世界大戦の終わりに導入された資本規制を廃止した。1970年代から1980年代にかけて，大恐慌の再発を防ぐために導入された規制は撤廃された。

　仮に法的な規制緩和がなされなかったとしても，技術的な規制緩和は起こっていたであろう。新しい技術が登場すれば，以前存在した資本規制のような規制の多くは時代遅れのものになる。古い規制は，廃止されなかったとしても，破られる運命に他ならなかったであろう。リュックサックに現金を詰め込んでイタリアからスイスまでアルプスを越えて歩かなければならなかった時代には，イタリア政府が資本規制を実施することも可能であったが，今はそうではないのだ。（続く）

Passage 25: A short history of financial bubbles (4)

When money can be moved instantly on a personal computer, the whole idea of capital controls melts away. The necessary laws can be passed, but they cannot be enforced. What is true for capital controls is true for most financial regulations. In the **aftermath** of today's crashes someone always suggests more regulations to stop future crashes (stop program trading was the cry after the 1987 crash), but in today's world regulations cannot be enforced. If regulations are imposed by some government, those financial activities simply move electronically to some spot on the globe where they are not regulated. When the Japanese government made it illegal to trade some of the complicated **derivatives** that depended on the value of the Japanese stock market, their trading simply moved to the Singapore stock exchange.

Global capital markets and the existence of electronic trading systems have made it possible to move enormous amounts of money around the world very fast. On a normal day the world capital markets move $1.3 trillion, but all of the world's exports amount to only $3 trillion per year. In a little over two days the world's capital markets move as much money as all of the world's economies move in a year. And on an abnormal day the world's capital markets can move much more than $1.3 trillion. A high-school-educated trader for a British investment bank (Barings) located in Singapore places a $29 billion ($7 billion that it would go up and $22 billion that it would go down) bet on the Japanese stock market. What he did was not unusual. We only know his name (Nicholas Leeson), since he lost $1.4 billion and forced his firm into **bankruptcy**.

Very large, electronically connected, global markets don't change the probabilities of having financial bubbles, but they do make them potentially bigger and they do link national markets together so that markets are more apt to crash together. (*The end*)

語句と構文

L15. amount to ～ =（総計）～になる ／ L18. A high-school-educated trader ... は SVO の文。S=A high-school-educated trader，V=places，O=a $29 billion bet。located in Singapore はその前の a British investment bank を修飾している。／ L24. they do make them potentially bigger の they は Very large, electronically connected, global markets を指し，them は the probabilities of having financial bubbles を指している。do は強調の助動詞。

金融バブル小史（4）

パソコンで瞬時に金を移動できるようになり，資本規制という概念そのものが溶解している。必要な法律を制定することはできるが，確実に施行することができない。資本規制に言えることは，大半の金融規制にも言える。今日暴落が起これば，その余波の中，必ず誰かが将来の暴落を防ぐためにもっと規制が必要だと提案する（1987年の暴落後にはプログラム取引の禁止が叫ばれた）。しかし，今日の世界では規制は実施できない。もしある政府が規制すれば，金融活動はコンピュータを介して規制のない他の地域に移動するだけである。日本政府が日本の株価に連動するいくつかの複雑な派生商品の取引を非合法とした時，そうした取引はシンガポールの証券取引所に移動しただけだった。

金融市場が国際化し，電子取引システムが発展したために，巨額な金額をあっという間に世界中に移動することが可能になった。普通の日でも，世界の金融市場では1兆3千億ドルが取引されるが，世界の輸出総額は年間3兆ドルにすぎない。2日余りで世界の金融市場では世界経済全体が1年に動かすのと同じ金額が動く。そして特別な日には，世界の金融市場では1兆3千億ドルを大幅に上回る金額が取引されることもある。英国の投資銀行（ベアリングズ）のシンガポール支社で働く高卒のトレーダーが日本の株式市場に290億ドル（買いに70億ドル，売りに220億ドル）をつぎ込んだりするのである。彼の行為は珍しいことではなかった。彼の名前（ニコラス・リーソン）が知られているのは，彼が14億ドルの損失を出し，会社を倒産に追い込んだからにすぎない。

コンピュータで接続された巨大な世界市場は，金融バブルの起こる確率を変えるわけではないが，各国の市場を一緒に結びつけているがために，バブルを潜在的に大きくする可能性が確かにあり，その結果，市場が連鎖的に暴落する傾向が強くなっている。（完）

必要性高まる非政府団体（1）（2）（3）

0548	compulsory retirement [kəmpʌ́lsəri]	強制退職 形 強制的な；義務的な；必修の
0549	coercive methods [kouə́ːrsiv]	強制手段 形 強制的な，威圧的な
0550	a rural community [rúrəl]	農村社会 形 田舎の；農業の；田舎じみた
0551	readily available [əvéiləbl]	すぐに利用可能な 形 利用可能な；入手可能な
0552	murderous heat [mə́ːrdərəs]	殺人的な暑さ 形 殺人の；残忍な；殺人的な
0553	the fabric of society [fǽbrik]	社会組織 名 織物；組織，機構
0554	Quality will matter. [mǽtər]	質が重要になるだろう。 自 重要である 名 物質；事柄；問題
0555	a ruthless tyranny [tírəni]	容赦のない圧制 名 専制国家；圧制；暴虐な行為
0556	shake off a delusion [dilúːʒn]	幻想を振り払う 名 幻想；妄想；錯覚
0557	a political vacuum [vǽkjuəm]	政治的空白 （▷多） 名 空白，空所；電気掃除機
0558	a meager income [míːgər]	乏しい収入 形 乏しい；やせた，貧弱な
0559	a social sector [séktər]	社会部門 名 部門，領域；地区
0560	a self-governing colony [sélfgʌ́vərniŋ]	自治植民地 形 自治の
0561	lifetime employment [láiftàim implɔ́imənt]	終身雇用 名 終身雇用

必要性高まる非政府団体（1）（2）（3）

0562	**nongovernmental** corporation [nàngʌvərnméntəl]	**非政府**組織 形 非政府の，民間の
0563	**nonprofit** organization [nànpráfit]	**非営利**法人 形 非営利の
0564	a **diversity** of opinion [divə́ːrsəti]	意見の**多様性** 名 多様性；相違
0565	a professional **association** [əsòusiéiʃn]	専門職**協会** 名 連合；協会；交際；関連性；連想
0566	acquire **citizenship** [sítiznʃip]	**市民権**を得る 名 市民権；市民の義務
0567	a **sphere** of activity [sfíər]	活動**範囲** (▷多) 名 範囲，領域，分野
0568	Morning begins to **dawn**. [dɔ́ːn]	夜が**明け**始める。 自 夜が明ける　名 夜明け；始まり

派生語

0569	**compulsion**	名 強制，無理強い（←compulsory）
0570	**murder**	名 殺人　他 ～を殺す（←murderous）
0571	**delude**	他 ～を惑わす，だます（←delusion）
0572	**self-government**	名 自治，民主政治（←self-governing）
0573	**diverse**	形 多様な，種々の（←diversity）

多義語

vacuum　名 真空（➡空白，空所；電気掃除機）
Scientists often do experiments in a vacuum.
（科学者はよく真空で実験を行う）

sphere　名 球，球形（➡範囲，領域，分野）
A ball is a sphere.（ボールは球形である）

3 経済学・経営学

Passage 26: A greater need for nongovernmental organizations (1)

The city was attractive precisely because it offered freedom from the **compulsory** and **coercive rural** community. But it was destructive because it did not offer any community of its own.

And human beings need community. If there are no communities **available** for constructive ends, there will be destructive, **murderous** communities —— the gangs of Victorian England, or the gangs that today threaten the very social **fabric** of the large American city (and increasingly of every large city in the world).

The first to point out that humans need community is one of the great classics of sociology, *Gemeinschaft und Gesellschaft* (Community and Society) by Ferdinand Toennies, published in 1887. But the community that Toennies, over a century ago, still hoped to preserve —— the organic community of traditional rural society —— is gone, and gone for good. The task today, therefore, is to create urban communities —— something that never existed before. Instead of the traditional communities of history, our communities need to be free and voluntary. But they also need to offer the individual in the city an opportunity to achieve, to contribute, to **matter**. (*continued*)

語句と構文

L05. end = 目的 ／ L11. Ferdinand Toennies = フェルディナント・テンニース（1855-1936。ドイツの社会学者。）

Translation 26 必要性高まる非政府団体（1）

　都市が魅力的だったのは，まさしく，強制的で威圧的な農村社会から解放してくれたからだ。しかし，都市独自のいかなるコミュニティーも提供しなかったために，都市は破壊的であった。

　そう，人間にはコミュニティーが必要なのである。建設的な目的に利用できるコミュニティーがなければ，破壊的で残忍なコミュニティーが生まれるだろう。例えば，ヴィクトリア朝時代のイングランドのギャングや，現在アメリカの大都市の（そして次第に度を増しながら世界のあらゆる大都市の）社会組織そのものを脅かしているギャングなどがそれにあたる。

　人間にコミュニティーが必要であることを最初に指摘したのは，1887年に出版された社会学の偉大な古典の一つ，フェルディナント・テンニース著『ゲマインシャフトとゲゼルシャフト（共同体と社会）』である。しかし，1世紀以上前にテンニースが守りたいと思っていたコミュニティー，すなわち伝統的な地方社会の有機的なコミュニティーは，もう存在せず，永遠に消えてしまったのである。したがって，今日の課題は，都市のコミュニティーを，いまだかつて一度も存在したことがなかったコミュニティーを，創り出すことである。歴史上の伝統的コミュニティーとは違って，我々のコミュニティーは自由で自発的でなければならない。しかし同時に，都市に住む人に何かを成し遂げる機会，何かに貢献する機会，重要になれる機会を提供する必要もある。

（続く）

Passage 27 A greater need for nongovernmental organizations（２） 1-27

　　Since World War I —— and certainly since the end of World War II —— the majority in all countries, whether democracies or **tyrannies**, believed that government should and could supply the community needs of an urban society through "social programs." We now know that this was largely **delusion**. The social programs of the last fifty years have, by and large, not been successes. They certainly have not filled the **vacuum** created by the disappearance of traditional community. The needs were certainly there. And so has been the money (and in many countries in enormous quantity). But the results have been **meager** everywhere.

　　But it is equally clear that the private **sector**, business, cannot fill that need, either. I actually once thought that it could and would. More than fifty years ago, in my 1943 book, *The Future of Industrial Man*, I proposed what I then called the "**self-governing** plant community," the community within the new social organization, the large business enterprise. It has worked, but only in one country, Japan. And even there, it is by now clear, it is not the answer. In the first place, no business can really give security —— the "**lifetime employment**" of the Japanese is rapidly proving to be a dangerous delusion. Above all, however, lifetime employment, and with it the "self-governing plant community," does not fit the reality of a knowledge society. There the private sector increasingly has become a way to make a living far more than a way to make a life. It will and should give material success and personal achievement. But the business enterprise is clearly what Toennies, 110 years ago, called a "society" rather than a "community." (*continued*)

語句と構文

L05. by and large = 全般的に，おおむね ／ L07. so has been the money = the money has certainly been there, too ／ L12. I proposed ... は SVO の文。S=I，V=proposed，O=what I then called the "self-governing plant community"（関係代名詞節）。この O の中の "self-governing plant community" は the community within the new social organization と言い換えられ，the new social organization はさらに the large business enterprise と言い換えられている。

Translation 27　必要性高まる非政府団体（2）

　第一次世界大戦以来，そして第二次世界大戦が終わってからは明らかに，民主国家であれ，専制国家であれ，あらゆる国の大多数の人々は，政府が「社会計画」を通じて都市社会のコミュニティーの要求を満たすべきだと思い，またそれは可能だと考えてきた。我々は現在，それがほとんど幻想だったことを知っている。ここ 50 年の社会計画はおおむね成功していない。伝統的なコミュニティーの消滅によってできた空白を埋めていないからである。必要性は確かにあった。そして金もあった（多くの国では非常にたくさんあった）。だが，成果はどこにおいても乏しいものだった。

　しかし，民間部門，つまり企業が，その必要を満たすことができないことも明白である。実は私はかつて，それが可能であり，そうなるだろうと考えていた。50 年以上前，1943 年の拙書『産業人の未来』で，私は当時自分で「自治工場コミュニティー」と呼んでいたものを提唱したが，これは新しい社会組織，つまり大企業におけるコミュニティーを指していた。このコミュニティーは確かにうまく機能したが，それはたった一つの国，日本でだけだった。そしてこの国においてさえも，今となっては明らかなのだが，それは解決策にはなっていない。そもそも企業は，実際のところ，生活の保障をすることはできない。日本人の抱く「終身雇用」はあやうい幻想であることが急速に明らかになりつつあるのである。しかし何と言っても，終身雇用とそれに伴う「自治工場コミュニティー」は知識社会の現状に合わないのである。知識社会においては，民間部門はますます，人生を送る場というよりも格段に生計を立てる場になっている。企業は物質的成功だけでなく個人的達成も与えることができるだろうし，実際与えるべきなのである。しかし，企業は明らかに「コミュニティー」ではなく，110 年前にテンニースが「社会」と呼んだものである。（続く）

L15. And even there ... の文は，it is by now clear が挿入節で it is not the answer が主節だが，実質的には it is by now clear that it (=self-governing plant community) is not the answer という形式主語構文と考えればよい。／ L17. Above all, however ... の文の主語は，lifetime employment と the "self-governing plant community"。above all = とりわけ。with it (=lifetime employment) は直訳すると「それとともに」。

Passage 28: A greater need for nongovernmental organizations (3)

Only the social sector, that is, the **nongovernmental, nonprofit** organization, can create what we now need, communities for citizens —— and especially for the highly educated knowledge workers who increasingly dominate developed societies. One reason for this is that only nonprofit organizations can provide the enormous **diversity** of communities we need —— from churches to professional **associations**, from organizations taking care of the homeless to health clubs —— if there are to be freely chosen communities for everyone. The nonprofit organizations also are the only ones that can satisfy the second need of the city, the need for effective **citizenship** for its people. Only social-sector institutions can provide opportunities to be a volunteer and thus enable individuals to have both a **sphere** in which they are in control and a sphere in which they make a difference.

The twentieth century, now coming to an end, has seen an explosive growth of both government and business —— especially in the developed countries. What the **dawning** twenty-first century needs above all is equally explosive growth of the nonprofit social sector in building communities in the newly dominant social environment, the city. (*The end*)

語句と構文

L01. Only the social sector ... の文では，the social sector と the nongovernmental, nonprofit organization が同格で，また，what we now need と communities for citizens が同格。／ **L07.** if there are to be ... の be to ... は必要条件を表している。／ **L13.** The twentieth century, now coming to an end の now coming to an end は，The twentieth century を説明している。この文章は 1998 年に書かれた。／ **L16.** the newly dominant social environment と the city は同格。

Translation 28　必要性高まる非政府団体（3）

　社会部門，つまり非政府団体や非営利団体のみが，我々が今必要としている市民のためのコミュニティー，特に，先進国でますます主流となっている教育水準の高い知識労働者のためのコミュニティーを，創り出すことができる。その理由の一つは，非営利団体は我々が必要とする非常に多様なコミュニティー——教会から専門職協会，そしてホームレスの世話をする団体からフィットネスクラブまで——を提供できるということである。ただしそれは，誰でも自由にコミュニティーを選べることが前提になるが。また，非営利団体だけが，都市の次なる必要性，すなわち都市の住民にとって有益な，市民としての行動への必要性を満たすことができる。ボランティアになる機会を提供できるのは社会部門の機関だけであり，そのような機会によって個人は自分が主導権を持つ領域と自分が重要な役割を果たす領域の両方に関わることができる。

　20世紀は今終わりに近づきつつあるが，この世紀には，特に先進国で，政府も私企業も急速な発展を遂げた。これから始まる21世紀に何より必要とされるのは，近年目立つようになった社会環境である都市にコミュニティーを建設するにあたって，非営利社会部門が同様の爆発的発展を遂げることである。（完）

現代動機付け理論概説（1）（2）

0574	in **conflict** with ~	[kánflikt]	~と**対立**して (▷多)	名 矛盾；対立
0575	an **informal** organization	[infɔ́ːrml]	**非公式**組織	形 非公式の；形式ばらない
0576	a **formal** organization	[fɔ́ːrml]	**公式**組織	形 正式の；形式ばった
0577	Lilies **symbolize** purity.	[símbəlàiz]	ユリは清純さ**を象徴する**。	他 ~を象徴する，表す
0578	a **hierarchical** pyramid	[hàiərɑ́ːrkikl]	**階層**ピラミッド	形 階層制の；序列的な
0579	boast one's **authority**	[əθɔ́ːriti]	**権威**を鼻にかける	名 権威；権限；権威者；典拠
0580	a **board of directors**	[bɔ́ːrd əv diréktərz]	**取締役会**	名 取締役会
0581	**relocate** an office	[rìːloukéit]	事務所**を移転させる**	他 ~を移転させる；~を配置し直す
0582	an organizational **chart**	[tʃɑ́ːrt]	組織**図** (▷多)	名 図，表
0583	rapid **implementation**	[ìmpliməntéiʃn]	迅速な**履行**	名 実行，履行，実施
0584	enhance one's **motivation**	[mòutəvéiʃn]	**動機付け**を高める	名 動機付け；やる気
0585	**stem** from ~	[stém]	~**に由来する**	自 生じる，由来する　名 茎
0586	increase **output**	[áutpùt]	**生産高**を増す	名 生産；生産高；生産品
0587	a **working environment**	[wə́ːrkiŋ inváiərənmənt]	**職場環境**	名 職場環境

現代動機付け理論概説 (1) (2)

0588	**conversely** [kənvə́:rsli]	逆に 副 逆に；逆に言えば
0589	a work **incentive** [inséntiv]	勤労誘因 名 誘因, 刺激；動機 形 刺激的な
0590	**isolated** individuals [áisəlèitid]	孤立した個人 形 孤立した；ばらばらの
0591	**authoritarian** parents [ɔ:θɔ̀:rətéəriən]	権威主義的な親 形 権威主義の 名 権威主義者
0592	an **external** stimulus [ikstə́:rnl]	外部からの刺激 形 外の；外面的な；対外的な
0593	**advocate** euthanasia 動[ǽdvəkèit] 名[ǽdvəkit]	安楽死を支持する 他 〜を支持する 名 支持者

派生語

0594	**formality**	名 形式尊重；形式的儀礼 (← formal)
0595	**symbolization**	名 象徴化, 記号化 (← symbolize)
0596	**hierarchy**	名 階層性, 序列 (← hierarchical)
0597	**relocation**	名 移転；再配置 (← relocate)
0598	**implement**	他 〜を履行する, 実施する (← implementation)
0599	**isolation**	名 孤立；隔離, 分離 (← isolated)
0600	**externality**	名 外部性, 外在性 (← external)

多義語

□ **conflict** 名 争い, 戦い, 紛争 (➡ 矛盾；対立)
For years the region has been torn apart by armed conflicts.
（長年，その地域は武力衝突によって引き裂かれてきた）

□ **chart** 名 （病気記録の）カルテ (➡ 図, 表)
In an emergency care unit, fast access to a patient's chart is vital.
（救急療室では，患者のカルテを迅速に利用できることが生死を分ける）

3 経済学・経営学

Passage 29: A summary of modern motivation theory (1)

During the past 60 years, it has been recognized that people in organizations have their own aims, ambitions, expectations, needs and behaviour patterns which will be different from, and sometimes in **conflict** with, the aims and policies of the organization of which they are a part. These social groups within organizations can create **informal** pressure, which is referred to as the *informal organization*.

Informal behaviour is often different from, and can be opposed to, the needs and expectations of the *formal organizations*, which is **symbolized** by policies, rules and regulations, and above all by the **hierarchical** pyramid of **authority**. For example, a **Board of Directors** might decide, on economic grounds, that a firm should be **relocated** from London to Liverpool, but evidence shows that informal pressure by the directors' wives to remain in London will probably have more influence on the decision than formal business arguments. The formal organizational **chart** does not necessarily represent the real power and influence in an organization. In policy decisions, all organizations must recognize that the **implementation** of the policy is a subtle and complicated process, and decision-makers should consider the nature of informal organizational pressure on policy implementation.

Modern **motivation** theory, and our understanding of the behaviour of working groups, **stems** from the research into the informal organization by social psychologists. Five writers have published the most influential work:

(continued)

語句と構文

L03. which will be different ... の先行詞は，their own aims, ambitions, expectations, needs and behaviour patterns。／ L03. the aims and policies of the organization ... は，その前の different from と in conflict with の両方につながる。／ L07. the needs and expectations of the *formal organizations* は，その前の different from と opposed to の両方につながる。／ L12. to remain in London は，informal pressure の具体的内容を示している。

現代動機付け理論概説（１）

　過去60年の間，組織内の人々が，所属する組織の目的や方針とは異なる，あるいは時にはそれと対立する，独自の目的，野心，期待，欲求，行動様式を持つことが認識されてきた。組織内のこれらの社会集団は非公式の圧力を作り出すことができるが，この圧力は「非公式組織」と呼ばれている。

　非公式の行動はしばしば「公式組織」の欲求や期待と異なり，また，相反することもある。公式組織とは，方針，規則，統制，そしてとりわけ権力の階層ピラミッドによって象徴されるものである。例えば，取締役会は経済的理由でロンドンからリバプールへ社屋を移転させることを決めるかもしれない。しかし，証拠の示すところによると，ロンドンに残ろうとする取締役の妻たちの非公式の圧力の方が，公式のビジネス上の議論よりも決定に大きな影響力を持つ可能性が高いのである。公式組織の組織図は必ずしも組織内の本当の力と影響力を表していない。方針を決定する際，すべての組織は，その方針の実施が微妙で複雑なプロセスだということを認識しなければならない。また，方針決定者は，方針の実施に対する非公式組織の圧力の性質を考慮すべきである。

　現代の動機付け理論，そして労働集団の行動に関する我々の理解は，社会心理学者たちによる非公式組織の調査から生まれたものである。次の五人の著者が，最も影響力のある著作を発表した。（続く）

Passage 30: A summary of modern motivation theory (2) ◎1-30

Elton Mayo. Mayo first discovered the importance of the informal organization at the Hawthorne factory of the Western Electric Company, near Chicago, between 1927 and 1932. Mayo and his colleagues discovered that pressure within the informal group could increase **output** even when the **working environment** was made worse. **Conversely**, the informal group's attitudes could serve to restrict output even when financial **incentives** were offered to individuals.

Until 1930 it had been assumed that individuals were fairly **isolated** within organizations. After the Hawthorne experiments, managers began to appreciate that people work in informal social groups; and that the pressure within informal groups frequently exceeds the strength of formal rules and regulations.

Douglas McGregor. The theory developed by McGregor questioned basic assumptions about the motivation of employees. McGregor called these basic assumptions *Theory X*. In Theory X it is assumed that most people dislike work, avoid responsibility and respond to **authoritarian** leadership. In contrast, McGregor maintained, in his *Theory Y*, that most people find work natural and pleasing, do not need **external** controls when motivated, enjoy responsibility and enjoy participating in solving problems.

The contrast is between work-centred management (Theory X) and people-centred management (Theory Y). Douglas McGregor **advocated** the latter.

(*continued*)

語句と構文

L10. that the pressure within ... は，セミコロンの前の that 節と同格で，appreciate の目的語。／L16. in contrast = 対照的に／L17. most people の後は，find work natural and pleasing と do not need external controls when motivated と enjoy responsibility と enjoy participating in solving problems の四つの述部が並列されている。when (they are) motivated カッコ内の語句が省略されている。

現代動機付け理論概説（2）

エルトン・メイヨー： メイヨーは，1927年から1932年にかけて，シカゴ近郊のウェスタン・エレクトリック社のホーソーン工場で非公式組織の重要性を最初に発見した。メイヨーと仲間の研究者たちは，職場環境が悪化した時でさえ非公式集団内部の圧力が生産高を増加させることがあるということを発見した。逆に，金銭的誘因が個人に与えられていた時でも，非公式集団の態度が生産高を制限するように働くこともあった。

　1930年まで，個人は組織内でかなり孤立していると考えられていた。ホーソーンの実験後，経営者は，従業員が非公式社会集団の中で働いているものだということ，そして，非公式集団の圧力はしばしば公式の規則や統制の力を超えるものであることを，正しく認識し始めた。

ダグラス・マグレガー： マグレガーが展開した理論は，従業員の動機付けについての基本前提に疑問符を突きつけた。マグレガーはこうした基本前提を「X理論」と呼んだ。X理論では，ほとんどの人間は労働を嫌い，責任を避け，権威主義的なリーダーシップに反応するとされる。反対にマグレガーは，自分の「Y理論」において，ほとんどの人間は仕事を自然で楽しいものと考え，動機付けがあれば外からの管理を必要とせず，責任を楽しみ，問題の解決に参加することを楽しむ，と述べた。

　これは，仕事中心のマネジメント（X理論）と人中心のマネジメント（Y理論）の対比である。ダグラス・マグレガーは後者を支持した。（続く）

Phrases 31/32 現代動機付け理論概説（3）（4）

0601	an **ascending** scale [əséndiŋ]	**上昇**音階 形 上っていく，上昇的な
0602	a craving for **recognition** [rèkəgníʃn]	**認められること**への欲求 名 認め（られ）ること；承認；表彰
0603	an **additional** charge [ədíʃənl]	**追加**料金 形 追加の；補助的な
0604	self-**actualization** [æktʃuəlizéiʃn]	自己**実現** 名 実現，具体化
0605	get high **esteem** [istí:m]	高い**尊敬**を得る 名 尊敬，尊重　他 ～を尊ぶ
0606	display **affection** [əfékʃn]	**愛情**を表す 名 愛情，親愛の情
0607	a powerful **motivator** [móutəvèitər]	強力な**動機付け要因** 名 やる気を起こさせるもの
0608	a sense of **achievement** [ətʃí:vmənt]	**達成**感 名 達成；業績；成績
0609	win **promotion** [prəmóuʃn]	**昇進**する 名 昇進，進級；促進
0610	future business **prospects** [práspekts]	将来のビジネスの**見込み** 名（複数形で）見通し
0611	an **inadequate** income [inǽdikwit]	**不十分な**収入　（▷多） 形 不十分な
0612	**fringe benefits** [fríndʒ bènəfit]	**付加給付** 名 付加給付
0613	an **intricate** plot [íntrikit]	**複雑な**筋 形 複雑な，込み入った
0614	job **rotation** [routéiʃn]	ジョブ・**ローテーション** 名 回転；循環；交替

現代動機付け理論概説（3）（4）

0615	job **enlargement** [inlá:rdʒmənt]	職務範囲の**拡大** 名 拡大；増強；引き伸ばし
0616	job **enrichment** [inrítʃmənt]	職務**充実** 名 豊かにすること；肥沃；濃縮
0617	an **expectancy theory** [ikspéktənsi θíːəri]	**期待理論** 名 期待理論

派生語

0618	**ascend**	自 昇る，上がる，上昇する（← ascending）
0619	**recognize**	他 〜を認識する；〜を承認する（← recognition）
0620	**addition**	名 付加，添加；付加物（← additional）
0621	**actualize**	他 〜を実現する，具体化する（← actualization）
0622	**affectionate**	形 愛情の深い，優しい（← affection）
0623	**achieve**	他 〜を達成する，成し遂げる（← achievement）
0624	**promote**	他 〜を昇進させる；〜を助長する，促進する（← promotion）
0625	**inadequacy**	名 不十分；不適切（← inadequate）
0626	**rotate**	自 回転する 他 〜を回転させる（← rotation）
0627	**enlarge**	他 〜を大きくする，拡大する（← enlargement）
0628	**enrich**	他 〜を豊かにする，〜の質を高める（← enrichment）

多義語

inadequate 形 不適格な，能力に欠ける，無力な（➡ 不十分な）

Some people feel totally inadequate when faced with new responsibilities.
（新たな責務に直面すると，まったく無力に感じてしまう人がいる）

3 経済学・経営学

Passage 31: A summary of modern motivation theory (3)

A H Maslow. Maslow's theory is that the needs of employees are very complex and that they occur at different levels. He argued that in order to motivate people, managers should understand the different needs and different levels of need of employees. The levels are in an **ascending** or hierarchical scale: the second level cannot be satisfied unless the first one is, and so on. Maslow classified the needs into five levels.

The pressure of these needs will vary within and between individuals. An interesting observation is that the first, second and, to some extent, the fourth levels can be satisfied by financial reward. But such needs as **recognition** and personal development require managers to look for **additional** methods to motivate people. (*continued*)

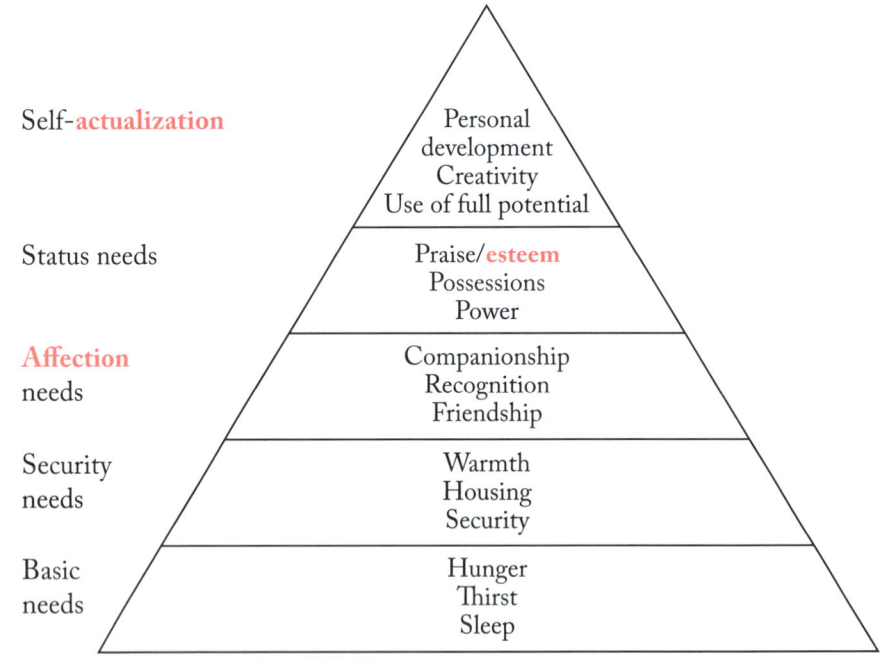

Self-**actualization**	Personal development / Creativity / Use of full potential
Status needs	Praise/**esteem** / Possessions / Power
Affection needs	Companionship / Recognition / Friendship
Security needs	Warmth / Housing / Security
Basic needs	Hunger / Thirst / Sleep

Maslow's Hierarchy of Needs

語句と構文

L.05. unless the first one is (satisfied) カッコ内の語が省略されている。 ／ L.10. require 〜 to ... = 〜に…することを要求する

Translation 31 現代動機付け理論概説（3）

A・H・マズロー： マズローの理論は，従業員の欲求はとても複雑であり，異なった段階で異なった欲求が生じるというものである。従業員に動機を与えるためには，経営者は彼らの異なった欲求と異なった欲求段階を理解すべきだと彼は論じた。その段階は，上昇的，あるいは階層的なはしごのようになっていて，最初の段階が満たされない限り次の段階は満たされないというもので，以後もそのような関係が続いていく。マズローは欲求を五つの段階に分類した。

これらの欲求の圧力は個人の中でも，また個人によっても異なるだろう。興味深い観察によれば，1番目，2番目，そして4番目の段階であっても，ある程度は，金銭的報酬によって満たすことが可能である。しかし，人に認められたいという［←承認の］欲求や自己の成長のような欲求については，経営者は従業員を動機付けるには新たな手段を探さなければならない。（続く）

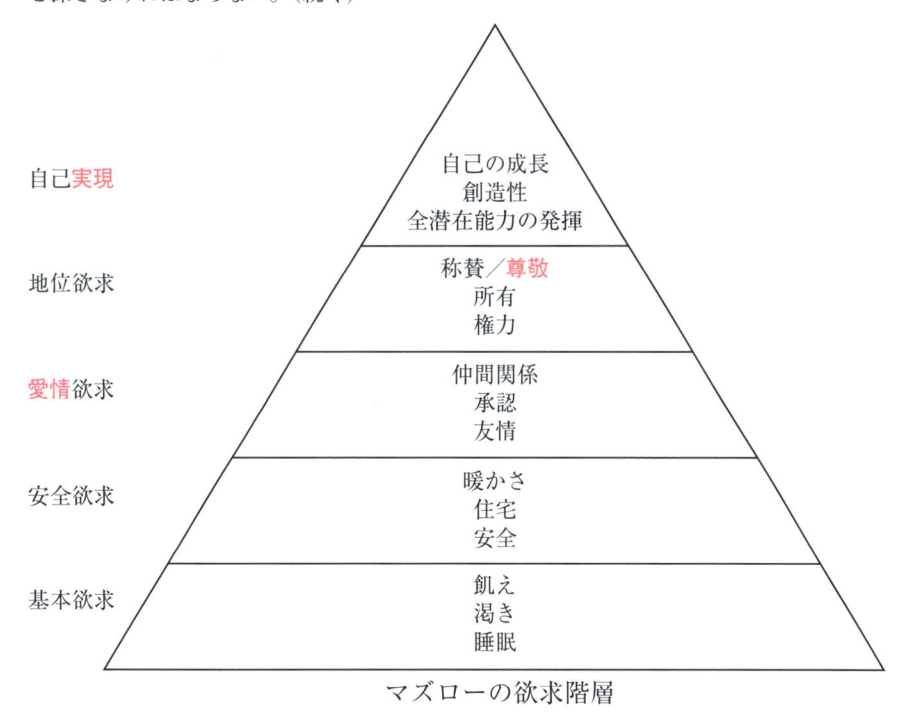

自己実現	自己の成長 創造性 全潜在能力の発揮
地位欲求	称賛／尊敬 所有 権力
愛情欲求	仲間関係 承認 友情
安全欲求	暖かさ 住宅 安全
基本欲求	飢え 渇き 睡眠

マズローの欲求階層

Passage 32: A summary of modern motivation theory (4)

Frederick Herzberg. Herzberg contrasted the factors that he found gave job satisfaction with those that created dissatisfaction. He argued that the provision of satisfying factors would motivate people. The '**motivators**' include recognition of work done, responsibility for tasks, sense of **achievement** and **promotion prospects**.

On the other hand, Herzberg said there were factors that, although absolutely necessary in a job, would not motivate people. **Inadequate** provision of the maintenance factors —— wages and salaries, **fringe benefits**, rules and regulations, and relationships within the organization —— would tend to cause dissatisfaction.

The satisfying factors or 'motivators' are not the opposite of dissatisfying or 'maintenance' factors. It is significant that those elements that had to be adequate to maintain a person in a job would not, according to Herzberg, motivate a person.

The findings of the industrial social psychologists (Human Relations School) show that motivation is an **intricate** thing. Financial reward is an important but complex method of motivating people. But money is not the only motivator: equally important are recognition and responsibility.

As a result of the work of the Human Relations School, different methods of motivation are being adopted by organizations. These include job **rotation**, job **enlargement** and job **enrichment**.

Vroom. Vroom's *expectancy theories* deal with the process of motivation. How far will certain actions give the desired result? How much does an employee want something? What is the strength of expectation? (*The end*)

語句と構文

L01. contrast A with B = A と B を対比させる。ここでは, the factors that he found gave job satisfaction が A (he found は挿入節), those (=the factors) that created dissatisfaction が B。／ L08. fringe benefit = 付加給付, 手当（保険, 年金, 交通費, 住宅手当, 有給休暇など, 本給以外の給付）／ L18. equally important are recognition and responsibility = recognition and responsibility are equally important（倒置）／ L20. job rotation = ジョブ・ローテーション, 職務交替制（従業員に各種の職務を次々と計画的に担当させ, 経験を積ませること）

現代動機付け理論概説（4）

フレデリック・ハーツバーグ： ハーツバーグは，自ら発見した仕事の満足をもたらす要因と，不満足を作り出す要因を対比した。彼は，満足させる要因を用意することが人々を動機付けると主張した。「動機付け要因」には，行った仕事が認められること，課せられた仕事への責任，達成感，そして昇進の見込みなどがある。

一方でハーツバーグは，仕事には絶対に必要だが人々に動機を与えない要因がある，とも述べた。維持管理業務要素，すなわち賃金や給料，付加給付，規則と統制，組織内の関係などは，提供が不十分な場合に不満を生む傾向があるという。

満足要因あるいは「動機付け要因」は，不満要因あるいは「維持管理業務」要素の対極にあるのではない。ある仕事についている人を維持管理するのに適切でなければならない諸要素は，ハーツバーグによれば，人を動機付けることはないという。この点が重要である。

産業社会心理学者たち（人間関係学派）の発見によってわかるのは，動機付けは入り組んだものであるということである。金銭的な報酬は，重要だが複雑な動機付けの手段である。しかし，金銭は唯一の動機付け要因ではない。同じように重要なのは，人に認められることと責任である。

人間関係学派による研究の結果として，さまざまな動機付け手段が組織に採用されている。その中には，ジョブ・ローテーション，職務範囲の拡大，職務の充実などがある。

ヴルーム： ヴルームの「期待理論」は，動機付けのプロセスを扱っている。ある行動は望む結果をどれくらいもたらすか，従業員はあるものをどれくらい欲しているか，期待の強さはどのくらいか，といったようなことを扱う。（完）

▶ 知ってますか？

0629　the Dow Jones Industrial Average（DJIA）　名 ダウ・ジョーンズ平均株価

　「ダウ・ジョーンズ工業株30種」と呼ばれることもある。ニューヨーク証券取引所上場銘柄のうち代表的な30銘柄を対象とした株価の平均値。この場合の平均とは単純平均（対象銘柄の日々の終値を銘柄数で除したもの）ではない。株式には通常，配当金の権利や増資の権利がついているが，そうした権利は割当日（わりあてび）が過ぎてしまうと消滅する。このような株式を「権利落ち株式」という。割当日の前に授受される株式はそのような権利が消滅していないので「権利付株式」という。ダウ・ジョーンズ平均株価は，この割当日の前後によって株価に大きく差が出ることを避けるように修正・平均して求めた株価である。日経平均株価もダウ・ジョーンズ平均株価と同じ方式を採用している。なお，参考までに，ダウ・ジョーンズ平均株価が対象としている30銘柄の企業名の一部を紹介しておくと，Aluminum Company of America（Alcoa），AT&T，Boeing，Coca-Cola，Disney，DuPont，Exxon，General Motors，IBM，McDonald's，Wal-Mart Stores などがある（2009年3月現在）。

0630　the efficient-market theory　　名 効率的市場仮説
0631　the random walk theory　　　　名 酔歩の理論

　まず，効率的市場仮説の「効率的」すなわち efficient が一般の経済学の場合とは異なる意味で使われているので，その点を明らかにしたい。一般の経済学では「**効率性（efficiency）**」は「**資源（resources）** や **財（goods）** について無駄がないこと」をいうが，金融学では「効率性」という言葉は「情報がすみやかに**吸収される（be absorbed）** こと」をいう。したがって，効率的市場とは「情報が株式市場に，すなわちすべての株価に，すみやかに吸収され反映される市場」をいう。私たちは将来の株価の値上がりを予想し，他の人に先んじて株を購入しようとするが，効率的市場ではそれが不可能になる。要約するならば，「利用可能な情報を効率的に反映して動いている株式市場では，特定の投資家が市場に参加する他の投資家の受け取る収益よりも高い収益を継続的に受け取ることは期待できない」というのが，効率的市場仮説と言われるものである。これは簡単に言うなら，市場の先行きを正確に読み取れるのは自分だけということはありえないということである。

　効率的市場仮説は，結局のところ，投資家が株を購入する場合，利用可能な情報はすでに「過去の情報」になってしまっているということを示している。そうなると，株価が反応するのは「新しい」情報，すなわちびっくりするような情報（例えば，サウジアラビアで革命が起こったなど）でしかあり得ない。「新しい」情報はランダムで予測ができないから，株価も酔っ払いの歩き方のような**軌道の定まらな**

い（**erratic**）動き方になる。これが「酔歩の理論」と言われるものである。

0632　the Intermediate Technology Development Group（ITDG）　图 中間技術開発グループ

　NGO が諸問題に関して意見を述べる場合，それが警告にとどまる限り，あまり実行力はない。そこで，具体的な提言をして社会の変革を促そうとする NGO が現れた。そのような NGO の一つが中間技術開発グループである。このグループは，ドイツ生まれでイギリスで活躍した経済学者シューマッハー（E. F. Schumacher：1911-77）が創設したもの。彼は 1973 年に *Small is Beautiful* という本を世に出し，この中で，現代の巨大化した生産技術は過度に複雑で，**資本集約的**（**capital-intensive**）で，**非人間的**（**dehumanizing**）で，自然破壊的であるとした。そして，それに代わって，**中間技術**（**intermediate technology**）を推進する運動をした。中間技術とは，小規模で，資本集約的でなく，労働者に疎外感を与えず，環境に優しい技術のことである。彼はまた，地方の貧しい人々が都会に仕事を求める構図は貧困の問題を根本的に解決しないとして，**職場**（**workplace**）に関しても次のように提言している。
（1）職場は人々が住んでいる地域に作られるべきだ（貧しい人々の都会への流入を避けるために）。
（2）これらの職場は低費用でたくさん作るべきだ（雇用の機会を増やすために）。
（3）生産方式は比較的単純なものであるべきだ（高度な技術への必要性を避けるために）。
（4）原則として地産地消であるべきだ（高い輸送費を避けるために）。
このうちの（3）が中間技術と密接に関係していることに注意してほしい。

0633　the International Campaign to Ban Landmines（ICBL）　图 地雷禁止国際キャンペーン

　1992 年に結成された，**対人地雷**（**anti-personnel mine**）の禁止を目的とする NGO。共通の目的を持つ複数の NGO からなる集合体である。ICBL の運動が功を奏し，1997 年にカナダのオタワで「対人地雷の使用，貯蔵，生産及び移譲の禁止並びに廃棄に関する条約」（簡略して「オタワ条約」と呼ばれる）に 122 カ国が署名した。そしてその後，批准国が一定数（40 カ国）を超えたので，1999 年 3 月から国際法のもとで**法的拘束力のある**（**legally binding**）条約となった。1997 年，ICBL 及びこの団体のコーディネーターであるジョディ・ウィリアムズ（Jody

Williams）さんは，「対人地雷の禁止及び除去の仕事」が認められて，ノーベル平和賞を受賞した。ICBLの功績を要約するならば，大国抜きでNGOが主導的立場に立って軍縮交渉をすることが可能であることを示したこと，そして，史上初めて賛同国だけで特定兵器の廃絶を目指す国際条約の締結を導いたことだ。

0634　Article 71 of the UN Charter　名 国連憲章第 71 条

　現在，国連などが主催する国際会議では，各国政府の代表と並んでNGOのメンバーが参加していることが多い。これはどのような根拠に基づいているのだろうか。国連憲章第71条に「**経済社会理事会（the Economic and Social Council）**は，その権限内にある事項に関係のある民間団体と協議するために，適当な取極(とりきめ)を行うことができる」という規定がある。この規定に基づいて，NGOが経済社会理事会との協議資格を取得すると，国際会議に参加して交渉したり，議論したり，取り決めたりすることが可能になる。現在，協議機関としての地位を正式に認められているNGOは2,000以上あるという。

0617　expectancy theory　名 **期待理論**（再掲）

　期待理論とは，Passage 32の最後に紹介されているヴルーム（Victor Vroom：1932-）により展開された動機付け理論のこと。ヴルームによると，人間を動機付ける力には，（1）**期待（expectancy）**，（2）**誘意性（valence）**，（3）**道具性（instrumentality）**の三つがある。期待とは，特定の行為が特定の結果をもたらすだろう（例えば，このような努力をすれば，このような結果が得られるだろう）という働き手の主観的予測をいう。誘意性とは，特定の結果（例えば，お金，昇進などの外発的なものや，自己実現のような内発的なもの）に対し個人が引きつけられる度合いをいう。道具性とは，望む結果を得られるかどうか（管理者が報酬の約束を本当に守るかなど）についての働き手の認識をいう。そして，ヴルームは動機付けの強さは期待と誘意性の積になると言う。だから，期待がゼロ，あるいは誘意性がゼロなら，動機付けは起こらないことになる。期待理論によれば，管理者はどうすればよいのか。一例を挙げるなら，働き手に適切なトレーニングを与え（期待度を高める），働き手が何を望んでいるのか（誘意性）を見定め，約束が確実に守られることを働き手に認識させること（道具性）が必要になる。

➤ Related Words & Phrases

バブル小史

0635	a **speculative** bubble	形	**投機**〔**投機的な**〕バブル
0636	a **speculator**	名	**投機家**
0637	a feeling of **euphoria**	名	**多幸**〔**陶酔**〕感
0638	mass **insanity**	名	集団的**狂気**〔**精神異常**〕
0639	**insane**	形	**狂気の，精神異常の**
0640	**herd behavior**	名	**群集行動**
0641	international **finance**	名	国際**金融**
0642	**financial leverage**	名	**財務レバレッジ，借入れ比率**
0643	**buying on margin**	名	**信用買い，思惑買い**
0644	**futures trading**	名	**先物取引**
0645	a **collateral**	名	**担保物件**
0646	**stock-price indexes**	名	**株価指標**
0647	a **bank note**	名	**銀行券**
0648	**exchangeable**	形	**交換可能な**
0649	a large **dividend**	名	大きな**配当金**〔**配当利益**〕
0650	a **government bond**	名	**国債**
0651	an **interest rate**	名	**利子率**
0652	an **erratic** market	形	**乱調子の**市場
0653	a **bull market**	名	**強気市場**
0654	a **bear market**	名	**弱気市場**

0655	a **downturn**	名	景気の後退

NGO

0656	**advocacy**	名	主張，擁護，支持
0657	disaster **relief**	名	災害**救助**
0658	a **vehicle** for complaints	名	苦情の**受け皿** (注)「**乗物**」の意味もある。
0659	a **consultative** body	形	**諮問**機関 (注)「**相談の，協議の**」の意味もある。
0660	an **affiliated** organization	形	**関連する〔提携した〕**組織
0661	a **political party**	名	**政党**
0662	gain **expertise**	名	**専門知識**を得る
0663	a positive **strategy**	名	積極的**戦略**
0664	**self-determination**	名	**自己決定**
0665	**conflict resolution**	名	**紛争解決**
0666	feel **marginalized**	形	**社会から取り残された**と感じる
0667	**dehumanizing**	形	**非人間的な**
0668	**capital-intensive**	形	**資本集約的な**
0669	**labor-intensive**	形	**労働集約的な**
0670	an **anti-personnel mine**	名	**対人地雷**
0671	an international **treaty**	名	国際**条約**
0672	legally **binding**	形	法的**拘束力のある**
0593	**advocate** peaceful settlement	他	平和的解決**を主張する** (再掲)
0673	object to **whaling**	名	**捕鯨**に反対する

0674	a consumer **boycott**	名 消費者**不買運動**
0675	**Alcoholics Anonymous**	名 **アルコール中毒者更生会**，**断酒会**

動機付け理論

0676	a **motivating** factor	形 **動機付け**〔**意欲を高める**〕要因
0677	resort to **coercion**	名 **強制**という手段に訴える
0678	close **supervision**	名 きめ細かな**管理**
0679	**supervise**	他 ～を**監督する**，**管理する**
0680	**intrinsic** motivation	形 **内発的**〔**内在の**〕動機付け
0681	**extrinsic** motivation	形 **外発的**〔**外在の**〕動機付け
0682	a company **grapevine**	名 会社内の**情報網**〔**口コミ**〕
0683	**physiological** needs	形 **生理的**〔**生理的な**〕欲求
0684	public **hygiene**	名 公衆**衛生**
0685	**participative** management	形 （社員）**参加型**〔**参加の**〕経営
0686	a performance **appraisal**	名 勤務**評定**，業績**査定**

第4章　言語学・文化人類学・文学

Theme 1　言語は人間に固有のものか

　言語は人間に固有のものか。これに関する主要な説として次のようなものがある。（1）**子音**（consonant）を発音し音を区切ることができるのは人間だけなので，言語は人間固有のものである。（2）動物は子音を発音できなくても，子音を聞き取り人間の言葉を理解できるから，言語は人間に固有のものではない。（3）言語は長い時間をかけて生まれた進化の産物で，人間に固有のものである（スティーヴン・ピンカーの説）。（4）言語は脳構造の変化に伴って創発的に生じたもので，人間に固有のものである（ノーム・チョムスキーの説）。現在，（3）と（4）が有力説であるが，（3）は徹底していない観がある。以上の説を研究の過程を踏まえながら説明していく。

Theme 2　発声器官との関係

　人間だけが言語を話せる根拠をその**発声器官**（speech organ）に求める説がある。動物の発声器官は，**喉頭**（こうとう）（larynx：咽頭と気管の間の部分で声帯がある部分），咽頭（いんとう）（のど），鼻腔（びこう），舌，唇からできている。類人猿を含め，人間以外の動物では，喉頭が高いところにあり，呼吸はすべて鼻を通して行われるため，子音を発音することができない。これに対し，人間は**二本足で直立する姿勢**（erect, bipedal posture）をとるようになったために，**声道**（vocal tract）は直角に屈曲し，喉頭が下へ押し下げられた。その結果，人間は鼻孔への通路をふさぎ，子音をコントロールして音を**分節**（segmentation）し，区別のつく音声を際限なく作り出すことができるようになった。

Theme 3　ワシューと手話言語

　1960年代後半からアメリカを中心にチンパンジーに言語を習得させようとする試みが盛んに行われた。初期の試みは人間と同じように発話させようとするものだったが，すでに説明した人間の発声器官との違いから，その試みは失敗に終わった。そこで，チンパンジーに手話（具体的には American Sign Language）を覚えさせる方法がとられた。これを最初に行ったのがネバダ大学のガードナー夫妻（Allen and Beatrice Gardner）だった。夫妻はワシュー（Washoe）というメスのチンパンジーに最初の22カ月で30語の手話を覚えさせ，最終的には130語を超える手話の単語を習得させた。しかし，このような研究については次のような疑問が呈されていた。（1）チンパンジーの発話は単に訓練者のまねをしているだけではないか，（2）チンパンジーは単語を本当に**概念**（concept）として獲得していないのではないか（ここで言う概念とは，例えば，目前

にあるリンゴを「リンゴ」と言えるだけでなく，リンゴがなくても，観念的にリンゴを思い浮かべられること）。

Theme 4 「言語の生産」から「言語の理解」へ

　類人猿言語研究の世界的権威である S・S・ランバウ（Sue Savage-Rumbaugh）女史は，従来の批判をかわすために，研究の視点を「言語の生産」から「言語の理解」へと切り替えた。チンパンジーが単語を言う場合は言語の生産に当たるが，人間でも動物でも自分が考えていることや言いたいことはわかっているから，言語の生産は比較的簡単である。ところが言語の理解はそう簡単にはいかない。なぜなら，相手の言葉を理解するには，発せられる音声からあいまいさを伴う意味と意図を汲み取る必要があるからだ。彼女の著作 Kanji: The Ape at the Brink of the Human Mind（邦訳は『人と話すサル「カンジ」』）から該当箇所を引用してみよう。
「しかし，チンチラとアカゲザルというヒトとは隔たった哺乳類を使ったテストによって，子音について区切りをつけて聞き取る能力は，ヒト固有のものではないことが明らかにされた。他の動物も，自分の発声システムにはとり入れてはいないものの，子音を別のものとして音響的に区切りをつけて聞き取る能力をもっているのだ。したがって，話し言葉の音声は，これを聞き取る能力ではなく，音声をつくり出すという点においてのみ，ヒトに固有のものなのである。考えてみれば，**声帯**（**vocal cords**）を使ってつくり出す音よりも，**聴覚システム**（**auditory system**）の方がずっと広範囲の音に対する感受性を備えていることに，私たちが興味を示してこなかったのは奇妙ではないだろうか。結局のところ，私たちは音にあふれた環境に生きており，森のなかで生き延びていくためには，自分たちには発することのできない多くの音を聞き分け，それが何を意味するか理解する必要があるのだ。」（石館康平訳）
　つまり，彼女がここで言いたいことは，子音を発音する能力は別として，子音を区切って聞き取る能力は人間以外の動物にもあるということである。

Theme 5 天才ボノボ――カンジ

　前出の著作のタイトルになっているカンジは，ランバウ女史が実験に使用したボノボ（ピグミーチンパンジー）である。彼女は実験で，手話ではなく，彼女の夫が考案した**レキシグラム**（**lexigram**）を利用した。これは，物の名前や動作などを表すシンボルがキーボード上に配置されたもの。カンジはこれらのシンボルを指差し，人間と会話をした。この実験で特徴的なことは，徹底的な**盲検法**（**blind test**）を行ったことである。従来の実験だと，チンパンジーが与えられた課題や問題を本当に理解しているのか，あ

いまいだった。実験者が無意識のうちに出してしまうサインを被験動物が敏感に読み取ってしまうことがあるからだ。そこで，カンジの場合は，実験者の意図がカンジに読み取れないような工夫がなされた。こうした実験の結果，ランバウ女史は，カンジには人間の発する子音を聞き分けて人間の言葉を理解し，自分の意思を伝える能力があると推論した。その上で，彼女はこう結論している。霊長類の中で言語を話せるのが人間だけなのは，人間は子音を発音できることにより多様な音が出せるが，他の霊長類にはそれができないからだ，と。したがって，この条件をクリアすれば（つまり，人間と同じ発声器官を持てば），他の霊長類も人間と同じように言語を話す可能性があることを否定できない，と。

Theme 6 有力説（1）——ピンカーの説

　しかし，マサチューセッツ工科大学の言語学者であるスティーヴン・ピンカー（Steven Pinker : 1954-）は，動物に**人間の伝達形式（human forms of communication）**をまねさせて言語の起源を探ろうとすることは的外れであると批判している。言語は進化の産物であるとの考えに立つと，言語は自然の中で長い年月をかけて獲得されたものだから，それを人工的な環境の中で短期間のうちに獲得させようとする試みは方法論的に間違っている，と言うのだ。

　進化論を打ち立てたダーウィンは，言語の起源の問題をどう考えていたのだろうか。彼は『人間の由来』（*The Descent of Man*）の中で，言語は一般の技術と比べるとかなり異なる（言語には本能的な面があるが，後者にはない）ことを認めつつ，言語も進化の産物であると述べている。

「しかし，言語は他の一般的な技術とは大幅に異なっている。子供の**意味不明のおしゃべり（babble）**からもわかるように，人間には**話そうとする本能的傾向（an instinctive tendency to speak）**があるからだ。ところが，酒を**醸造し（brew）**たり，パンを**焼い（bake）**たり，文字を書いたりする本能的傾向を持っている子供はいないのである。それに，現在いかなる哲学者も言語が意図的に発明されたとは考えていない。言語は多くの段階を経てゆっくりと無意識のうちに発達してきたのである。」

　この考えを発展させて，スティーヴン・ピンカーなどの言語学者は，例えば環境への適応例として，狩猟採集時代においてハンターたちが獲物を効率的に捕獲するためにコミュニケーション能力の改良が迫られる中，言葉以前の口頭でのやりとりに長けていた人の「差異」が自然選択され，それが言語に進化した可能性があることを認めている。

Theme 7 有力説（2）——チョムスキーの普遍文法

アメリカの著名な言語学者ノーム・チョムスキー (Noam Chomsky : 1928-) は，人間が短期間のうちに大変容易に母国語を獲得できる理由として，人間には**言語能力 (linguistic competence)** があるからだとする。そして，この言語能力を可能にしているのが話者の頭の中にある日本語なり英語なりの**個別文法 (particular grammar)** であり，この個別文法の共通の基盤になっているものが**普遍文法 (Universal Grammar)** だとする。人間はすべてこの普遍文法を持って生まれるが，動物はそうではない。普遍文法こそが人間と他の動物を明確に区別するものである。だから，言語が自然選択によって進化してきたとする説は間違いであって，言語は脳の大きさや複雑さが一定程度に達した時，それらの**副産物 (by-product)** として偶然にあるいは創発的に生まれたものである，というのが彼の説である。

なぜチョムスキーは言語を進化の産物とすることにこれほど反対するのか。認知言語学者のレイコフ (George Lakoff : 1941-) は *Philosophy in the Flesh* の中で次のように述べている。なお，この文章の中ではシンタックス（統語論：語と語を組み合わせて文を作る時の規則の総体）が普遍文法とほぼ同義で使われている。

もし「シンタックス」が人間の本質を特徴づけるものだとしたら，もしそれが人間と類人猿を「区別する」ものを規定するとしたら，それは類人猿の中にいかなる形態であっても存在し得なかったであろう。もし「シンタックス」が人間の本質を規定するとしたら，**漸進的な自然選択 (gradual natural selection)** によってではなく，**遺伝子の突然変異 (genetic mutation)** によって突然生まれなければならない。チョムスキーの「シンタックス」は我々の類人猿の祖先と一部でも共有できるようなものではないのだ。だから，チョムスキーは言語能力が動物にもあるという考えに断固反対する。そうして，言語能力を研究するに当たって動物のコミュニケーションを研究することは**見当違い (irrelevant)** であると見なすのである。

Theme 8 『1491』について

Passage 36～39 の英文は，アメリカ人の科学ジャーナリストであるチャールズ・C・マン (Charles C. Mann) が著した『1491』(*1491: New Revelations of the Americans Before Columbus*) から採った。そこで，最初にこの本について説明を加えておきたい。

マンは，NASA の研究チームに同行してユカタン半島を訪れた際に，森の中で**アメリカの先住民族 (Native Americans)** が建設した古代都市遺跡に遭遇し，それ以来この地に興味を持った。とりわけ彼が関心を持ったのは，**コロンブスが 1492 年にアメリカ大陸を発見する以前のアメリカ両大陸 (pre-Columbian Americas)** であった（書名はここからきている）。というのは，アメリカの先住民族についての学校の教科書の記述が旧態依然として間違いが多いからだ。『1491』は，マンが 10 年の歳月を費やし，各地の古代遺跡を訪れ，さまざまな分野の文献を渉猟し，おびただしい数の関係者にイ

ンタビューをして完成した本で，学会に一大論争を巻き起こし，メディアにはアメリカの大陸史を塗り替える画期的な仕事だと絶賛された本である。

Theme 9　数々の新発見

　参考までに，マンが紹介している新発見の主だったものを紹介しよう。
（1）先住民は少なくとも2万年前（旧説では1万3千年前）にアメリカ大陸に到着した。**移住の波（waves of immigration）**は複数で，シベリアからベーリング海峡を渡ってくる以外のルートもあった。
（2）先住民の人口は約1億人（旧説では1千人）であった。
（3）増加した人口を支えるために先住民は自然に手を加えて生活の糧を得ていた（旧説では先住民は自然に何も手を加えなかった）。北米のある先住民族は火を使って土地を管理していた。例えば，彼らは毎年火を使って**下生え（underbrush）**を減らし，木の実をつける木やベリーの灌木(かんぼく)の成長を促したが，これは彼らの狩猟の対象であった野生の**鹿（deer）**を減らさない工夫であった。また，南米のアマゾンの森にはココヤシやパイナップルなどの木の実が随所に見られるが，これは先住民が自然を利用して果樹園を作ったためである。彼らは自然にそれほど負荷をかけない**焼き畑（slash and burn）**耕作を行い，さらに，**木炭（charcoal）**と**栄養素（nutrient）**と**微生物（microfauna）**を混ぜた「インディオの黒い土」と呼ばれる人工的な土壌**テラ・プレータ（terra preta）**を作って農業を行っていた。

Theme 10　天然痘の驚異

　コロンブスがアメリカ大陸を発見して以降，スペイン人は**メソアメリカ（Mesoamerica**：メキシコ中央部からパナマにかけての地域）とアマゾンに押し寄せ，原住民を**征服し（subdue）**，搾取し，そしてキリスト教に**改宗させ（convert）**ようとした。彼らが持ち込んだ牛や豚や馬は現地の穀物畑を食い荒らした。そして，最悪だったのが，原住民に未知の病気である**天然痘（smallpox）**を伝染させたことだ。インディオたちは**免疫（immunity）**がなかったために何百万単位で死に，1800年までには以前の人口の10分の1まで減少した。そして，被害はこれだけにとどまらなかった。彼らが独特のやり方で管理してきた自然やそれにより守られてきた他の動植物は，人間という**要(かなめ)の種（keystone species）**を失って急速に荒廃していった。**野牛（bison）**が著しく増え，森は無秩序に生い茂った。ちなみに，この荒廃した時期にアメリカを訪れたヨーロッパ人が，アメリカ先住民は自然の管理を知らない野蛮な怠け者だという誤った情報を伝えたのである。

Theme 11 過去からの贈り物

そして『1491』の筆者マンは、昨今の**環境保護論者**（**environmentalist**）がスミソニアン協会の考古学者ベティ・メガーズ（Betty Meggers）の誤った説（先住民には高度な文明を発達させることは不可能だったという仮説）に従って、アマゾンの熱帯雨林に人間の手を加えないことが自然保護なのだと誤解している、と指摘し、むしろ先住民の自然管理の方法を現代に生かすべきではないかと次のように提言している。

「先住民は**環境問題**（**ecological problem**）に直面して、それを**修繕し**（**fix**）たのである。自然に**適応し**（**adapt**）たというよりもむしろ、自然を**創り出し**（**create**）たのである。コロンブスが現れてすべてを破壊した時、先住民たちはアマゾンの土地を人間が住めるように改良中だったのである。……アメリカ先住民は自分たちの目から見てふさわしいように大陸を管理した。現代の国家も同じことをしなければならない。もし現代の国家が自然の風景を 1491 年の状態に可能な限り戻したいと思うならば、世界で最大の果樹園を作らなければならないであろう。」

なお、Passage 36〜39 は『1491』の**補遺**（**appendix**）に収められている文章で、アメリカ先住民が梅毒をヨーロッパ人に伝染させたのではないかというあらぬ疑い（？）を検証しているものである。

Theme 12 *The Notebook* について

Passage 40〜41 はアメリカの小説家ニコラス・スパークス（Nicholas Sparks : 1965-）の *The Notebook*（邦訳は『きみに読む物語』）から採った一節である。英文の理解を助けるために若干の粗筋を紹介しておきたい。主人公はノア（Noah）とアリー（Allie）。二人は高校生の時に夏祭りで出会い、恋に落ちるが、アリーの両親は二人の関係を認めない。時は過ぎ、ノアは 31 歳、第二次世界大戦の帰還兵として故郷に戻る。アリーは親の勧めでロンという男性と婚約していたが、ノアについて書かれた新聞記事を読み、青春の恋を忘れられず、ノアの家を訪ね、二日間彼と共に過ごす。その後、親に連れ戻されるが、結局彼女はノアを選択し、愛に満ちた楽しい日々を送る。ここまでは通常の恋愛小説である。しかし、その後アリーはアルツハイマー病にかかり、状況が一変する。Passage 40〜41 はアリーが医者からアルツハイマー病にかかっていることを宣告される場面である。そしてやがてノアも病に冒され、二人は同じ老人ホームに入る。80 歳になったノアは、青春時代の二人の思い出を綴ったノートブックを持ってアリーがいる別室に向かい、ノートブックを読み聞かせる。しかし、アルツハイマー病のアリーはノアがわからず「あなたは誰？」と尋ねる始末。それでも時折、アリーがノアのノートブックの読み聞かせを理解する瞬間がある。その奇跡の瞬間を求めて、ノアは毎日アリーの別室を訪ねる。小説の冒頭はこの場面から始まる。

Phrases 33/34/35 言語はどこから生まれたのか (1)(2)(3)

0687	a dormant **faculty** [fǽklti]	眠っている**能力** (▷多) 名 能力；機能
0688	an **elusive** clue [ilúːsiv]	**とらえどころのない**手がかり 形 とらえどころのない；逃げやすい
0689	a chemical **residue** [rézidjùː]	科学薬品の**残留物** 名 残り，残余；残留物
0690	**empirical** laws [impírikl]	**経験的**法則 形 経験から得られる，経験上の
0691	an **auxiliary** language [ɔːgzíljəri]	**補助**言語 (▷多) 形 補助の　名 補助的なもの〔人〕
0692	a **founder** of a college [fáundər]	大学の**創設者** 名 創設者；開祖
0693	a **biblical** narrative [bíblikl]	**聖書の**物語 形 聖書の
0694	**divergent** opinions [divə́ːrdʒənt]	**異なる**意見 形 分岐する；相違した
0695	an undesirable **by-product** [báipr�àdəkt]	望ましくない**副産物** 名 副産物
0696	**formulate** a question [fɔ́ːrmjəlèit]	問題**を定式化する** 他 〜を組織的に表す；〜を考案する
0697	lack **sophistication** [səfìstikéiʃn]	**精巧さ**を欠く (▷多) 名 複雑(化)，精巧(化)
0698	a **parallel** argument [pǽrəlèl]	**似たような**議論 形 平行の；同一方向の　名 平行(線)
0699	a marine **mammal** [mǽml]	海洋**哺乳類** 名 哺乳動物
0700	the suckers of an **octopus** [ɑ́ktəpəs]	**タコ**の吸盤 名 タコ

派生語

0701	elude	他 ~をとらえられない，かすめる（← elusive）
0702	elusion	名 逃避，回避（← elusive）
0703	found	他 ~を創設する，設立する（← founder）
0704	the Bible	名 聖書（← biblical）
0705	diverge	自 分かれる，分岐する（← divergent）
0706	sophisticated	形 精巧な，複雑高度な；洗練された（← sophistication）

多義語

☐ **faculty** 名 (集合的に) 教授，教員（→能力；機能）

Both faculty and students opposed the reform plan.
（教員も学生もその改革案に反対した）

☐ **auxiliary** 形 助動詞の（→補助の；補助的なもの〔人〕）

For example, the auxiliary verbs are used to make sentences negative.
（例えば，助動詞は文を否定にするために使われる）

☐ **sophistication** 名 洗練，知的教養（→複雑（化），精巧（化））

Her sophistication is evident from the way she speaks.
（彼女に知的教養があることはその話し方から明らかだ）

Passage 33: Where did language come from? (1)

Throughout this book I have been promoting the idea that the human language **faculty** is a part of our biological constitution, a specific faculty that is precisely tuned to the nature of language and that no other animal has. So the logical question is, where did it come from?

Although it is an obvious question to ask, how to go about answering it is much less obvious. Language does not leave any traces in the fossil record or elsewhere of the sort that normally guide accounts of the course of evolution. Acts of speaking (or signing) do not leave anything behind that we could dig up thousands of years later. Even the apparatus we use for speaking is largely **elusive**; it is almost entirely composed of soft tissue that leaves no long-term **residue** either.

For a long time these problems did not stop people from speculating about how language *might* have arisen. This was actually a rather popular topic among Romantic philosophers. With the rise of a more scientific approach to language in the nineteenth century, discussions of language that were not based in **empirical** fact came to be discouraged. Famously, the Linguistic Society of Paris, in its constitution of 1866, said that papers presented to the society could deal with any topic concerning language except two. These were the origin of language and the construction of international **auxiliary** languages like Esperanto or Volapük. What these topics have in common is that (at least as far as people could judge in 1866) both are matters of opinion and speculation, not science.

Were the **founders** of the society right in barring language origins? Or can we say anything serious about where the language faculty came from? If we believe in literal **biblical** creationism, there is no problem. But if we are not satisfied with that answer, we have to imagine that it arose during a much longer course of human evolution. (*continued*)

語句と構文

L01. the idea の後の that は同格の接続詞で，この that 節は文末まで続く。that 節中の a part of our biological constitution と a specific faculty は同格。a specific faculty は that is precisely tuned to the nature of language と that no other animal has という二つの関係代名詞節で修飾されている。／ L03. So the logical question is の後は間接疑問 where it came from になるべきところだが，ここでは疑問文で直接的に表している。／ L05. go about 〜 = 〜に取りかかる，〜しようとする ／ L14. With the rise of ... は SV の文。S=discussions of language，V=came to be discouraged。

Translation 33 言語はどこから生まれたのか（1）

　私はこの本全体を通して，人間の言語能力は我々の生物学的構造の一部であり，言語の本質に完全に適合し，他の動物にはない特別な能力だという考えを推し進めてきた。そうすると，必然的に，言語はどこから生まれたのか，という疑問が湧いてくる。

　これは質問としては明白だが，その答えをどのようにして導き出したらよいかははるかに曖昧である。言語は，化石記録にも，また普通であれば進化の過程を説明する参考になるような他のものにも，一切痕跡を残さない。話す（あるいは合図をする）という行為は，我々が数千年後に発掘できるようなものを何一つとして残してくれない。我々が話すために使う器官でさえ，たいていはとらえどころがない。ほぼ全体が柔らかい組織でできているので，その痕跡が長期間残るということもないからである。

　これらの問題があるにもかかわらず，長い間，人々は言語のあり得る発生過程について思索することをやめなかった。これは実際，ロマン派の哲学者たちがしばしば取り上げた話題だった。19世紀に入って言語へのより科学的なアプローチが登場すると，経験的な事実に基づかない言語に関する議論は敬遠されるようになった。パリ言語学会が1866年の憲章で，同学会に提出される論文は二つの論題を除いて言語に関する一切の論題を扱うことができるとしたことは，有名な話である。その二つの例外とは，言語の起源と，エスペラントやヴォラピュックのような国際補助言語の構築であった。この二つの論題に共通するのは，（少なくとも1866年において人々が判断できた範囲では）どちらも個人的見解や推測の問題であって，科学の問題ではなかったという点だ。

　言語の起源を締め出した学会の創設者たちは正しかったのだろうか。あるいは，言語能力がどこから生まれたのかという問題について我々はきちんとしたことを述べることができるだろうか。もし我々が聖書の神授説を字義通りに信じるなら，問題はない。しかし，もしその答えに満足しないなら，言語能力は人間の進化というはるかに長い過程において生まれたと考えなければならないだろう。（続く）

L.20. Esperanto = エスペラント（ユダヤ系ポーランド人眼科医ザメンホフが1887年に発表した人工国際語）／ L.20. Volapük = ヴォラピュック（ドイツのカトリック神父ヨハン・シュライヤーが1879年頃に考案した国際補助語）／ L.25. biblical creationism = 聖書の神授説（言語の起源を聖書の記述「人（＝アダム）が呼ぶと，それはすべて，生き物の名となった」（『創世記』2:19）に求める説のこと。creationism は通常「天地創造説」と和訳されるが，この場合は「神授説」の方が適切であろう。）

Passage 34: Where did language come from? (2)

Saying that the language ability arose *during the course of evolution* is not exactly the same as saying that human language arose *through evolutionary mechanisms*, and there are in fact two **divergent** views on the matter. One school, with which Chomsky has become associated, holds that language is so unusual, and so unconnected with anything else in the animal world, that it could not have arisen gradually through evolutionary pressures. Instead, some other combination of changes in, say, brain size and complexity must have yielded language as an accidental **by-product** in a sudden, discontinuous way. This position is not popular, because without a proposal for just what those factors might be, and how language could arise as a consequence of something like overall neural complexity, the question is reduced to pure mystery.

Unfortunately, that might well be the right answer. Chomsky has suggested on several occasions that within the range of questions we might ask about the world, there is a difference between *problems* and *mysteries*. Problems are questions that we can ask, and for which we can seek evidence that might lead us to answers. Mysteries are questions that we can **formulate** perfectly well, but to which there may not *be* any answers. Either no possible evidence exists that could bear on the mystery, or our own cognitive limitations would prevent us from making sense of the answer —— something like Douglas Adams' "42" as the answer to "life, the universe, and everything." (*continued*)

語句と構文

L.04. become associated with ～ = ～と関わるようになる，結びつけられる ／ L.04. holds の後の that 節は so ... that の構文で，so ... が二つ並列されている。／ L.06. evolutionary pressure = 進化圧（種の自然選択を促進する力のこと。例えば，細菌性のウィルスに抗生物質を投与すると，死なずに生き残るものが出てくる。生き残ったものは種の生存に適者であるということで自然選択されたわけだが，これを促進したのは抗生物質だから，抗生物質が進化圧となる。）／ L.06. some other combination of changes の other は，「進化圧ではない」という意味で用いられている。／ L.07. say = 例えば ／ L.09. because 節の SV は 11 行目の the question is reduced。without a proposal for の後に what those factors might be と how language ... neural complexity という二つの間接疑問が続いて，修飾部分が長くなっている。

Translation 34 　言語はどこから生まれたのか（2）

　　言語能力が「進化の過程で」生まれたと言うのと，人間の言語が「進化のメカニズムにより」生まれたと言うのは，まったく同じではない。それどころか，この問題に関しては，二つの相反する見方がある。チョムスキーと結びつけられるようになっているある学派は，言語は非常に特異であり，動物界の他のものとまったくつながりがないため，進化圧を通して徐々に発生したはずがない，と主張する。そうではなくて，例えば脳の大きさや複雑さといった変化が別の形で組み合わされて，突然，非連続的に，偶然の副産物として生み出されたに違いない，と言うのである。この立場は賛同者が少ない。なぜなら，それらの要因が一体どのようなものであり得るのか，またどのようにして神経の総合的複雑性のようなものの結果として言語が生まれ得るのかという疑問に対する提案がないため，この疑問はまったくのミステリーになってしまっているからである。

　　あいにくなことではあるが，それはひょっとしたら正しい答えなのかもしれない。チョムスキーは，我々が世界について発することのある疑問には「問題」と「ミステリー」があるが，この二つには違いがある，と折にふれて示唆している。問題とは，我々が問うことができ，そしてその答えを得ることができるかもしれない証拠を我々が探し求めることができるような疑問である。ミステリーは，我々が申し分なくうまく定式化することはできるが，それに対する答えがまったくない可能性もあるような疑問である。つまり，そのミステリーに関係する証拠があり得ないか，あるいは我々自身の認識の限界のためにその答え――「生命，宇宙，すべて」に対する答えとしてダグラス・アダムズが提示した「42」のようなもの――が理解できないかのどちらかである。（続く）

L.12. Chomsky has suggested ... は SVO の文。S=Chomsky，V=has suggested，O=that within ... and *mysteries*。O の that 節の最初にある within ... the world は修飾部分で，we might ask about the world は questions を先行詞とする関係代名詞節。／ L.15. for which 以下は，その前の that we can ask と同様に，questions を先行詞とする関係代名詞節。／ L.17. to which 以下は，その前の that we can formulate perfectly well と同様に，questions を先行詞とする関係代名詞節。／ L.17. either A or B = A か B のどちらか。ここでは A が no possible evidence exists that could bear on the mystery，B が our own cognitive limitations 以下文末まで。前半にある that could bear on the mystery は主語 evidence を先行詞とする関係代名詞節で，長いために動詞 exists の後ろに置かれている。bear on ～ = ～に関係がある／ L.19. make sense of ～ = ～を理解する／ L.19. Douglas Adams = ダグラス・アダムズ（1952-2001。イギリスの脚本家・SF 作家。彼の SF 小説『銀河ヒッチハイク・ガイド』で「生命，宇宙，そして万物についての究極の答え」を問われたスーパーコンピュータが 750 万年の計算の末に出した答えが「42」という数字。）

Passage 35: Where did language come from?（３）

　The alternative, associated with Steven Pinker, Ray Jackendoff, and others, is to say that language *must* have arisen through the normal mechanisms of Darwinian evolution —— or at least that that is the only possible scientific approach. Within the last decade or so, this area of interest has become increasingly popular. Some of the writing is not particularly serious, because it is not informed by much knowledge of what the human language faculty really is like; but with linguists participating more and more in the discussion, the level of **sophistication** has risen significantly.

　If we take the origin of language to be a matter subject to scientific investigation, we can probably assume that it corresponds to a unique set of events, rather than a number of **parallel** but independent inventions. Otherwise we would probably find at least some trace of differences among languages today that reflected that independence. Learned song arose independently in parrots, hummingbirds, and oscine songbirds to fulfill similar functions, but the song systems differ in their structure and underlying neurobiology. Eyes arose independently in **mammals**, insects, and the **octopus** because it is advantageous to be able to extract information from the visual environment, but the three solutions are very different in their basic structure. Similarly, the advantage of being able to communicate in a flexible and open-ended way might create pressure to develop language in creatures with a generally high level of cognitive complexity, but we have no evidence that more than one kind of language exists. On the contrary, the same principles of Universal Grammar seem to obtain in all human languages. (*The end*)

語句と構文

L01. associated with ... and others は過去分詞で始まる分詞構文で，主語 The alternative を補足説明している。この The alternative は，Passage 34 の３行目に出てくる two divergent views のうちの一方を意味している。／ **L01.** Ray Jackendoff = レイ・ジャッケンドフ（1945-。米国の言語学者。）／ **L07.** with linguists participating more and more in the discussion は，付帯状況を表す with ~ ...ing の形。／ **L09.** take ~ to be ... = ~を…であると思う／ **L09.** subject to ~ = ~に服している，~の対象となり得る／ **L11.** Otherwise = If it (=the origin of language) didn't correspond to a unique set of events ／ **L14.** hummingbird = ハチドリ／ **L14.** oscine songbird = スズメ類の鳴鳥／ **L17.** the three solutions とは，哺乳類と昆虫とタコが周囲の環境から情報を取り入れるために目という器官を独立別個に発達させたそれぞれの解決方法のこと。

Translation 35 言語はどこから生まれたのか（3）

　もう一つの見方は，スティーヴン・ピンカーやレイ・ジャッケンドフらが関わるものだが，言語はダーウィン進化論の通常のメカニズムから生まれた「はずだ」，少なくともそれが唯一の可能な科学的アプローチだ，というものである。ここ10年ほど，この分野に対する関心はますます高まっているが，関連する著作の中には，人間の言語能力が実際にはどのようなものなのかについての知識があまりないために，それほど真面目とは言えないものもある。ただ，言語学者が次々とこの議論に参加するようになるにつれて，内容についての知的［←精巧さの］レベルは著しく向上している。

　もし言語の起源が科学調査の対象となり得る問題と考えるなら，その起源はおそらく，似たような，独立したいくつかの発明に関連しているというより，1回きりのある一組の出来事に関連していると仮定することができるだろう。そうでなければ，我々は今日の諸言語に，少なくともその独立性を反映した何らかの違いの痕跡を発見するはずである。歌の学習は，オウムやハチドリ，スズメなどの鳴鳥類にあっては，それぞれ別個に起こり，似たような役割を果たしてはいるが，歌のシステムは，その構造においても，また基礎的な神経生物学においても，異なっているのだ。目も，哺乳類，昆虫，タコにあっては別個に発生したが，それは視覚環境から情報を抽出できることが有利だからである。しかし，これら三つの解決方法は基本構造において非常に異なる。これと同じように，弾力的にそして状況に応じ将来的に変更可能なやり方でコミュニケーションをとれることは有利なことなので，この有利さが全般的に高度な認知的複雑性を持つ諸生物において言語を発達させる圧力となってもよさそうだが，我々は2種類以上の言語が存在する証拠を持ち合わせていない。反対に，普遍文法の同じ原則がすべての人間の言語に通用しているようなのである。（完）

4　言語学・文化人類学・文学

L.18. Similarly, the advantage ... は SVOの文。S=the advantage of ... open-ended way，V=might create，O=pressure to develop ... complexity。to develop ... complexity は pressure の具体的内容を表している。／**L.19.** open-ended = 解放式の，状況に応じて将来的に変更可能な　／**L.21.** one kind of language とは，人間が使う言語は1種類しかないということ。これについては，日本語，英語，仏語など多様な言語があるではないかと思われるかもしれないが，この文章の筆者やチョムスキーは表層レベルではともかく，深層レベルでは文の構造は各国語に共通の普遍的な要素がある，だから鳥の鳴き声とは根本的に異なる，と言っているのである。もし日本語，英語，仏語などが進化上それぞれ独立別個に発達してきたなら，鳥の鳴き声のシステムが異なるように，各言語の文法構造も異なってしかるべきだが，実際は基本的に同じになっている。だから，人間の言語は1回で起こったはずだとチョムスキーは主張するのである。　／**L.22.** obtain =（制度・風習などが）行われている，存在する，通用する

Phrases 36 梅毒はコロンブスがアメリカから持ち帰ったのか（1）

No.	Phrase	発音	訳	品詞・意味
0707	a wormlike **bacterium**	[bæktíəriəm]	虫のような**バクテリア**	名 バクテリア（複数形は bacteria）
0708	an infectious **virus**	[váiərəs]	伝染性**ウィルス**	名 ウィルス
0709	a **ruinous** effect	[rúːinəs]	**壊滅的な**影響	形 壊滅的な；荒廃した
0710	a **lethal** infection	[líːθl]	**致死的な**感染症	形 死の；致死的な；破壊的な
0711	a justifiable **payback**	[péibæk]	正当な**仕返し**	名 仕返し；見返り
0712	a **candidate** for fame	[kǽndidèit, -dət]	有名に**なりそうな人**	名 （〜に）なりそうなもの；候補者
0713	**nominate** candidates	[námənèit]	候補者**の名を挙げる**	他 〜を指名〔任命，推薦〕する
0714	catch **syphilis**	[sífəlis]	**梅毒**をうつされる	名 梅毒
0715	move in a **spiral**	[spáiərəl]	**らせん状**に動く	名 らせん（状） 自 らせん状に進む
0716	a **subspecies** of a gull	[sʌ́bspìːʃiːz]	カモメの**亜種**	名 亜種
0717	a **brace** of ducks	[bréis]	**つがい**のアヒル （▷多）	名 一対 他 〜を支柱で補強する
0718	a skin **lesion**	[líːʒn]	皮膚の**損傷**	名 傷，損傷；障害；病変
0719	**afflict** a patient	[əflíkt]	患者**を苦しめる**	他 〜を苦しめる，悩ませる
0720	a slight **abrasion**	[əbréiʒn]	軽い**擦り傷**	名 擦り傷；摩耗

0721	a fiery **sore** [sɔ́ːr]	赤い**ただれ** 名 痛いところ 形 痛い；悲しい
0722	**genital** rashes [dʒénitl]	**生殖器**の発疹 形 生殖の；生殖器の
0723	spread an **epidemic** [èpidémik]	**伝染病**を広げる 名（病気の）流行 形 流行している
0724	Social unrest will **erupt**. [irʌ́pt]	社会的動揺が**突発する**だろう。 自 突発する；噴出する
0725	a vagabond **mercenary** [mə́ːrsənèri]	浮浪者の**傭兵** 名 傭兵 形 欲得ずくの，金で動く
0726	a narrow **alley** [ǽli]	狭い**裏通り** 名 小道；路地，裏通り
0727	a standing **military** [mílitèəri]	常備の**軍隊** 名 軍隊；（集合的に）軍人 形 軍の

派生語

0728	**lethality**	名 致死率；致死性（← lethal）
0729	**affliction**	名 苦痛，苦悩，難儀（← afflict）
0730	**eruption**	名 爆発；発生；噴火（← erupt）

多義語

brace 名 保護帯；（複数形で）歯列矯正器（→一対；～を支柱で補強する）

She had to wear a brace on her knee after the accident.
(彼女は事故の後ひざに保護帯をしなければならなかった)

My lips are swollen because of my braces.
(私の唇は歯列矯正器のために腫れている)

Passage 36　Did Columbus bring syphilis from America?（1）　2-01

　　No one doubts today that European **bacteria** and **viruses** had a **ruinous** effect on the Americas. So, too, did African diseases like malaria and yellow fever when *they* arrived. The question inevitably arises as to whether there were any correspondingly **lethal** infections from the Americas, **payback** to the conquistadors. One **candidate** was long ago **nominated**: syphilis.

　　Syphilis is caused by *Treponema pallidum*, a wormlike bacterium that writhes in corkscrew **spirals** on microscope slides. The disease occurs in four different forms, and syphilis researchers disagree about whether the various forms are caused by different **subspecies** of *Treponema pallidum* or whether *Treponema pallidum* is not actually a single species but a **brace** of slightly different species, each responsible for a different set of symptoms. One form of infection is bejel, which creates small, coldsore-like **lesions** inside and around the mouth; it mainly **afflicts** the Middle East. The second, yaws, found in tropical places worldwide, infects cuts and **abrasions** and causes long-lasting **sores**. Neither disease spreads to bone or nerves, and they rarely kill their victims. Syphilis, the third form, is another matter. Passed on mainly by sexual contact, it inflicts **genital** rashes and sores before it apparently disappears, relieving sufferers but silently —— and often fatally —— infecting their hearts, bones, and brains. (The fourth form, which exists mainly in Mesoamerica, is pinta, a mild skin infection.)

　　The first recorded European **epidemic** of syphilis **erupted** in late 1494 or early 1495. In the former year, Charles VIII of France led fifty thousand vagabond **mercenaries** from every **alley** of Europe to attack Naples, which he desired to rule. (He used mercenaries because even at the dawn of the sixteenth century most European states did not have the resources to support a standing **military**.) (*continued*)

語句と構文

L02. So, too, did African diseases like malaria and yellow fever = African diseases like malaria and yellow fever had a ruinous effect on the Americas, too ／ L04. payback to the conquistadors は any correspondingly lethal infections from the Americas と同格。conquistador = 征服者 ／ L06. *Treponema pallidum* = トレポネーマ・パリダム，梅毒トレポネーマ ／ L08. disagree about の後は二つの whether 節が or で結ばれている。二つ目の whether 節では補語が not A but B の形になっている。最後の each responsible for a different set of symptoms は独立分詞構文。each (slightly different species being) responsible for ... とカッコ内の語句を補って考える。

Translation 36 梅毒はコロンブスがアメリカから持ち帰ったのか（1）

　今日では，ヨーロッパからもたらされたバクテリアやウィルスがアメリカ大陸に壊滅的な打撃をもたらしたことを疑う者はいない。マラリアや黄熱病のようなアフリカ起源の病気がアメリカ大陸にもたらされた時にも，同じことが起こった。当然のことながら，次のような疑問が生じてくる——征服者に対する仕返しとしてアメリカ大陸からもたらされた，同じ程度に致死的な伝染病というものはあったのかどうか。その候補としてかなり以前から挙げられているものが，梅毒である。

　梅毒は，梅毒トレポネーマによって発病する。これは，顕微鏡で見ると，スライド上でらせん状にくねくねと動く，ミミズのようなバクテリアだ。この病気には四つの発症形態がある。発症形態が異なるのは，梅毒トレポネーマにいくつもの亜種があるためなのか，あるいは，梅毒トレポネーマは実は単一の種ではなくわずかに異なる種の一組で，それぞれの種が異なった一連の症状を引き起こすためなのか，梅毒研究者たちの意見は一致していない。感染形態の一つはベジェルと呼ばれる病気で，小さな単純ヘルペスのような病変が口の中や周りに現れる。これは中東での発症が多い［←主に中東を苦しめている］。二つ目は世界各地の熱帯地域で見られるイチゴ腫で，切り傷や擦り傷から感染し，ただれがなかなか治らない。どちらの病気も骨や神経に及ぶことはなく，また，患者が死亡することはまれである。三つ目の形態の梅毒は話が別である。主に性的接触により感染し，生殖器（はっしん）に発疹とただれが現れ，患者を苦しめる。次にそれが外見上消えて患者は安心するが，密かに心臓，骨，脳を侵し，多くの場合患者は死に至る。（四つ目の形態の梅毒は主にメソアメリカで見られるピンタで，軽い皮膚の伝染病である。）

　記録に残っているヨーロッパでの最初の梅毒の流行は，1494年の後半か1495年の前半に突発した。その前年（1493年もしくは1494年），フランスのシャルル8世はヨーロッパ中の路地からかき集めた5万人の流れ者を傭兵（ようへい）として率い，支配したいと思っていたナポリを攻撃した。（シャルル8世が傭兵を使ったのは，16世紀が幕を開けようとしていたこの時期でさえ，大半のヨーロッパの国々は常備軍を維持する財力を持っていなかったからである。）（続く）

L13. The second (form of infection) に対応する述語動詞は，infects と causes。The second の後の yaws と found in tropical places worldwide（過去分詞で始まる分詞構文）はどちらも The second を説明している。／ L16. Passed on mainly by sexual contact は過去分詞で始まる分詞構文で，17行目の relieving 以下は現在分詞で始まる分詞構文。分詞構文と接続詞を織り交ぜて，Passed on → inflicts → disappears → relieving → infecting と，梅毒感染の流れをそのまま前から後ろへ示している。

Phrases 37 梅毒はコロンブスがアメリカから持ち帰ったのか（2）

0731	**conquer** a country [káŋkər]	国を**征服する** 他 ~を征服する；~を克服する
0732	an Italian **statelet** [stéitlit]	イタリアの**小国家** 名 小国家
0733	a **contingent** of marines [kəntíndʒənt]	海兵隊員の**分遣隊** 名 分遣隊；代表団　形 偶発的な
0734	**flee** before the enemy [flíː]	敵を前にして**逃げる** 自 逃げる；消失する　他 ~から逃げる
0735	sack and **pillage** [pílidʒ]	略奪と**強奪** 名 強奪；略奪品　自他 (~を) 分捕る
0736	wanton **slaughter** [slɔ́ːtər]	見境のない**虐殺** 名 虐殺；屠殺（とさつ）　他 ~を虐殺する
0737	improve the **bloodstream** [blʌ́dstrìːm]	**血流**をよくする 名 血流
0738	**retreat** unwillingly [ritríːt]	不本意ながら**退却する** 自 退却する；引っ込む　名 退却
0739	**via** London [váiə, víːə]	ロンドン**経由で** 前 ~経由で；~の媒介で
0740	gradually **disintegrate** [disíntəgrèit]	徐々に**崩壊する** 自 崩壊する　他 ~を崩壊させる
0741	a **venereal** patient [vəníəriəl]	**性病**患者 形 性病の；性欲の
0742	an **affirmative** answer [əfə́ːrmətiv]	**肯定的**答え 形 肯定的な；断定的な　名 肯定
0743	a **pro** vote [próu]	**賛成**票 形 賛成の　名 賛成（論）
0744	a high rate of **fatality** [feitǽləti, fə-]	高い**致死**率　(▷多) 名 死；不幸；惨事；運命

0745	a **transmissible** disease [trænsmísəbl]	**伝染する**病気 形 伝えることのできる
0746	The gale will **moderate**. 動[mádərèit] 形[mádərit]	突風は**治まる**だろう。 自 穏やかになる　形 穏やかな
0747	a **strain** of microorganism [stréin]	微生物の**菌株**　　　（▷多） 名 菌株；気質；血統
0748	a virus **host** [hóust]	ウィルスの**宿主** 名 宿主；主人（役）；司会者
0749	**virulent** bacteria [vírulənt]	**悪性の**バクテリア 形 悪性の；有毒の；悪意に満ちた

派生語

0750	**disintegration**	名 分解；崩壊（← disintegrate）
0751	**affirmation**	名 肯定；断言（← affirmative）
0752	**fatal**	形 致命的な，致死の（← fatality）
0753	**transmit**	他 〜を伝送する；（病気など）を媒介する（← transmissible）
0754	**moderation**	名 適度，中庸；緩和，軽減（← moderate）
0755	**virulence**	名 有毒；悪性；憎悪（← virulent）

多義語

☐ **fatality**　名（複数形で）（事故などの）**死亡者（数）**（➡死；不幸；惨事；運命）

With the increased use of seat belts the number of fatalities from road accidents dropped.
（シートベルトの使用が増えたことで，交通事故の死亡者数が減った）

☐ **strain**　名 **緊張；過労；重い負担**（➡菌株；気質；血統）

She's been under terrible strain since her husband became ill.
（彼女は夫が病気になってから非常な緊張下にある）

Passage 37 Did Columbus bring syphilis from America?（2） ⦿2-02

Charles **conquered** the city only to learn after he had occupied it for a few months that the various Italian **statelets** were massing against him, aided by a big **contingent** of Spanish troops. Struck with fear, the king ignominiously **fled** with his men in the spring of 1495. Both entry and exit were accompanied by sack, **pillage**, wanton **slaughter**, and mass rape. Somewhere along the way *Treponema pallidum* wriggled into the **bloodstream** of Charles's **retreating** mercenaries. The most widely suggested source is their Spanish attackers, with transmission occurring **via** the women violated by both sides. Whatever the case, Charles's army **disintegrated** as it fled, shedding companies of **venereal** soldiers along the way. A more effective means for spreading syphilis over a large area is hard to imagine. Within a year cities throughout Europe were banishing people afflicted with the disease.

Did Columbus bring the disease from the Americas, as the timing of the first epidemic suggests? There are three main arguments to support an **affirmative** answer to this question and an equal number against it. The first on the **pro** side is the sheer deadliness of the disease —— early records indicate that syphilis then was even more ghastly than it is now. Green, acorn-size boils filled with stinking liquid bubbled everywhere on the body. Victims' pain, one sixteenth-century observer noted, "were as thoughe they hadde lyen in fire." The **fatality** rate was high. Such deadliness fits in with the notion that *Treponema pallidum* was new to Europe. Orthodox Darwinian theory predicts that over time the effect of most **transmissible** diseases should **moderate** —— the most lethal **strains** kill their **hosts** so fast they cannot be passed on to other hosts. Thus syphilis, then wildly **virulent** and lethal, acted like a new disease.

(*continued*)

語句と構文

L01. only to learn は結果の不定詞。learn の目的語は 2 行目の that 以下。この that 節の最後の aided by a big contingent of Spanish troops は，過去分詞で始まる分詞構文。mass = 一団になる ／ **L03.** Struck with fear は過去分詞で始まる分詞構文。 ／ **L07.** with transmission occurring ... は付帯状況を表す with 〜 ...ing の形。 ／ **L08.** whatever the case (may be) = いずれにせよ ／ **L09.** shedding companies of venereal soldiers along the way は，Charles's army disintegrated の具体的内容を表した分詞構文。

Translation 37 梅毒はコロンブスがアメリカから持ち帰ったのか（2）

　シャルルはナポリを征服し，数カ月間占領したものの，すぐに，スペイン軍の大軍［←分遣隊］の支援を受けたイタリアの小国家群が彼に対抗して集結し始めたことを知るはめになった。恐怖におののいたシャルルは，1495年の春，不名誉にも家臣と共に逃亡した。シャルルがやって来た時も出て行く時も，略奪，強奪，勝手放題な虐殺，そして女性に対する集団暴行が行われた。このさなかのどこかで，退却していくシャルルの傭兵たちの血流に梅毒トレポネーマが身をくねらせながら入り込んだのである。最も広く疑われている感染源は，この時のスペイン軍の兵士たちで，彼らに両軍から暴行された女性を介して梅毒トレポネーマが広がったのではないか，という説だ。いずれにしても，シャルルの軍隊は逃走中にばらばらになり，性病に感染した兵士たちを道々でまき散らしていった。広い地域に梅毒を広めるのにこれ以上効果的な方法は想像しがたい。1年もしないうちに，ヨーロッパ中の都市が梅毒に感染した人々を追放し始めた。

　最初に梅毒の流行が起きた時期がそれとなくほのめかしているが，コロンブスがアメリカ大陸からこの病気を持ち帰ったのだろうか。この疑問に対しては，肯定的な答えを支持する主要な論拠が三つあるが，同じ数だけの反対意見もある。賛成論の一つ目の論拠は，この病気がまさに致死的であるという点だ。初期の記録によれば，当時の梅毒は現在よりもはるかに恐ろしいものだったということがうかがえる。緑色のはれものが体中に吹き出したが，それはドングリ位の大きさで，悪臭のする液体が詰まっていた。16世紀のある観察者の記録によれば，感染者の苦しみは「まるで炎の中に身を横たえているようであった」という。致死率は高かった。このような致死率の高さは，梅毒トレポネーマがヨーロッパの経験したことのないものだったという説に合致する。正統派ダーウィン理論によれば，大半の伝染病は時間とともにその影響力が弱まっていくと予測されている。致死率の非常に高い菌株は，宿主（しゅくしゅ）をあっという間に死なせてしまうので，別の宿主に移ることができないからだ。ゆえに，当時非常に悪性で致死性の高かった梅毒は，新しい病気のように猛威を振るったというわけだ。（続く）

4　言語学・文化人類学・文学

L15. and (there are) an equal number (of arguments) against it　カッコ内の語句が省略されている。　／　L18. Victims' pain ... were as thoughe they hadde lyen in fire = Victims' pain ... was as though they had lain in fire。one sixteenth-century observer noted は挿入節。　／　L20. fit in with ～ = ～と一致する　／　L23. the most lethal strains kill their hosts so fast (that) they cannot ...　カッコ内の語が省略されている。

Phrases 38/39 梅毒はコロンブスがアメリカから持ち帰ったのか (3) (4)

0756	a **prominent** scholar [prámənənt]	**高名な**学者 形 高名な；顕著な；突出した
0757	a damaging **parasite** [pǽrəsàit]	有害な**寄生虫** 名 寄生虫；いそうろう
0758	give **testimony** in court [téstəmòuni]	法廷で**証言**する (▷多) 名 証言；言明；証明
0759	**nail down** ~ [néil dáun]	**~をはっきりさせる** 動句 ~を明確にする；~を釘で留める
0760	a **mutated** gene [mjúːteitid]	**突然変異**遺伝子 形 突然変異を起こした
0761	the Colorado **plateau** [plætóu]	コロラドの**高原** 名 高原, 台地
0762	a renowned **archaeologist** [ὰːrkiálədʒist]	著名な**考古学者** 名 考古学者
0763	an **exemplar** of success [igzémplɑːr]	成功の**見本** 名 手本, 典型例
0764	**undermine** a theory [ʌ̀ndərmáin]	理論**を覆す** 他 ~の下を掘る；~を害する
0765	The ghost'll **manifest itself**. [mǽnəfest itsèlf]	幽霊が**現れる**だろう。 (▷多) 動句 現れる；表れる
0766	**Hansen's disease** [hǽnsnz dizìːz]	**ハンセン病** 名 ハンセン病
0767	a hospital for **leprosy** [léprəsi]	**癩病**専門の病院 名 癩病, ハンセン病
0768	a column of **mercury** [mə́ːrkjəri]	**水銀**柱 名 水銀；水銀柱
0769	**abolish** slavery [əbáliʃ]	奴隷制**を廃止する** 他 ~を廃止する；~を廃絶する

0770	**humanitarian** aid	人道的援助
	[hjuːmænitéəriən]	形 人道的な；博愛の　名 人道主義者
0771	**unleash** a hound	猟犬**を放つ**
	[ʌnlíːʃ]	他 ～を解き放つ
0772	an axis of **symmetry**	対称軸
	[símətri]	名（左右）対称；釣り合い，調和
0773	**follow suit**	先例に従う
	[fálou súːt]	動 先例に従う
0774	**redress** an evil	弊害**を矯正する**
	[ridrés]	他 ～を矯正する；～の原因を除く
0775	eliminate **smallpox**	**天然痘**を根絶する
	[smɔ́ːlpɑ̀ks]	名 天然痘
0776	a new **millennium**	新しい**千年紀**
	[miléniəm]	名 千年間；千年紀（複数形は millennia）

派生語

0777	mutate	自 突然変異を起こす（← mutated）
0778	mutation	名 突然変異（← mutated）
0779	manifestation	名 現れ；顕示，表明（← manifest）
0780	abolishment	名 廃止（← abolish）
0781	humanitarianism	名 人道主義，博愛主義；博愛（← humanitarian）
0782	symmetrical	形 対称的な；釣り合いの取れた（← symmetry）

多義語

□ **testimony** 名 証拠, しるし（→証言；言明；証明）

Your success is a testimony of all your hard work.
（あなたの成功は今までのあなたの勤勉を物語るものです）

□ **manifest** 他 ～を表現する，外に表す　形 明らかな

The workers chose to manifest their dissatisfaction in a series of strikes.
（労働者たちは一連のストライキで不満を表すことを選んだ）

4 言語学・文化人類学・文学

Passage 38 Did Columbus bring syphilis from America? (3)

A second argument is that Europeans at the time believed that the disease had "its origin and its birth from always in the island which is now named Española [Hispaniola]," as the **prominent** Spanish doctor Ruy Díaz de Isla put it in 1539. Díaz claimed that he had observed and tried to treat syphilis in the crew from Columbus's first voyage, including, it seems, the captain of the *Pinta*. Apparently the man picked up the **parasite** in Hispaniola, brought it back to Europe, and died within months —— but not before passing it on to some luckless bedmate. Díaz de Isla's **testimony** was backed by the pro-Indian cleric Bartolomé de Las Casas, who was in Seville when Columbus returned.

Syphilis seems to have existed in the Americas before 1492 —— the third argument. In the mid-1990s Bruce and Christine Rothschild, researchers at the Arthritis Center of Northeast Ohio, in Youngstown, inspected 687 ancient Indian skeletons from the United States and Ecuador for signs of syphilitic disease. Up to 40 percent of the skeletons from some areas showed its presence. To **nail down** the chain of transmission, they subsequently discovered —— working in concert with researchers from the Dominican Republic and Italy —— that syphilis was equally common in Hispaniola when Columbus arrived. Indeed, the disease seemed to date back about two thousand years —— it may have originated as a **mutated** form of yaws on the Colorado **plateau**.

The three main counterarguments against the America-as-origin theory are, first, that *Treponema pallidum* may have existed in Europe before Columbus. **Archaeologists** have turned up a few medieval skeletons, most of them in Britain, carrying what look like the marks of syphilis. Although pre-1492 syphilitic skeletons exist in the Americas, even a few European **exemplars** would **undermine** the Columbus-as-Typhoid-Mary case. Indeed, some medical researchers propose that syphilis has always existed worldwide, but **manifested itself** differently in different places. (*continued*)

語句と構文

L03. Hispaniola = ヒスパニオラ（西インド諸島の島で，西側がハイチ共和国，東側がドミニカ共和国）／ L03. Ruy Díaz de Isla = ルイ・ディアス・デ・イスラ（1462-1542。梅毒研究の草分け。）／ L05. the *Pinta* = ピンタ号（コロンブスがアメリカ発見の航海に用いた三隻の帆船のうちの一隻）／ L08. pro-Indian = アメリカ先住民びいきの cleric = 聖職者／ L09. Bartolomé de Las Casas = バルトロメ・デ・ラス・カサス（1474-1566。スペインの宣教師・歴史家。アメリカ先住民の奴隷化に反対した。）／ L09. Seville = セビリア（スペイン南西部の河港都市）／ L12. arthritis = 関節炎／ L13. Ecuador = エクアドル（南米北西部の共和国）

Translation 38 梅毒はコロンブスがアメリカから持ち帰ったのか（3）

　賛成論の二つ目の論拠は，著名なスペイン人の医師ルイ・ディアス・デ・イスラが1539年に書き留めているように，この病気は「間違いなくエスパニョラ〔ヒスパニオラ〕と現在呼ばれている島で生まれ，そこから伝わってきた」と当時のヨーロッパ人が信じていたことにある。ディアスは，コロンブスの最初の航海から帰還した乗組員の梅毒に気づき，治療を試みた，と主張する。この中にはピンタ号の船長もいたようである。どうやらこの船長はヒスパニオラで寄生虫をもらい，それをヨーロッパに持ち帰り，数カ月もたたずに死んだが，それは不幸にも，ベッドの相手に病気を移した後だったらしい。ディアス・デ・イスラの証言は，コロンブスが帰国した当時セビリアにいたアメリカ先住民擁護派の聖職者バルトロメ・デ・ラス・カサスが裏付けている。

　梅毒は1492年以前からアメリカ大陸に存在していたと思われる。これが賛成論の三つ目の論拠である。1990年代中頃，ヤングズタウンにある北東オハイオ関節炎センターの研究員，ブルース・ロスチャイルドとクリスティン・ロスチャイルドは，梅毒の痕跡を求めて，合衆国とエクアドルから収集した古代のアメリカ先住民の遺骨687体について詳しく調査した。中には，最大で40%の遺骨から梅毒の存在が確認された地域もあった。感染経路を確定するために，二人はその後ドミニカ共和国とイタリアの研究者と協力して調査を行い，コロンブスが到達した当時，ヒスパニオラにおいても同様に梅毒は一般的な病気だったことを発見した。実際，この病気の起源はおよそ2千年前にまでさかのぼるようで，コロラド高原のイチゴ腫の突然変異種がそのもととなったのかもしれない。

　これらアメリカ起源説に対する主要な三つの反論は次のようなものである。一つ目は，梅毒トレポネーマは，コロンブス以前からヨーロッパに存在していた可能性があるというものである。考古学者が，主にイギリス国内で中世の遺骨数体を発掘したが，それらに梅毒の痕跡のようなものが見つかったのである。梅毒の痕跡を持った1492年以前の遺骨はアメリカ大陸でも確認されているが，わずか数体でもヨーロッパにそのサンプルがあれば，「病気の伝播者であるコロンブス」論は覆されるだろう。実際，梅毒は昔からいつも世界中に存在していて，形を変え場所を変えて現れるにすぎない，と唱える医学研究者もいる。（続く）

L16. in concert with 〜 = 〜と協力して ／ L19. yaws = イチゴ腫（熱帯伝染病） ／ L19. the Colorado plateau = コロラド高原（米国アリゾナ，ユタ，コロラド，ニューメキシコ各州にまたがる高原）／ L22. most of them (being) in Britain はその前の a few medieval skeletons について補足説明している独立分詞構文で，その後の carrying ... syphilis も skeletons にかかる。 ／ L25. Typhoid Mary = チフスのメリー，病気の伝播者（腸チフス菌の保有者でありながら菌をまき散らしたニューヨークの料理人 Mary Mallon から）

Passage 39 Did Columbus bring syphilis from America? (4) 2-04

Second, the 1495 outbreak may not have been the introduction of a new disease but the recognition of an old one, which until then had been confused with **Hansen's disease** (or, as it was known, **leprosy**). Descriptions of syphilis during and after the 1494-95 epidemic and Hansen's before it are surprisingly similar; both were "treated" with **mercury**. In 1490 the pope **abolished** all of the leprosaria in Europe, allowing hordes of sick people to return home. Could that **humanitarian** gesture also have **unleashed** a storm of syphilis? At least some researchers think it likely.

The third counterargument is psychological. In part, as Alfred Crosby admitted, he initially devoted attention to the possible American origin of syphilis "because I was uneasy about so many diseases crossing west over the Atlantic and none going east." He thought there must be some sort of "epidemiological-geographical **symmetry**." Other historians **followed suit**. Later Crosby realized that examining the evidence in the hope of **redressing** the infectious balance was a mistake. "They want pox in Europe to balance the scales for **smallpox** in Mexico," Vine Deloria Jr. told me. "They're all hoping to find there's a real Montezuma's Revenge."

Yet even if syphilis *did* originate in the New World, the scales would not be balanced. Syphilis is fascinating, "like all things venereal," Crosby wrote in 2003, "but it was not a history-maker" like smallpox. *Treponema pallidum*, awful as it was and is, did not help topple empires or push whole peoples to extinction. "There was little symmetry in the exchange of diseases between the Old and the New Worlds," Crosby said, "and there are few factors as influential in the history of the last half **millennium** as that." (*The end*)

語句と構文

L03. Descriptions of syphilis during and after the 1494-95 epidemic and (descriptions of) Hansen's (disease) before it (=the 1494-95 epidemic) are surprisingly similar カッコ内の語句を補って考える。are の前までがすべて主部。／ L06. leprosaria = 癩病療養所 ／ L06. hordes of 〜 = 大勢の〜，多数の〜 ／ L09. Alfred Crosby = アルフレッド・クロスビー（1931-。米国の歴史学者。）／ L11. crossing と going は共に11行目の about の目的語となる動名詞で，so many diseases と none (of the diseases) がそれぞれの意味上の主語。

Translation 39 梅毒はコロンブスがアメリカから持ち帰ったのか（4）

　反論の二つ目は，1495年の大流行は新しい病気の移入ではなく，以前から存在していた病気——それまでハンセン病（かつては癩病として知られていたもの）と混同されていた病気——が正しく認識されたということではなかったか，というものだ。1494年から1495年にかけての大流行の期間中およびその後における梅毒についての記述と，それ以前のハンセン病についての記述は驚くほど似通っており，共に水銀を用いて「治療」が行われている。1490年には，教皇がヨーロッパ中のすべての癩病療養所を廃止し，大勢の病人の帰郷を認めた。この人道的な振る舞いが，梅毒の大嵐を招いた［←解き放った］とは言えないだろうか。少なくとも一部の研究者は，それはあり得ることだと考えている。

　反対論の三つ目は，心理的側面からのものである。アルフレッド・クロスビーが認めているように，彼は初めのうちは，「これほど多くの病気が大西洋を西へと渡ったのに対し，東に来たものがまったくないことに居心地の悪さを感じていたので」梅毒アメリカ起源の可能性にいくぶん力を入れてしまったということである。彼は，疫学上の地理的対称性のようなものがあるはずだ，と考えた。他の歴史学者たちもそれにならった。後になって，伝染病の釣り合いをとる［←矯正する］ことを期待しながら証拠を分析するのは誤りだとクロスビーは気がついた。「メキシコでの天然痘の広がり方と釣り合いをとるために，ヨーロッパに梅毒が欲しいのだ」とヴァイン・デロリアJr.は語っている。「みんな，モンテスマの復讐というものが本当にあるのだということを見つけたがっているのだ。」

　しかし，たとえ梅毒が実際に新世界に起源を持つとしても，被害規模が釣り合うということはないだろう。2003年の著書の中で，クロスビーは次のように書いている。「他のすべての性病に関する事柄と同様に」梅毒は非常に興味をそそるものだ。しかし天然痘と違って，「梅毒は歴史を変えることはなかった」。梅毒トレポネーマは昔も今も恐ろしいが，帝国を崩壊させることはなかったし，民族を絶滅させることもなかった。「病気の応酬において，旧世界と新世界との間に対称性というものはほとんど存在しなかったが，過去500年［←千年間の半分］の歴史においてこれほど影響の大きかった要因はほとんどない」とクロスビーは述べている。（完）

L13. epidemiological = 疫学的な　/　L15. balance the scales = はかりのバランスをとる　/　L16. Vine Deloria Jr. = ヴァイン・デロリアJr（1933-2005。米国のネイティブ・アメリカンで歴史家。）／L17. Montezuma = モンテスマ（1466-1520。アステカ帝国最後の皇帝で，スペインの探検家コルテスに滅ぼされた。）／L20. awful as it was and is = although it (=*Treponema pallidum*) was and is awful

Phrases 40/41 ニコラス・スパークスの『きみに読む物語』から (1)(2)

0783	**measure** their achievements [mézər]	彼らの業績**を評価する** 他 ～を測る　名 測定；判定基準
0784	create **confusion** [kənfjúːʒn]	**混乱**を生じさせる 名 混乱；困惑
0785	an **understandable** mistake [ʌ̀ndərstǽndəbl]	**もっともな**誤り 形 理解できる，もっともな
0396	write a **check** [tʃék]	**小切手**を書く（再掲） 名 小切手；勘定書；検査；抑制
0786	**suspect** the worst 動[səspékt] 名[sʌ́spekt]	最悪の事態**を疑う** 他 ～を疑う；～に気づく　名 容疑者
0787	a **steering wheel** [stíəriŋ hwíːl]	**（自動車の）ハンドル** 名（自動車の）ハンドル；操舵輪
0788	**tap** on a door [tǽp]	ドアを**軽くたたく**　(▷多) 自 軽くたたく　他 ～を軽くたたく
0789	**Alzheimer's (disease)** [ǽltshàimərz (dizíːz)]	**アルツハイマー病** 名 アルツハイマー病
0790	Stars **glow**. [glóu]	星が**光る**。 自 光る，輝く　名 白熱；輝き
0791	**spin** in circles [spín]	ぐるぐる**回る** 自 回る　他 ～を回す
0792	a **barren** disease [bǽrən]	**不毛の**病 形 不毛の；実を結ばない
0793	sob on someone's **bosom** [búzm]	人の**胸**にすがってすすり泣く 名 胸；胸中；内部
0794	a **hollow** life [hálou]	**空虚な**生活 形 くぼんだ；うつろな；実質のない
0795	a **junked** car [dʒʌ́ŋkt]	**廃棄された**車 形 廃棄された

ニコラス・スパークスの『きみに読む物語』から（1）（2）

0796	a **degenerative** disease	**退行性の**病気
☐	[didʒénərətiv]	形 退行性の；退廃した
0797	an adult **disorder**	成人**疾患** (▷多)
☐	[disɔ́ːrdər]	名 不調，障害，疾患
0798	a **brokenhearted** widow	**悲嘆に暮れた**寡婦
☐	[bróukənháːrtid]	形 悲嘆に暮れた，失意の
0799	a **scared** look	**おびえた**顔つき
☐	[skéərd]	形 おびえた，怖がった

派生語

0800	☐ confuse	他 ～を混乱させる；～を混同する（←confusion）
0801	☐ confused	形 混乱した，途方に暮れた（←confusion）
0802	☐ suspicion	名 疑い，疑念（←suspect）
0803	☐ junk	他 ～を(廃品として)捨てる 名 がらくた（←junked）
0804	☐ degenerate	自 退歩する；堕落する（←degenerative）
0805	☐ degeneration	名 退歩；堕落（←degenerative）
0806	☐ scare	他 ～をおびえさせる，怖がらせる（←scared）

多義語

☐ **tap** 他 ～を盗聴する，傍受する 名 給水栓，蛇口（➡軽くたたく；～を軽くたたく）

My phone calls to Japan were tapped.
（私の日本への電話は盗聴されていた）

I washed my hands under the kitchen tap.
（私は台所の蛇口で手を洗った）

☐ **disorder** 名 混乱；乱雑；無秩序（➡不調，障害，疾患）

The country was thrown into disorder by the strikes.
（国はストライキのために混乱に陥った）

Passage 40　From *the Notebook* by Nicholas Sparks（1）

　　Our lives can't be **measured** by our final years, of this I am sure, and I guess I should have known what lay ahead in our lives. Looking back, I suppose it seems obvious, but at first I thought her **confusion understandable** and not unique. She would forget where she placed her keys, but who has not done that? She would forget a neighbor's name, but not someone we knew well or with whom we socialized. Sometimes she would write the wrong year when she made out her **checks**, but again I dismissed it as simple mistakes that one makes when thinking of other things.

　　It was not until the more obvious events occurred that I began to **suspect** the worst. An iron in the freezer, clothes in the dishwasher, books in the oven. Other things, too. But the day I found her in the car three blocks away, crying over the **steering wheel** because she couldn't find her way home was the first day I was really frightened. And she was frightened, too, for when I **tapped** on her window, she turned to me and said, "Oh God, what's happening to me? Please help me." A knot twisted in my stomach, but I dared not think the worst.

　　Six days later the doctor met with her and began a series of tests. I did not understand them then and I do not understand them now, but I suppose it is because I am afraid to know. She spent almost an hour with Dr. Barnwell, and she went back the next day. That day was the longest day I ever spent. I looked through magazines I could not read and played games I did not think about. Finally he called us both into his office and sat us down. She held my arm confidently, but I remember clearly that my own hands were shaking.

　　"I'm so sorry to have to tell you this," Dr. Barnwell began, "but you seem to be in the early stages of **Alzheimer's**. . . ."

　　My mind went blank, and all I could think about was the light that **glowed** above our heads. The words echoed in my head: *the early stages of Alzheimer's . . .*

　　My world **spun** in circles, and I felt her grip tighten on my arm. She whispered, almost to herself: "Oh, Noah . . . Noah . . ."

　　And as the tears started to fall, the word came back to me again: . . . *Alzheimer's* . . . (*continued*)

語句と構文

L01. of this I am sure は、I am sure of this (=our lives can't be measured by our final years) が倒置された挿入節。／ L07. make out a check = 小切手を振り出す

ニコラス・スパークスの『きみに読む物語』から（1）

　人生は晩年で決まる［←評価される］ものではない。私はそう信じている。だが，その後の人生に何が待ち構えているかは知っておくべきだったかもしれない。今振り返ってみれば病気の兆候は明らかだったように思えるが，でも最初のうちは彼女の混乱は理解できることで，特別なことではないと考えていた。彼女は鍵をどこに置いたのかよく忘れたが，そんな経験がない人間などいるだろうか。近所の人の名前を忘れることもあったが，親しい人や付き合いのある人の名前は忘れなかった。時々，小切手を切る時に間違った年を書くことがあったが，それも別のことを考えている時に誰でもよくやる単純なミスと片付けていた。

　もっとはっきりした出来事がいくつか重なって初めて，私は最悪の事態を疑うようになった。冷蔵庫の中にアイロンが，食器洗い機の中に衣類が，オーブンの中に本が入っていた。他の物も場違いな所に置かれていた。だが，初めて心の底から怖いと思ったのは，家から3ブロック離れた所で，彼女が車の中で家に帰る道がわからなくなったと言って泣きながらハンドルにつっぷしている姿を目にした日であった。たぶん，彼女も怖かったのだろう。というのは，車のウインドーを私がこつこつとたたくと，彼女は振り返って，「ああ，一体私に何が起こっているの。どうか助けて」と言ったからである。私は胃がきりきりと痛くなったが，最悪のことを考える勇気はなかった。

　六日後，医者に診てもらい，検査が始まった。当時，その検査がどういうものかわからなかった。今でもわからない。きっと知るのが怖いからだろう。彼女は1時間近くバーンウェル先生の診察を受け，翌日再び先生のところに行った。その日は，私にとって，人生で一番長い日だった。雑誌に目を通しても，内容は頭に入らなかったし，ゲームをしても，頭は働かなかった。ようやく先生は私たち二人を診察室に呼び入れ，座らせた。彼女はしっかりと私の腕をつかんでいたが，私は自分の両手が震えていたのをはっきりと覚えている。

　「こんなことを言わなければならないのは大変心苦しいのですが」とバーンウェル先生は口を開いた。「あなたはアルツハイマー病の初期段階のようですね……」

　頭の中が真っ白になった。考えられるのは，私たちの頭上で光る照明のことだけだった。「アルツハイマー病の初期段階」という言葉が頭の中でこだましていた……

　世界はぐるぐる回り，彼女がいっそうきつく私の腕をつかむのが感じられた。彼女はほとんど独り言のようにつぶやいた。「ああ，ノア……ノア……」

　そして涙が流れ出してくると，またあの言葉が聞こえた。「アルツハイマー……」

（続く）

L11. But the day ... は SVC の文。S=the day，V=was，C=the first day。crying over ... home は，11行目の her の様子を説明している分詞構文。／L15. a knot twists in one's stomach = 胃が締めつけられる

Passage 41 From *the Notebook* by Nicholas Sparks（2） 2-06

It is a **barren** disease, as empty and lifeless as a desert. It is a thief of hearts and souls and memories. I did not know what to say to her as she sobbed on my **bosom**, so I simply held her and rocked her back and forth.

The doctor was grim. He was a good man, and this was hard for him. He was younger than my youngest, and I felt my age in his presence. My mind was confused, my love was shaking, and the only thing I could think was:

> No drowning man can know which drop of water his last breath did stop; ...

A wise poet's words, yet they brought me no comfort. I don't know what they meant or why I thought of them.

We rocked to and fro, and Allie, my dream, my timeless beauty, told me she was sorry. I knew there was nothing to forgive, and I whispered in her ear. "Everything will be fine," I whispered, but inside I was afraid. I was a **hollow** man with nothing to offer, empty as a **junked** stovepipe.

I remember only bits and pieces of Dr. Barnwell's continuing explanation.

"It's a **degenerative** brain **disorder** affecting memory and personality ... there is no cure or therapy.... There's no way to tell how fast it will progress ... it differs from person to person.... I wish I knew more.... Some days will be better than others.... It will grow worse with the passage of time.... I'm sorry to be the one who has to tell you...."

I'm sorry ...
　I'm sorry ...
　　I'm sorry ...

Everyone was sorry. My children were **brokenhearted**, my friends were **scared** for themselves. I don't remember leaving the doctor's office, and I don't remember driving home. My memories of that day are gone, and in this my wife and I are the same. (*The end*)

語句と構文

L07. which drop of water his last breath did stop = which drop of water did stop his last breath　この倒置は一般に見られるものではない。原詩（題名は To Cloris）の前行は No drowning man can know which drop で終わっているが，この末尾の単語 drop と脚韻（行末に同音を置いて音調を整えること）にするためにあえて did stop と stop を行末に置いたのである。なお，did

Translation 41　ニコラス・スパークスの『きみに読む物語』から（2）

　この病は**不毛の**病だ。砂漠のように空虚で，生命の息吹がまったくない。心と魂と記憶を奪う盗人。私の**胸**ですすり泣いている彼女に言う言葉が見つからなかったので，私はただ彼女を抱きしめ，ゆらゆらと体を揺すった。

　医者は硬い表情だった。彼は誠実な人だった。彼にとってもこれは辛かったのだろう。彼は私たちの末っ子より若く，私は彼の前にいると自分の年齢を意識した。私の心は混乱し，愛する妻の体は震えていた。頭に浮かんだのはただ一つ，次の詩句だった。

　　どの一滴が自分の最後の息を止めたのか，おぼれる者には知るよしもない……

賢明なる詩人の言葉だが，私には何の慰めにもならなかった。この言葉が何を意味したのか，なぜそんな言葉が浮かんだのかわからない。

　私たちの体はゆらゆらと揺れ動いていた。私の夢，私の永遠の美であるアリーは，ごめんなさい，と私に言った。謝ることは何もないことがわかっていたので，彼女の耳元でささやいた。「何もかもうまくいくさ」と。そうは言ったものの，内心はおびえていた。私は何一つ与えることのできない，**捨てられた**煙突のように**空っぽな**男だった。

　その後のバーンウェル先生の説明は断片的にしか覚えていない。

　「この病気は**退行性の**脳**障害**で，記憶と人格に影響を与えます……治療法はありません……どのくらいの速さで進行するのかもわかりません……人によって違うのです……もっと詳しいことがわかればいいのですが……状態のいい日もあれば悪い日もあります……時間の経過とともに悪くなっていく病気です……こんなことを言うのは本当に心苦しいのですが……」

　心苦しい…
　　　　心苦しい…
　　　　　　　心苦しい…

　みんなが心苦しがっていた。子供たちは**悲嘆に暮れ**，友人たちは自分がそうなったらと**案じ**た。私には病院を出た記憶も，運転して家に帰った記憶もない。その日の私の記憶は消えてなくなってしまった。その意味では，妻も私も同じだった。（完）

---

stop の did は強調の助動詞である。参考までに述べておくと，ここに引用されている詩は英国人の Charles Sedley（1639?-1701）のもの。彼は，兄の死後，准男爵（baronetcy）の地位を引き継ぎ，1660 年の王政復古以後は宮廷で才人として活躍し，チャールズ 2 世の話し相手にもなった。彼はその戯曲で有名だが，後世の人には彼の書いたいくつかの詩でよく知られている。

▶ 知ってますか？

0807　Clever Hans　名 賢いハンス

「賢いハンス」とは馬のこと。動物が人間よりも知性がないのは適切な教育を与えないからだとの持論を持っていたドイツ人のオステン（William von Osten）は，ハンスに整数，分数，小数，平方根などを含む数学や**物体認知**（object identification），ドイツ語の書き言葉や話し言葉，日付と曜日，ドイツの貨幣単位などを教えた。そして一般の人の前でその成果を示した。ハンスはオステンの質問に**ひづめ**（hoof）を打ったり頭を振ったりして答えを示したが，それは驚くほどの正解数だった。聴衆はハンスはオステンから何らかのサインを受けているはずだとの疑念を抱いたが，オステン以外の人がハンスに質問しても結果は同じだった。そこで，ベルリン心理学研究所（the Berlin Psychological Institute）のシュトゥンフ（Carl Stumpf）がハンスの能力を測定する委員会を設立した。この委員会は，サーカスの興行主，**動物学者**（zoologist），**獣医**（veterinarian），**生理学者**（physiologist），心理学者などを含む 13 人のメンバーから成る本格的なものだった。それでも，ごまかしやいんちきを発見できなかったので，シュトゥンフはハンスの能力は本物であると断定せざるを得なかった。ところが，心理学者のプフングスト（Oskar Pfungst）はこの結果に満足せず，ハンスを調査し続け，やがてハンスの能力は偽りであると報告した。ハンスは質問者自身が答えを知らない時はうまく答えられなかったし，また，間に障害物が置かれて質問者の姿が見えない場合も，正しく答えられないことがわかった。では，ハンスは何を手がかりに正解を出していたのか。プフングストの報告によると，質問者や聴衆の頭や体の無意識の微妙な動き，表情の変化，**心臓の鼓動**（heartbeat）などを手がかりにして，どこからひづめを打ち始めどこで打つのをやめたらよいか，判断していたのである。ハンスの物語は，二つの教訓を教えてくれる。一つは，動物の行動を調べ，それに解釈を与える場合，実験者が実態とは異なる自分の勝手な解釈をする恐れがあること。もう一つは，ある事態について動物が抱く概念は我々人間と同じであるとは断定できない，ということだ。このような問題を踏まえて，実験の信憑性を確保するために，**二重盲検法**（double blind method）が生まれた。これは，実験をする人も被験者〔被験動物〕も実験について何も知らされずに行われる実験方法である。

0808　Morgan's canon　名　モーガンの公準

　イギリスの心理学者であり動物学者であったモーガン（Conway Lloyd Morgan：1852-1936）は，動物の行動の研究に必要な法則として「モーガンの公準」を提唱した。モーガンはこれによって，動物の行動に人間の考えを投影する擬人化的解釈をすることを防止しようとしたのである。この公準の内容は以下のようなものである。
　「一つの行動を心理学的に説明する場合，より低次の能力によって生じる活動の結果として解釈することができる行動を，**より高次の心的能力**（**higher psychical faculty**）によるものとして解釈してはならない。」
　この公準を「賢いハンス」に適用してみよう。実験者はハンスが人間と同じ知能を持っていることを証明しようとしている。この実験で，ハンスは数学がわかっているかのような高次の心的能力を示している。しかし，一方でハンスの行動は質問者の微妙なサインを敏感に感じ取るという低次の能力をも示しているようである。この場合，ハンスの行動は低次の能力で説明できるから，ハンスが人間と同じ知能を持っているという高次の能力で説明してはいけない。逆に言うと，低次の能力を排除できない限り，高次の能力で説明してはいけないということである。

0809　abduction　名　アブダクション，仮説形成，仮説設定

　原理や法則を導き出す推論形式には，一般的に，**演繹**（**deduction**）と**帰納**（**induction**）の二つの方法がある。前者は経験に頼らずに論理によって個々の法則を導き出す推論であり，三段論法はその一つである。後者は個々の事例の観察から法則を導く推論である。しかし，アメリカの論理学者であったパース（Charles Sanders Peirce：1839-1914）は，この演繹と帰納に先立つ「発見の論理」とも言うべき仮説設定形式，すなわち「アブダクション」があると述べた。アブダクションとは，人間が不思議な事実や現象に遭遇した時に，それを解明しようとする説明原理のこと。具体的には次のような形式をとる。
（1）不思議な事実あるいは現象Bがある。
（2）しかし，もしAが真であるとすれば，Bは少しも不思議ではない。
（3）よってAを真と考えるべき理由がある。
　具体例を挙げてみよう。湯川秀樹博士は，陽子と中性子がどうして強く結びついているのかという不思議な現象（これがB）に接して，中間子という素粒子が存在しているはずだとの仮説（これがA）を立てた。そして，この仮説に立てばBは不思議でなくなるから，中間子の存在（A）を真と考える理由がある。そして，その後実際に実験によって中間子の存在が確認されたので，湯川博士は1947年にノーベル賞を受賞したのである。チョムスキーも，人間の子供の母語獲得という不思

議な現象（Bに相当）に接して，それを説明するために普遍文法という仮説（Aに相当）を提唱した。この仮説に従えば，子供の母語獲得という現象は不思議ではなくなるから，普遍文法という仮説は真であると考える余地が出てくる。ただ，チョムスキーの仮説は現段階では中間子のように実証的に確認されていないから，普遍文法は単なる憶測だとの批判も出ている。

0810　protolanguage　图 原言語

　proto- という接頭語は「最初の，原始の」の意味。protolanguage は一般に「原言語」と訳されている。これはアメリカの言語学者デレク・ビッカートン（Derek Bickerton : 1926-）が提唱している概念である。大昔，**ヒト科の動物（hominid）**はある程度の**合理的な思考（rational thought）**ができるようになり，また**話し言葉もどきの音声（speech-like vocalization）**を発することができるようになったため，限定的ではあるがある程度のコミュニケーションを行うことが可能となった。この段階の発達過程の言語を彼は「原言語」と命名した。そしてアフリカの一人の女性の脳に統語回路ができ，同時に頭骨の大きさと形が変わり，発声器官も改良されて，現在の人間が使っているような言語（単語などの小さな要素を組み合わせていろいろな文を創造的に作れる言語）への成長が可能となった，としている。

0811　radiocarbon dating　图 放射性炭素年代測定

　遺跡の発掘調査などによって人骨が出てきた場合に，それがどの程度古いか調べるのに利用されるのが，放射性炭素年代測定である。この測定方法はアメリカの物理化学者であるウィラード・リビー（Willard Frank Libby : 1908-1980）が 1946 年に開発したもの。この測定法によると，有機物の年数を正確に確定できるという。原理は次のようなものである。すべての有機物には**放射性同位元素（radioactive isotope）**である炭素 14（14C）が微量だが一定の割合で含まれている。有機物が死ぬと炭素 14 はもはや環境から補給されることがないから，死んだ時点で存在しているものが一定の率で崩壊していく。炭素 14 の**半減期（half-life）**はリビーによって 5,568 年と測定された（その後正確には 5,730 年であることが判明したが，数値の変更による混乱を防ぐために現在でも 5,568 年で計算されている）。したがって，**標本（specimen）**の中に残っている炭素 14 の放射能を測定すれば，その有機物の年数を測定することができる。ただし，放射性炭素年代測定によって測定可能なのは約 6 万年前までとされている。

知ってますか？

0812	gerontology	名 老人学
0813	geriatrics	名 老人医学
0814	illness narrative	名 病気の物語

　老人学とは，**高齢化**（ageing）に伴う心身の変化とそれに関連する問題を扱う学問分野のこと。老人医学は，高齢者がかかる病気の**診断**（diagnosis）と治療及び高齢者のケアに関係する医学の一部門である。いずれも「学」という名称がついていることからわかるように，老齢や高齢者がかかる病に**一般的に適用可能な**（generally applicable）理論や治療法を科学的に見つけ出そうとする試みであるが，個々の老人が実際に老齢や病とどのように向き合っているかということはあまり考慮されないきらいがあった。しかし，1980年代以降，老人や患者の立場に立った研究をする社会科学者や人文系統の研究者が現れ，物語の活用が注目され始めた。例えば，患者は自分の病を物語として語ることによって自分の病気や苦しみを明確化し，病と自分の人生との関係を改めて考えるきっかけにすることができるし，またそのような情報を「生の声」として医学界にフィードバックすることも可能になる。作家の三浦綾子は晩年パーキンソン病と格闘する日々を『難病日記』に書いているが，これは患者の生の声である。心ある医者はこの本を読み，自分の治療に反映させるであろう。また，アメリカの神経科医オリバー・サックスの著作には，患者の内面を物語形式で表したものがたくさんある。こう見てくると，もっと一般化して，老人文学や病の文学といったものもあり得るわけで，例えば，アメリカの作家ウィリアム・フォークナー（William Cuthbert Faulkner : 1897-1962）の *A Rose for Emily* は，老人文学の傑作として筆頭に挙げられるだろう。老女の心理がこれほど見事に出ている小説はないと思われる。日本なら，川端康成の『眠れる美女』，谷崎潤一郎の『瘋癲老人日記』が代表的なものとして挙げられるだろう。Passage 40〜41のニコラス・スパークスの *The Notebook* も，一見純愛物語のようではあるが，高齢化社会における新しい老人文学という見方もできる。

4 言語学・文化人類学・文学

➤ Related Words & Phrases

言語研究

0815	a **hominid**	名	ヒト科の動物，原人
0816	**erect** posture	形	直立の姿勢
0817	a **bipedal** walker	形	二足〔二足の〕歩行動物
0818	the **larynx** of a human	名	人間の喉頭
0819	a **vocal tract**	名	声道
0820	a human **utterance**	名	人間の発話
0821	**vocalize**	自	発声する
0822	**vocalization**	名	発声，声を出すこと
0823	pronounce a **consonant**	名	子音を発音する
0824	**segmentation**	名	分節（発話を文節音で区切ること）
0825	**phonetics**	名	音声学
0826	**American Sign Language**（ASL）	名	アメリカ手話
0827	**learnability**	名	学習可能性
0828	**conceptualize** a thing	他	物事を概念化する
0829	an **auditory** system	形	聴覚〔聴覚の〕システム
0830	a **blind test**	名	盲検テスト
0831	a **veterinarian**	名	獣医
0832	a **physiologist**	名	生理学者
0833	a healthy **heartbeat**	名	健康な心臓の鼓動
0834	**deduction**	名	演繹

0835	induction	名 帰納

『1491』関連

0836	pre-Columbian	形 コロンブス以前の
0837	burn **charcoal**	名 **炭**を燃やす
0838	a suitable **nutrient**	名 適切な**栄養物**〔**栄養素**〕
0775	**smallpox**	名 **天然痘**（再掲）
0839	a radioactive **isotope**	名 放射性**同位元素**
0840	a **half-life** of 30 years	名 30年の**半減期**
0841	a museum **specimen**	名 陳列用**標本**
0842	canal **irrigation**	名 水路**灌漑**（かんがい）
0843	**slash and burn agriculture**	名 **焼き畑農業**
0844	an **archaeological** theory	形 **考古学上の**理論
0845	**archaeology**	名 **考古学**
0846	a **contagious** disease	形 **伝染**〔**伝染性の**〕病

老人学・老人文学

0847	**chronological** age	形 **暦**年齢 （注）「**年代順の**」の意味もある。
0848	a **clinical** tool	形 **臨床の**道具
0849	personal **nostalgia**	名 個人的な**懐旧の念**〔**郷愁**〕
0850	a **therapeutic** narrative	形 **治療目的の**〔**治療の**〕物語

第5章 心理学・教育学

Theme 1 「異常性」の判断

　何を基準にして**人格**（personality）や人の**行動**（behavior）などを「異常だ」と判定するのか。以下に**異常性**（abnormality）の判定に関する主要な説を紹介する。（1）から（3）のように一応の判定基準を手掛かりにしているものもあるが、（4）のように本人の主観的な訴えに基づかざるを得ない場合もある。結局、異常性の判定には総合的判断が必要になってくる。

（1）文化的規範からの逸脱説：すべての文化には一定の基準があるが、そのような基準から**著しく逸脱している**（markedly deviate）行動を異常とする説。この説に対しては、社会が自分たちにとって不都合な人を排除するために使われる危険性があるとの批判がある。

（2）統計的標準からの逸脱説：**統計的な平均水準**（statistical norm）から著しく逸脱している場合を異常だと判定する説である。この説によると、例えば、知能指数が極端に低い人も高い人も異常と判断される。

（3）不適応説：個人もしくは社会にとって有害な結果をもたらす**不適応な**（maladaptive）行動は異常だと判定する説である。例えば、**アルコール中毒**（addiction to alcohol）は本人が仕事に就けないといった支障を来すから、アルコール中毒患者は異常と判定される。また、**激しい攻撃性**（violent aggressiveness）は社会にとって有害だから、そのような傾向のある人も異常と判定される。

（4）主観説：**個人的な苦悩**（personal distress）をもとに異常と判定する説である。「非常に不安だ」、「気持ちが落ち込んでいる」、「眠れない」、「食欲がない」などといった本人の愁訴に基づいて異常と判定する。このような事例では、他人には異常と思えないことも多い。

Theme 2 精神障害の例

　アメリカの精神科医が患者の異常性を判断する時に利用するものが『精神障害の診断と統計の手引き』（DSM：*Diagnostic and Statistical Manual of Mental Disorders*）である。その最新版（DSM-IV）から、よく問題とされる精神障害の例を紹介しておく。

（1）幼児時代、子供時代、青年期に見られる障害：**知的障害**（mental retardation）、**自閉症**（autism）、**注意欠陥多動性障害**（ADHD：attention-deficit hyperactivity disorder）、**分離不安**（separation anxiety）、**言語障害**（speech disorder）など。

（2）脳機能の損傷が原因である障害：**譫妄**（delirium）、**記憶喪失**（amnesia）など。

（3）**精神活性物質使用障害**（psychoactive substance use disorder）：アルコール、**コカイン**（cocaine）、**アンフェタミン**（amphetamine）、その他の薬物によって起こ

る障害。
（4）**統合失調症**（**schizophrenia**）：現実との接触感を失い，思考・認識に著しい混乱が現れ，妄想や幻覚を伴う精神障害。
（5）**気分障害**（**mood disorder**）：**鬱病**（**depression**）や**躁鬱病**（**bipolar disorder**）など。
（6）**不安障害**（**anxiety disorder**）：極度の不安に襲われる**パニック障害**（**panic disorder**），形式や儀式に過度にこだわる**強迫性障害**（**obsessive-compulsive disorder**），生命の危険を感じるような体験をした後で継続して起こる恐怖感や幻覚などに特徴のある**心的外傷後ストレス障害**（**PTSD**：**post-traumatic stress disorder**）など。
（7）**解離性障害**（**dissociative disorder**）：**多重人格障害**（**multiple personality disorder**）など。
（8）**性障害**（**sexual disorder**）：**性同一性障害**（**sexual identity disorder**），**加虐愛**（**sadism**），**被虐愛**（**masochism**）など。
（9）**身体表現性障害**（**somatoform disorder**）：母の介護を突然やめた女性が腕に麻痺を感じてしまうといった**転換障害**（**conversion disorder**）など。
（10）**摂食障害**（**eating disorder**）：**無食欲**（**anorexia**）や**過食症**（**bulimia**）など。
（11）**睡眠障害**（**sleep disorder**）：**慢性不眠**（**chronic insomnia**），**睡眠時無呼吸**（**sleep apnea**），**夢遊病**（**sleepwalking**）など。
（12）**虚偽性障害**（**factitious disorder**）：入院治療を受けたいあまり病気だと偽って振る舞う**ミュンヒハウゼン症候群**（**Münchausen syndrome**）など。
（13）**衝動抑制障害**（**impulse control disorder**）：**盗癖**（**kleptomania**）や**病的賭博**（**pathological gambling**）など。
（14）**人格障害**（**personality disorder**）：**反社会的人格障害**（**antisocial personality disorder**）や**自己愛性人格障害**（**narcissistic personality disorder**）など。
　次に薬物などを用いる精神医学的療法以外の精神障害の主な治療法を紹介する。

Theme 3　精神障害の治療法（1）――精神力動療法

　精神力動療法（**psychodynamic therapy**）は，フロイト（Sigmund Freud：1856-1939）が築き上げた精神分析理論に基づく療法である。フロイトは，大人になってからの心の問題は子供時代の体験（これは無意識の中に抑圧されて隠されてしまっている）に影響を受けているとの前提から出発し，**自由連想法**（**free association**）や**夢分析**（**dream analysis**）を通して患者の無意識にある「わだかまり（未解決な葛藤など）」や「**心的外傷**（**trauma**）」を意識化して合理的にとらえ直し，患者の心を整理してやれば，心の病を解決することができると考えた。

Theme 4　精神障害の治療法（2）——行動療法

　1950年代にアメリカにおいて新しい心理学の一派が登場した。提唱者はワトソン（John B. Watson：1878-1958）で，彼は，患者自身の意識・経験を心理学の直接的データとする**内観法**（**introspective method**）は科学的・経験的にその**有効性**（**efficacy**）に問題があるとして，客観的に**観察可能な行動**（**observable behavior**）のみを対象とすべきだとの**行動主義**（**behaviorism**）を興した。その後，スキナー（Burrhus F. Skinner：1904-90）がその理論をさらに発展させた。行動主義は**刺激**（**stimulus**）と**反応**（**response**）を重視する。例えば，犬をなでようとしてかまれた経験がもとになってすべての犬に対して異常な恐怖心を持っている人の例を取り上げてみよう。この人の場合，犬を見ること（刺激）とかまれるかもしれないという気持ち（反応）が自動的に結びつけられてしまっている。しかし，すべての犬が人間をかむわけではないから，これは**誤った学習**（**faulty learning**）である。であるならば，**脱学習**（**unlearn**）させればよい。これが**行動療法**（**behavior therapy**）の理論で，その一手法として，**系統的脱感療法**（**systematic desensitization therapy**）というものがある。これは，「犬→かむかもしれない」という「刺激と反応」を，「犬→リラックスする」という「刺激と反応」に変える療法である。患者は最初にリラックスの仕方を学び，次に（犬の写った写真などで）非常に弱い刺激にさらされた自分自身を想像してリラックスするすべを体得する。そして徐々に刺激を強めていって，最後には実際に犬を見ても恐怖心を抱かないようにする。この系統的脱感療法と似たものに**実生活内曝露**（**in vivo exposure**）があるが，これは患者を実際の現場（前出の例では犬のいる所）に連れて行って恐怖心を取り除く方法で，現場に行くという点だけが系統的脱感療法と異なる。

　行動療法は不安障害の克服にはかなり有効であったが，鬱病などにはそれほど有効ではなかった。そこで登場したのが，認知行動療法である。

Theme 5　精神障害の治療法（3）——認知行動療法

　認知療法（**cognitive therapy**）はアメリカの精神科医であるベック（Aaron T. Beck：1921-）が提唱した心理療法である。ここで言う認知とは，簡単に言うなら，人の**考え**（**thought**）や**信念**（**belief**）である。認知療法ではこの認知に重点を置き，「人の考えや信念に**ゆがみ**（**distortion**）があることが鬱病や不安などの心の病の原因となる」と考える。具体的な事例で考えてみよう。ある学生が**博士論文**（**doctoral thesis**）の原稿を書き，担当の先生に見てもらったとする。その時先生が，「とてもよい論文だけど，ちょっとした箇所を少し改善すればもっとよくなる」とアドバイスしたとする。これを聞いた学生が「この論文はくずで，自分は役立たずの何もできない人間だ」と考え

たとすると，これはゆがんだ思考の典型である。そのゆがみは二点に現れている。一つは，先生の言葉の否定的な面だけに注目し，とてもよい論文だという肯定的な側面を無視していること。もう一つは，非常に限定的な情報（論文についての先生のアドバイス）に基づいて，自分の人格についてもだめだと**一般化**（**generalization**）してしまっていること。認知療法はこのゆがみを**矯正する**（**rectify**）ことを主眼とする。鬱病や不安などを引き起こしているのは**出来事**（**event**）そのものではなく，出来事の解釈の仕方なのである。認知療法では，セラピストと患者がゆがんだ思考をもたらしているものは何かを**同定する**（**identify**）こと，つまり「犯人探し」が重要な作業になる。このような認知療法と行動療法を組み合わせたものが，**認知行動療法**（**cognitive-behavior therapy**）である。

認知行動療法は現在盛んに行われているが，その理由としては次のようなものを挙げることができるだろう。
（1）科学的に検証され，有効性が証明されている。
（2）比較的短期間に問題を解決できる**簡易療法**（**brief therapy**）である。
（3）病的な側面には焦点を当てず，**ポジティブ思考**（**positive thinking**）を高める。
（4）治療に薬物を利用できない患者にも有効である。

Theme 6 フランクルについて

フランクル（Viktor Emil Frankl : 1905-97）はウィーン生まれの精神科医で，哲学者カール・ヤスパースが「20世紀の最も重要な書物の一つ」と語った『夜と霧』（原題は『ある心理学者の強制収容所体験』）の著者として有名である。後出の Passage 47〜49 はこの英語版から採ったもの。フランクルは若い頃はフロイトやアドラー（Alfred Adler : 1870-1937）の精神分析理論に興味を持ったが，いずれにも飽き足らず，二人から離れた。彼は二人の理論について，*The Doctor and the Soul* という著書の中で次のように述べている。

「（フロイトの）精神分析は**快楽原則**（**pleasure principle**）について，（アドラーの）個人心理学は**地位への衝動**（**status drive**）について語っている。快楽原則は**快楽への意志**（**the will-to-pleasure**），地位への衝動は**権力への意志**（**the will-to-power**）と同義である。しかし，我々は，人間を最も奥深いところで啓発するものについて語られるのをどこで聞いただろうか。自分の人生に可能な限り多くの意味をもたらしたい，可能な限りの価値を実現したいという内在的欲望，すなわち私の言う**意味への意志**（**the will-to-meaning**）は一体どこにあるのか。」

こうして彼は「生きる意味」に焦点を当てた**ロゴセラピー**（**logotherapy**）という独自の心理療法を築き上げた。

Theme 7 ロゴセラピーについて

ロゴセラピーとはどのような意味なのか。フランクルは『「生きる意味」を求めて』（the Unheard Cry for Meaning）の中で次のように説明している。
「ロゴセラピーという言葉を文字通り訳せば〈**意味による治療（therapy through meaning）**〉である。もちろん〈**意味による癒し（healing through meaning）**〉と訳すことも可能である。」

では，フランクルはなぜ意味による治療にこだわったのか。彼は同書で次のような内容のことを述べている。

フロイトの精神分析による治療によっても，行動療法による治療によっても，確かに神経症を取り除くことは可能だが，その後が問題である。患者は現実にうまく適応し，うまく機能していても，決して幸福感を味わっていない。現代には，いい仕事に就き，社会的に成功を収めているのにもかかわらず，自殺したいという人が大勢いる。人生の意味が見出せないために心の病を抱えている人たちがいるのである。この現代の病に対処するためにはロゴセラピーが有効である。

Theme 8 フランクルの強制収容所での体験

このような意味へのこだわりは，彼自身の強制収容所での体験がもとになっている。『それでも人生にイエスと言う』という彼の著書に，その体験が書かれている。

ドイツのミュンヘン地方のカウフェリンクの収容所に収容されていた時，作業場から戻った囚人たちが考えることといえば，「今夜は，水のようなスープだけでなく，その中にジャガイモも浮かんでいたらいいなあ。15分後に仕事を始める時，怖い監督と比較的好ましい監督のどちらの班になるのだろうか」といった瑣末な日常的な悩みだけだった。だが，フランクルは「こんなくだらない悩みはもうたくさんだ，もっと人間にふさわしい」ことを悩もうと気を取り直し，このつらい生活体験から距離を置いて超越するために，この生活をもっと高い立場から眺めてやろうと決心した。それは自分が歴史の証人になることだった。自分が生き残ったことを想定して，未来の時点からこの生活を眺めようとした。具体的には，自分がウィーンの市民大学の講壇に立って，今まさに自分が体験していることを『強制収容所の心理学』という題で講演する姿をイメージしたのだ。このような未来の自分の姿を思い浮かべることによって，自分の現在の生活は無意味ではなく意味があることを見出し，彼は過酷な生活に耐えることができたのである。

この体験でフランクルが実践した，自分が置かれている生活から自分自身を引き離し超越的な立場に立つことを，フランクルは**自己超越性（self-transcendence）**と呼び，これは人間にしかない能力で，ロゴセラピーはこれを利用する心理療法であるとしている。

Theme 9 ピアジェについて

　スイスの心理学者ピアジェ（Jean Piaget : 1896-1980）は，子供の**認知発達**（**cognitive development**）の過程を実験・観察によって科学的に基礎づけ，児童心理学の基礎を構築した人である。ピアジェ以前にあっては，子供の認知発達は「生まれ」と「育ち」，すなわち生物学的要因と環境的要因によって受動的に決定されるとされていたが，ピアジェは，子供は**自然に成熟していく能力**（**naturally maturing ability**）を持ち合わせていて，それを環境と相互作用させながら能動的に認知発達を行っている，との考えを示した。

Theme 10 基礎的概念——シェマ，同化，調節

　ピアジェの理論を理解する前提となる三つの概念をまず説明する。
（1）**シェマ**（**schéma**）
シェマとは，物理的・社会的世界の仕組みについての仮説的な認識の枠組みをいう。例えば，小さな犬としか接したことがない子供は「犬は小さいものだ」とのシェマを持つであろう。なお，シェマと似たような言葉に**スキーマ**（**schema**）があるが，これは近年の認知心理学において使用される言葉である（p.237「知ってますか？」schemaの項参照）。
（2）**同化**（**assimilation**）
同化とは，**既存のシェマ**（**preexisting schéma**）に基づいて，新しい事物や出来事を理解することである。「犬は小さいものだ」というシェマを持っている子供が，近所の小さな動物を見て「犬だ」と理解する場合は，同化を行っていることになる。
（3）**調節**（**accommodation**）
調節とは，新しい情報に適合するために既存のシェマを修正して，自分の周りの世界についての仮説的理論を拡張していくことを意味する。「犬は小さいものだ」というシェマを持っている子供は，大きな犬に遭遇した時に，既存のシェマを修正して，「犬には小さいのも，大きいのもいる」としなければならない。

Theme 11 ピアジェの発達段階論

　ピアジェは，**知能テスト**（**IQ test**）の開発者として有名なビネー（Alfred Binet : 1857-1911）のもとで研究していた時，子供が犯す間違いに興味を抱き，なぜそのような解答に到達したのかを研究するようになった。その結果，思考は質的に異なる四

つの発達段階を経ることを確信した。その四つとは，**感覚運動期**（the sensorimotor stage），**前操作期**（the pre-operational stage），**具体的操作期**（the concrete operational stage），**形式的操作期**（the formal operational stage）である。次に，これら四つについて説明する。

Theme 12　感覚運動期（0〜2歳）

　自らの行動とその結果の関係を探るのに忙しい時期。子供が自らを**行動の主体**（agent of action）として認識し，例えば，ある物体をつかむにはどのくらい手を伸ばせばよいか，テーブルの端にある皿を押すとどうなるか，などを発見していく時期である。このような行動を通して子供は自分自身と**外界**（the external world）とを区別していく。

　ピアジェが感覚運動期に見出した重要な発見に，**物の永続性**（the permanence of objects）という概念がある。生まれてから8カ月程度までの赤ん坊は，例えば，それまで遊んでいた玩具を布で隠してしまうと，興味を失って，手を伸ばすこともない。赤ん坊はその玩具がもう存在しないかのように振る舞う。ところが，生まれてから10カ月ぐらいになると，布の下に隠された玩具を探そうとするようになる。赤ん坊は「対象は目の前に存在しなくても，存在し続ける」という「物の永続性」の概念を取得したのである。見えないものでもそこにあることがわかるということは，見えていないものを頭の中で表象できる力が芽生え始めたということである。

Theme 13　前操作期（2〜7歳）

　前操作期の子供の特徴は，**象徴**（symbol）を使い始めること。例えば，人形を母親や父親に見立てて，ままごと遊びをしたりする。また，**操作**（operation）に関することもこの時期の特徴の一つである。操作とは，「情報を論理的に分離したり，結合したり，それ以外の仕方で扱ったりできる知的な営み」である。

　ピアジェは，この時期の子供がどのような操作の段階にあるかを**保存性**（conservation）の問題から明らかにした。保存性とは「対象の形や状態を変化させても，対象の数量といった性質は変化しない」という概念である。ピアジェは次のような実験を行った。形と大きさが同じ二つのコップを用意する。二つのコップに同量の水を入れ，量が同じであることを子供に確認させる。次に，一方のコップの水をもっと底の広い平らなコップに移す。そうして，新しいコップに移した水ともう一つのコップの水ではどちらが分量が多いか尋ねてみる。前操作期の子供は，見かけ上浅くなったことに惑わされて「分量が減った」と言ったり，あるいは面積が広くなったことに惑わされて「分量が増えた」と言ったりする。大人ならこのような間違いは犯さないが，それは**可逆的思考**

（reverse thinking）ができるからだ。可逆的思考とは「原点に戻ることができる思考，特に移動した対象を元に戻せば同じになるという推論」をいう。コップの例で言えば，「新しいコップに水を移しただけで水を足したりこぼしたりしていないから，新しいコップの水を元のコップに戻してやれば同じ分量になるはずだ」と推論することである。

ピアジェは，前操作期の子供が液量の保存ができないのは，**視覚的印象**（visual impression）に支配されてしまうからだと考えた。ピアジェはこれを**数の保存性**（the conservation of number）の実験でも明らかにした。例えば，赤と白の同形のカード10枚を等間隔で2列に並べた後に，赤のカードの間隔をやや広くとって並べると，5歳児は赤のカードが増えたと答えるが，7歳になると10枚で変わらないと正しく答えることができる。5歳児は視覚的印象に影響を受けているのである。

前操作期のもう一つの特徴として，ピアジェは**自己中心性**（egocentrism）があると指摘している。これは，自分以外の他人も自分と同じように外界を認識していると思い込み，自分と異なる認識の仕方があることがわからないことをいう。

Theme 14　具体的操作期（7〜12歳）

具体的操作期の子供は数や**質量**（mass）や重さなどについてのさまざまな保存の概念を身に付け，可逆的思考ができるようになり，**論理的操作**（logical manipulation）も行うことができるようになる。ただ，この時期の子供の論理的思考は具体物や具体的経験に密着していることに特徴があるので，そのようなものから離れた純粋の論理的思考はできない。例えば，友人の家までの道を見つけることはできるが，それは具体的な建物などを手掛かりにしているため，鉛筆でそこまでの道のりを地図にして描いてくれと頼むと，できない。一方で，この時期の子供は，まだ不十分ではあるが，大きさや重さ，形といった概念に従って**物を分類する**（classify objects）ことができるようになる。

Theme 15　形式的操作期（12歳以上）

具体的操作期の子供の思考は具体的な事実が先にあってそれに思考が制限されていたが，12歳以降になると，まず理論があって，そこから論理的に演繹していき，事実はこうあるべきだという結論を導き出す，といった思考ができるようになる。実際にある現実に拘束されずに，さまざまな前提や仮定を置いて理論的な思考ができるようになるので，形式的操作期と呼ばれる。ちなみに，このような思考ができるようになるから，子供は親や教師に反抗的な態度をとるようになるとも考えられる。なぜなら，あるべき理想像を理論的に想定し，そこからそれに合致していない現実を非難することができるからだ。

Phrases 42/43 異常行動の説明（1）（2）

0851	**attribute** A to B	A を B の**せいにする**
	動[ətríbjuːt] 名[ǽtribjùːt]	他 ~を（~の）せいにする　名 特質
0852	a **dietary** cure	**食事**療法
	[dáiətèri]	形 食事の；規定食の　名 規定食
0853	a vitamin **deficiency**	ビタミン**不足**
	[difíʃnsi]	名 不足；欠陥；不足分
0854	a **phase** of the moon	月の**位相**
	[féiz]	名 相，面；段階，局面
0855	a **biochemical** dysfunction	**生化学的**疾患
	[bàioukémikl]	形 生化学の　名 生化学物質
0856	general **paresis**	全身**不全麻痺**
	[pəríːsis]	名 不全麻痺
0857	a severe **dementia**	重度の**認知症**
	[diménʃə]	名 認知症；狂気
0858	administer a **medication**	**薬物療法**を施す
	[mèdikéiʃn]	名 薬物療法；薬剤
0859	an **anti-depressant** drug	**抗鬱**剤
	[æ̀ntidiprésnt]	形 抗鬱の　名 抗鬱剤
0860	an **anti-psychotic** drug	**抗精神病薬**
	[æ̀ntisaikátik]	形 抗精神病性の　名 抗精神病薬
0861	**psychosurgery**	**精神外科療法**
	[sàikousə́ːrdʒəri]	名 精神外科（療法）
0862	**ECT(electroconvulsive therapy)**	**電気痙攣療法**
	[íːsìːtíː (ilèktroukənválsiv θérəpi)]	名 電気痙攣療法
0863	**pharmacotherapy**	**薬物療法**
	[fàːrməkouθérəpi]	名 薬物療法
0864	one's **predecessor**'s mistake	**前任者**のミス
	[prédəsèsər]	名 前任者；以前使われたもの

異常行動の説明（1）（2）

0865	a broad **category** [kǽtigòːri]	広い**分類** 名 種類；区分，部門
0866	**qualitatively** different [kwɑ́litèitivli]	**質的**に異なった 副 質的に
0867	an **introvert** [íntrəvə̀ːrt]	**内向性の人** 名 内向性の人　形 内向性の
0868	an **extrovert** [ékstrəvə̀ːrt]	**外向性の人** 名 外向性の人　形 外向性の
0869	high **conscientiousness** [kɑ̀nʃiénʃəsnəs]	かなり**真面目であること** 名 真面目〔誠実〕であること
0870	**behaviourist** psychology [bihéivjərist] 《米》behaviorist	**行動主義**心理学 形 行動主義の　名 行動主義者
0871	**cognitive** psychology [kɑ́gnitiv]	**認知**心理学 形 認識の；認知的な
0872	**psychodynamic** therapy [sàikoudainǽmik]	**精神力動的**療法 形 精神力学の；精神力動的
0873	positive **reinforcement** [rìːinfɔ́ːrsmənt]	正の**強化** 名 強化，補強

派生語

0874	biochemistry	名 生化学 (← biochemical)
0875	categorical	形 分類別の；絶対的な (← category)
0876	introversion	名 内向性 (← introvert)
0877	extroversion	名 外向性 (← extrovert)
0878	conscientious	形 良心的な；真面目な (← conscientiousness)
0879	cognition	名 認知，認識 (← cognitive)

5 心理学・教育学

Passage 42: Explaining abnormal behavior (1)

Throughout history abnormal behaviour has been **attributed** to a wide variety of causes, from **dietary deficiencies** to the **phases** of the moon or evil spirits. More recently investigators have used scientific methods such as careful observation and hypothesis testing to propose several different theories to account for abnormal behaviour. Not surprisingly, these explanations are quite closely related to the different views of personality that are outlined in Table 7.1. Explanations of abnormal behaviour vary in the degree to which they focus on the past or present, whether they are based on psychological theory or medical models, whether the views of the therapist and patient are given equal weight, and in the treatments they advocate.

It is common in psychiatry to use a *medical model* which sees abnormal behaviour as the result of physical or mental illnesses that are caused by **biochemical** or physical dysfunctions in the brain or body, some of which may be inherited. One of the early successes of the medical model in explaining abnormal behaviour was the discovery that *general paresis*, a debilitating form of **dementia** that was common earlier this century, was a long-term consequence of infection with syphilis. The main tasks of treatment in the medical model are making the correct diagnosis and administering appropriate treatment —— for example, physical treatments such as **medication** (e.g. **anti-depressant** or **anti-psychotic** drugs), or **psychosurgery** (surgical techniques to destroy or disconnect specific areas of the brain) or **ECT** (**electroconvulsive therapy**). Recent advances in **pharmacotherapy** mean that modern drug treatments do not have the debilitating side-effects that were associated with their **predecessors**. While these drug treatments are effective for many people, we are still some distance from having medications that work for everyone, and are free from side-effects. (*continued*)

語句と構文

L04. hypothesis testing = 仮説検証（仮説がデータと矛盾しないかどうかをチェックすること）／ L04. to propose ... は「目的」を表している。和訳は前から訳し下ろしてもよい。／ L04. to account ... はその前の theories にかかる。account for 〜 = 〜を説明する／ L07. vary の後に異常行動の説明がどのような点で異なるかということが四つ並列されている (in the degree ... present と (in) whether they ... models と (in) whether the views ... weight と in the treatments they advocate)。／ L11. which sees ... の先行詞は a medical model。

Translation 42 異常行動の説明（１）

　昔から，異常行動は，栄養不足から月の相や悪霊に至るまで，実にさまざまな原因に帰せられてきた。ごく最近になって，研究者たちは，入念な観察や仮説の検証といった科学的手法を用いて異常行動の説明となるさまざまな理論を提唱してきた。当然のことではあるが，これらの説明は，表 7-1 に概略を示した性格に関するさまざまな見解に極めて密接に関連している。異常行動の説明は多岐にわたる。過去または現在にどの程度焦点を当てるか，心理学的理論に基づいているのか医学的モデルに基づいているのか，治療士と患者の見解に同じ重きが置かれているかどうか，どの治療法を支持するか，などによってさまざまに異なるのである。

　精神医学においては一般に「医学的モデル」が用いられる。このモデルでは異常行動を，脳や身体の生化学的または物理的な機能障害に起因する，身体的もしくは精神的疾病の結果と見なす。そして，これらの機能障害の中には遺伝するものもある。異常行動を説明するにあたって医学的モデルが成功した初期の例の一つに，「全身不全麻痺」は梅毒の感染が長期にわたって及ぼした影響によるものであるという発見がある。「全身不全麻痺」とは衰弱を伴う認知症の一形態で，今世紀初めによく見られたものだ。医学的モデルにおける治療の主要な目的は，正確な診断を下し適切な治療を施すことである。例えば，薬物治療（抗鬱剤や抗精神病薬など）といった物理的治療，精神外科（脳の特定部位を破壊したり切断したりする外科的技術），ECT（電気ショック療法）などである。近年，薬物療法が進歩したので，現在の薬物治療には従来の薬物治療［←以前使われたもの］と結びつけられていた病気を悪化させる副作用はない。こういった薬物療法は確かに多くの人に有効ではあるが，どんな人にも効果があり副作用もまったくない薬剤を我々が手にするまでにはいまだ道のりは遠い。（続く）

L13. some of which may ... の先行詞は biochemical or physical dysfunctions。／ L15. the discovery の後の that は同格の接続詞。この that 節の主語は *general paresis* で，その後の a debilitating form ... this century は *general paresis* の補足説明。／ L15. debilitating ＝（病気・天候などが）人を衰弱させる ／ L25. be some distance from 〜 ＝ 〜から少し遠い ／ L25. are free from side-effects は work for everyone と並列。

Passage 43 Explaining abnormal behavior (2) ◎2-08

Table 7.1.

Approach	View of personality
Categorical type	People are fitted into broad **categories**, with each type being **qualitatively** different from others e.g. type A or B; **introvert** or **extrovert**.
Trait	A descriptive approach in which people are defined according to how much of each of a list of traits they have, e.g. high **conscientiousness**, low introversion.
Behaviourist	Views personality as merely a reflection of the person's learning history —— they simply repeat the responses that have been reinforced in the past.
Cognitive	Sees beliefs, thoughts, and mental processes as primary in determining behaviour across situations.
Psychodynamic	Based on Freud's work and sees personality as determined by intrapsychic structures (i.e. the id, ego, and superego) and by unconscious motives or conflicts from early childhood.
Individual	Emphasizes higher human motives and views personality as the individual's complete experience rather than as having separate parts.
Situational	Suggests that personality is not consistent but is merely a response to the situation. We learn to behave in ways that are appropriate to the situation through **reinforcement**.
Interactive	Combines the situational and trait approaches, so suggests that people have a tendency to behave in certain ways but that this is moderated by the demands of different situations.

(*continued*)

語句と構文

L03. with each type being qualitatively different from others は，付帯状況を表す with ～ …ing の形。／ **L09.** S=Behaviourist，V=Views，O=personality の文の形で表記されている。12 行目の Cognitive 以下の欄も同様。／ **L10.** they は一般の人を指す。／ **L14.** Psychodynamic (is) based on Freud's work and sees personality … カッコ内の語が省略されている。／ **L15.** intrapsychic = 精神内部の　id = イド（個人の本能的な衝動の源泉である無意識の層）　ego = 自我／ **L16.** superego = 超自我（自我を監視する無意識的良心）／ **L26.** suggests の目的語は，直後の that 節と 27 行目の but の後の that 節の二つ。

Translation 43 異常行動の説明（2）

表 7-1

アプローチ	性格の見解
類型論	人間は大まかな類型に分類され，各タイプは他のタイプと質的に異なる。タイプAかタイプBか，内向的か外交的か，など。
特性論	一覧表にされた各々の特性をどの程度備えているかに従って人間を区分する記述的アプローチ。誠実さが高い，内向性が低い，など。
行動主義的	性格を，単にその人の学習履歴が反映されたものと見なす。人間は過去において強化された反応を単純に繰り返すのである。
認知的	信条，考え，心理的過程を，さまざまな状況において行動を決定する際の最重要要素と見なす。
精神力動的（りきどう）	フロイトの研究を基礎とするもので，性格を決定するのは精神の内部構造（すなわちイド・自我・超自我）と，幼少期からの無意識の動機や葛藤（かっとう）であると見なす。
個人的	人間の高次元の動機を重視し，性格は個々に分かれた部分から成るのではなく，個人の経験の総体であると見なす。
場理論	性格は一貫性があるものではなく，単に状況に対する反応にすぎないとする。人間は状況にふさわしい行動をとることを，強化を通じて学習する。
相互作用的	場理論と特性論のアプローチを合わせたもの。したがって，人間はある一定の行動をとる傾向はあるが，その傾向はそれぞれの状況における必要性に応じて緩和される，とする。

（続く）

Phrases 44/45/46 異常行動の説明（3）（4）（5）

0880	the **advent** of a new age [ǽdvent]	新時代の**到来** 名 出現，到来
0881	**indiscriminate** bombing [ìndiskrímənit]	**無差別**爆撃 形 無差別の，見境のない
0882	the **discriminate** use of power 形[diskrímənèit] 動[diskrímənit]	権力の**弁別的**利用 形 識別力のある 他 〜を識別する
0883	a **chronic** disease [kránik]	**慢性**の病気 形 長年の；習慣的な；慢性の
0884	a **compulsive** disorder [kəmpʌ́lsiv]	**強迫性**障害 形 強制的な；強迫観念にとらわれた
0885	a **seizure** of apoplexy [síːʒər]	卒中の**発作** （▷多） 名 発作
0886	barbaric and **inhumane** [ìnhjuːméin]	野蛮で**非人間的な** 形 非人間的な；不人情な
0887	a muscle **relaxant** [rilǽksnt]	筋肉**弛緩剤** 名 弛緩剤 形 緩める
0888	under **anaesthesia** [ænəsθíːʒə] 《米》anesthesia	**麻酔**をかけられて 名 麻酔（法）；無感覚
0889	a minimum of **discomfort** [diskʌ́mfərt]	最小限の**不快** 名 不快；嫌なこと 他 〜を不快にする
0890	**instinctual** drives [instíŋktʃuəl]	**本能的**欲動 形 本能的な；天性の
0891	a **defence mechanism** [diféns mèkənizm] 《米》defense	**防衛機制** 名 防衛機制
0565	free **association** [əsòusiéiʃn]	自由**連想** (再掲) 名 連合；交際；関連性；連想；協会
0892	the **transference** of feelings [trænsfə́ːrəns]	感情の**転移** 名 移る〔移す〕こと；譲渡

異常行動の説明（3）（4）（5）

0893	self-**acceptance** [əkséptəns]	自己**受容** 名 受け入れ；容認；採択
0894	**unconditional** love [ʌ̀nkəndíʃənl]	**無条件の**愛 形 無条件の，絶対的な
0895	**maladaptive** behavior [mæ̀lədǽptiv]	**順応性のない**行動 形 不適応の
0896	**unlearn** a bad habit [ʌ̀nlə́ːrn]	悪習**を脱学習する** 他 ～を捨てる，忘れる
0897	**subsequently** [sʌ́bsikwəntli]	**その後** 副 その後，次に
0898	an **agoraphobic** patient [æ̀gərəfóubik, əgɔ̀ːrə-]	**広場恐怖症の**患者 形 広場恐怖症の
0899	**contemplate** suicide [kántəmplèit]	自殺**を考える** 他 ～を熟慮する；～を予想する
0900	feel the **palpitation** [pæ̀lpitéiʃn]	**動悸**を感じる 名 動悸，鼓動
0901	an **impending** danger [impéndiŋ]	**差し迫った**危険 形 差し迫った

派生語

0902	**indiscrimination**	名 無差別 (← indiscriminate)
0903	**agoraphobia**	名 広場恐怖症 (← agoraphobic)
0904	**contemplation**	名 熟考；凝視；予期 (← contemplate)

多義語

seizure 名 捕らえること；押収，没収 (➡発作)

The government has made a record number of drug seizures this year.
（政府は今年，記録的な数の薬物押収を行った）

5 心理学・教育学

Passage 44: Explaining abnormal behavior (3)

Both psychosurgery and ECT were widely used before the **advent** of drug therapies, and their relatively **indiscriminate** use gained them a bad reputation. In modern psychiatry ECT and psychosurgery are used in a much more **discriminate** and refined manner. Psychosurgery is used with greater precision and only as a last resort, when other treatments have failed, in the treatment of **chronic** severe pain, depression, or obsessive-**compulsive** disorder. Similarly, ECT is used to induce **seizures** which affect the balance of chemicals in the brain. Although the practice of ECT has been described as barbaric and **inhumane**, the use of muscle **relaxants** and **anaesthesia** mean that it can be given with a minimum of **discomfort**, and research demonstrates that it can be effective in alleviating depression in patients who have not responded to any other treatment and who may be at risk of suicide.

Psychodynamic approaches to understanding abnormality are based on the work of Sigmund Freud and have been expanded by many others. In brief, psychodynamic approaches see abnormal behaviour as arising from conflicts between **instinctual** drives, which lead to anxieties, which are in turn dealt with by *defence mechanisms*, or strategies used to avoid or reduce the experience of the anxiety, and to protect the person's ego. Treatment often focuses on the patient's early life experiences and involves the therapist helping to reveal the patient's unconscious motives and to resolve the original conflicts. Psychodynamic therapists developed techniques such as *free association* where patients are encouraged to say whatever comes into their minds, and the therapist interprets the associations. They base their interpretations of patients' distress, and signs of it such as their dreams and their feelings towards the therapist (*transference*), on psychodynamic theories and models of behaviour.

(*continued*)

語句と構文

L04. with precision = 正確に ／ L05. resort = 手段 ／ L06. obsessive-compulsive = 強迫の ／ L16. which lead ... の先行詞は conflicts between instinctual drives。which are in turn ... の先行詞は anxieties。 ／ L17. strategies 以下は *defence mechanisms* を言い換えて説明したもの。used は strategies にかかる過去分詞。to avoid or reduce ... と to protect ... は共に used の「目的」を表している。

Translation 44 異常行動の説明（3）

　精神外科と ECT は薬物療法の出現以前には共に広く用いられていたが，比較的無差別に使用されたことによって悪評を得た。現在の精神医学では，ECT と精神外科はずっと選別的で精巧な用いられ方をしている。精神外科は以前に比べればはるかに精密に用いられ，他の治療法が失敗した場合にのみ，最後の手段として，慢性的な激痛，鬱病，強迫性障害の治療において使用されている。同様に ECT は，脳内化学物質のバランスに影響を与える発作を誘発するために用いられている。ECT の実践は野蛮で非人道的だと評され続けているものの，筋弛緩剤と麻酔を用いることによって最低限の苦痛で行うことができる。また，他のいかなる治療にも反応しない患者や自殺の恐れがあるかもしれない患者の鬱病を緩和するのに ECT が有効であり得ることは，研究によって証明されている。

　異常を理解するための精神力動的アプローチはジークムント・フロイトの研究に基づいており，他の多くの研究者の手で発展してきている。手短に言えば，精神力動的アプローチは，異常行動は本能的衝動間の葛藤から生じると考える。葛藤は不安へと至り，不安は次に「防衛機制」によって処理される。防衛機制とは，不安という経験を回避するかまたは軽減させ，個人の自我を守るために用いられる心の戦略のことである。治療では，しばしば患者の若年期の経験に焦点が当てられ，治療士が患者の無意識の動機を明るみに出して根源的な葛藤を解決する手助けをすることが必要になる。精神力動の治療士たちは「自由連想法」などの技法を開発した。自由連想法では，心に浮かぶことを何でも口にするよう患者に促し，治療士がその連想を解釈する。患者の苦悩や苦悩の兆候，例えば夢や治療士に対する感情（「転移」）を解釈する上で治療士が依拠するのは，精神力動的理論と行動モデルである。（続く）

L.21. 関係副詞 where の先行詞は techniques。この関係副詞節は文末まで続く。　／　**L.23.** base A on B = A を B に基づかせる。ここでは A が their interpretations ... the therapist (*transference*) と非常に長くなっている。

Explaining abnormal behavior (4)

In contrast to the psychodynamic approach, humanistic psychotherapy focuses on the present and views the patients as being in the best position to understand their problems. Humanistic approaches see the person's sense of self as critical in promoting personal growth and well-being. The aim of therapy is to promote self-esteem and self-**acceptance**, which may have been lowered by unhappy events or difficult relationships. Therapy is an enabling process in which the therapist enables patients to reveal their problems in an atmosphere of '**unconditional** positive regard' —— that is, the therapist is genuinely non-judgemental towards patients and shows warmth and empathy for them.

A second set of approaches to understanding abnormality that focus on the present are behavioural and, more recently, cognitive-behavioural approaches. Initially the behavioural approach asserted that it was not necessary to understand the origins of abnormal behaviour in order to treat it —— psychological symptoms were seen as **maladaptive** behaviour patterns which were learnt, and thus, could be **unlearnt**. Such radical behavioural approaches focused solely on observable behaviour. Internal events and meanings and the patient's history were largely ignored. Techniques of therapy included reconditioning by, for example, *systematic desensitization*, in which the patient is taught relaxation techniques and uses them to reduce their anxiety during exposure to a hierarchy of increasingly threatening situations. In this way situations that were once associated with anxiety **subsequently** become associated with relaxation and are no longer feared. Nowadays, behavioural approaches are often combined with cognitive approaches. (*continued*)

異常行動の説明（４）

　精神力動的アプローチとは対照的に，人間性心理療法は現在に焦点を当て，患者は自身の問題を最もよく理解できる立場にいると見なす。人間性的アプローチは，個人の自己感覚が個人の成長と幸福を促す上で決定的な役割を持つ，と考える。治療の目標は，不幸な出来事や難しい人間関係により弱められているかもしれない自尊心と自己受容を高めることである。治療は患者の能力を高めようとする過程であり，この中で治療士は「無条件の肯定的配慮」の雰囲気の中で患者が自分の問題を明らかにできるようにする。無条件の肯定的配慮とは，治療士が患者に対して個人的な判断を一切示さず，温かさと共感を患者に示すことである。

　現在に焦点を当て異常を理解しようとするもう一組のアプローチは，行動療法的アプローチで，これは最近では認知行動療法的アプローチとなっている。行動療法的アプローチは当初，異常行動を治療するためにその起源を理解する必要はない，と主張した。心理的症状とは，学習された，だから脱学習も［←脱学習されることも］できる，不適応な行動様式と見られたのである。こうした斬新な行動療法的アプローチは，観察可能な行動のみに焦点を当てた。内面的な出来事や意味，患者の経歴はほとんど無視された。治療技法としては，例えば「系統的脱感療法」による再条件付けなどがあった。この方法では，患者はリラックス法を教わり，次に恐怖を感じる状況にさらされる。患者がさらされる状況は段階的に脅威を増していくが，患者はその間に感じる不安を学習したリラックス法を用いて減少させていく。こうすれば，かつて不安と結びついていた状況がその後はリラックスと結びつくようになり，もはや恐れることはなくなる。今日では，行動療法的アプローチは認知療法的アプローチとしばしば組み合わせて用いられる。

（続く）

Passage 46: Explaining abnormal behavior (5)

Cognitive-behavioural approaches look both at the patient's observable behaviour and also at their internal interpretations of the situation (cognitions). They take into account both history and current patterns of behaviour, and they also draw upon the findings of experimental research in cognitive psychology. Adding cognitive elements has been shown to increase both the efficacy of and compliance with behavioural treatments. For example, an **agoraphobic** patient, whom we shall call Sarah, was too terrified even to **contemplate** any treatment involving *exposure* (facing the feared stimulus —— in this case, going outside). The therapist used cognitive techniques to discover that Sarah believed that if she went outside, she would be so overwhelmed by anxiety that she would have **palpitations** which could induce a heart attack. The therapist helped Sarah to think about her symptoms anew, by providing medical evidence indicating that it was highly unlikely that Sarah's symptoms were due to **impending** heart failure, and by examining what happened to Sarah during an attack, which indicated that the palpitations were a symptom of anxiety rather than of heart disease. Sarah was sufficiently reassured by this information to begin an exposure programme. Later in therapy, a *behavioural experiment* was used to test Sarah's prediction that anxiety-induced palpitations could bring on heart failure —— Sarah tested whether or not these palpitations would lead to heart failure by doing everything she could to bring on a heart attack during the palpitations (e.g. staying in a hot room, doing vigorous exercise). When this did not bring on a heart attack, Sarah was finally convinced that her palpitations were due to anxiety, and would not cause any permanent damage. (*The end*)

語句と構文

L04. draw upon 〜 = 〜を参考にする ／ L05. efficacy = 効力 ／ L12. indicating はその前の medical evidence にかかる現在分詞。その後に続く that 節は it is ... that の構文で，it は形式主語。／ L14. by examining ... は 12 行目の by providing ... と並列。／ L14. which の先行詞は examining what happened to Sarah during an attack。

異常行動の説明（5）

　認知行動療法的アプローチは，観察可能な患者の行動と，状況に対する患者の内面的解釈（認知）の両方を見る。このアプローチは経歴と現在の行動パターンを共に考慮し，認知心理学の実験的研究の知見をも利用する。認知的要素を加えることは行動療法の効き目を増し，行動療法への従順性をも増すことが明らかになっている。例えば，ある広場恐怖症の患者がいたのだが――サラと呼ぶことにする――，彼女は「曝露」（恐れている刺激に直面すること――この場合は外出）を含む治療について考えることすら恐ろしくてできずにいた。外出したら不安に圧倒されるあまり心臓発作を引き起こしかねない動悸に襲われるだろうとサラが思い込んでいることを，治療士は認知療法的技法を用いて突き止めた。治療士は，サラの症候が差し迫った心不全によるものである可能性が極めて低いことを示す医学的証拠を提示し，また，発作の間にサラに起こったことを検証することによって，サラが自らの症候を考え直す手助けをした。検証の結果，動悸は心臓病の症状ではなく不安の症状であることが示されたのである。サラはこの情報によって十分に安心し，曝露プログラムを始めた。治療の後半には，不安が誘発する動悸が心不全を招くかもしれないというサラの予想を試すために「行動実験」が用いられた。サラは，この動悸が心不全に至るかどうかを，動悸の間に心臓発作を招くためにできるあらゆること（暑い部屋の中にいる，激しい運動をするなど）をして検証した。この実験が心臓発作を引き起こさなかった時，動悸は不安によるものであり永続的なダメージをもたらすものではないということを，サラは最終的に確信したのである。（完）

Phrases 47/48/49 苦しみに意味を見出すことは可能なのか (1)(2)(3)

0499	bear **witness** to ~ [wítnəs]	~を**証言**する（再掲） 名 証言；証人　他 ~を証言する
0905	a cruel **predicament** [pridíkəmənt]	ひどい**苦境** 名 苦境，窮地
0906	an **incurable** disease [inkjúərəbl]	**不治**の病 形 不治の；矯正できない
0907	**inoperable** cancer [inápərəbl]	**手術不可能な**癌 形 手術不可能な；実行できない
0908	a **clear-cut** example [klíərkʌ́t]	**わかりやすい**例 形 明快な；輪郭のくっきりした
0909	a general **practitioner** [præktíʃənər]	一般**開業医** 名 開業者（開業医，弁護士など）
0910	**mourn** the dead [mɔ́ːrn]	死者**を悼む** 他 (死・不幸) を悲しむ，嘆く
0911	make a **sacrifice** [sǽkrəfàis]	**犠牲**を払う 名 いけにえ，犠牲　他 ~を犠牲にする
0912	an **unalterable** fate [ʌ̀nɔ́ːltərəbl]	**変えられない**運命 形 変えられない；不変の
0913	the tenets of **logotherapy** [lɔ̀(ː)gəθérəpi]	**ロゴセラピー**の教義 名 実存分析的精神療法
0914	a **masochistic** character [mæ̀səkístik]	**自虐的**性格 形 自虐的な，マゾヒズムの
0915	a symptom of **maladjustment** [mæ̀lədʒʌ́stmənt]	**不適応**の兆候 名 調節不良；不適応；不均衡
0916	**counteract** their influence [kàuntərǽkt]	彼らの影響力**をそぐ** 他 ~に逆らう；~を妨害する
0917	a **degrading** motive [digréidiŋ]	**恥ずべき**動機 形 品位をおとしめる，下劣な

No.	英語	日本語
0918	**rule out** ~ [rúːl áut]	**~を排除する** 動句 ~を排除する；~を妨げる
0919	a **concentration** camp [kànsntréiʃn kæmp]	**強制収容所** 名 強制収容所
0920	the **odds** of surviving [ádz]	生き延びる**可能性** 名 可能性；確率；賭け率；ハンデ
0921	**verify** an alibi [vérəfài]	アリバイを**立証する** 他 ~を証明する；~を確認する
0922	**surrender** a key [səréndər]	鍵**を渡す** (▷多) 他 ~を引き渡す 名 引き渡し
0923	**worn-out** rags [wɔ́ːrnáut]	**使い古された**ぼろ布 形 使い古された；疲れ切った
0924	a pure **coincidence** [kouínsidəns]	まったくの**偶然** 名 同時発生；合致；偶然の一致
0925	a **comrade** in arms [kámræd]	戦**友** 名 仲間, 同志
0926	Fears **beset** us. [bisét]	不安が我々**を悩ます**。 他 ~につきまとう, ~を悩ます

派生語

0927	**mourning**	名 哀悼, 弔い；悲嘆 (← mourn)
0928	**masochism**	名 マゾヒズム, 被虐嗜好 (← masochistic)
0929	**counteraction**	名 反作用；反動；妨害 (← counteract)
0930	**verification**	名 立証, 証明；検証 (← verify)

多義語

surrender 自 降参する, 降伏する (➡ ~を引き渡す；引き渡し)

After the atomic bombs fell on Hiroshima and Nagasaki, the Japanese surrendered.
（広島と長崎に原子爆弾が投下されてから, 日本は降伏した）

5 心理学・教育学

Passage 47: Is it possible to find meaning in suffering? (1)

We must never forget that we may also find meaning in life even when confronted with a hopeless situation, when facing a fate that cannot be changed. For what then matters is to bear **witness** to the uniquely human potential at its best, which is to transform a personal tragedy into a triumph, to turn one's **predicament** into a human achievement. When we are no longer able to change a situation — just think of an **incurable** disease such as **inoperable** cancer — we are challenged to change ourselves.

Let me cite a **clear-cut** example: Once, an elderly general **practitioner** consulted me because of his severe depression. He could not overcome the loss of his wife who had died two years before and whom he had loved above all else. Now, how could I help him? What should I tell him? Well, I refrained from telling him anything but instead confronted him with the question, "What would have happened, Doctor, if you had died first, and your wife would have had to survive you?" "Oh," he said, "for her this would have been terrible; how she would have suffered!" Whereupon I replied, "You see, Doctor, such a suffering has been spared her, and it was you who have spared her this suffering — to be sure, at the price that now you have to survive and **mourn** her." He said no word but shook my hand and calmly left my office. In some way, suffering ceases to be suffering at the moment it finds a meaning, such as the meaning of a **sacrifice**.

Of course, this was no therapy in the proper sense since, first, his despair was no disease; and second, I could not change his fate; I could not revive his wife. But in that moment I did succeed in changing his *attitude* toward his **unalterable** fate inasmuch as from that time on he could at least see a meaning in his suffering. It is one of the basic tenets of **logotherapy** that man's main concern is not to gain pleasure or to avoid pain but rather to see a meaning in his life. That is why man is even ready to suffer, on the condition, to be sure, that his suffering has a meaning. (*continued*)

語句と構文

L01. when (we are) confronted ... と when (we are) facing ... は並列。／ **L03.** For は「なぜなら」の意の接続詞（この意味では普通は文頭で用いられない）。what then matters が S。／ **L04.** which の先行詞は，to bear witness to the uniquely human potential at its best。to transform ... と to turn ... は並列。／ **L16.** it was you who ... は強調構文。

Translation 47　苦しみに意味を見出すことは可能なのか（1）

　私たちは，望みのない状況に遭遇し，変えられない運命に向き合う時であっても，人生の意味を見出すことがあり得ることを，決して忘れてはならない。なぜなら，その時に問題となるのは，至高の高みにある人間に独特の能力を目にする［←証言する］こと，つまりは，個人的な悲劇を勝利に変え，苦境を人間の偉業に変えることであるからだ。もはや状況を変えることができない場合——例えば，手術が不可能な癌のような不治の病の場合——には，私たちは自分自身を変えるように挑戦を受けているのである。

　わかりやすい例を挙げよう。ある時，年配の開業医がひどい絶望感のために私の診察を受けにやって来た。彼は2年前に亡くなった最愛の妻の死を乗り越えられずにいた。さて，私はどうすれば彼を助けることができるだろうか。何を言うべきだろうか。実のところ，私は自分からは何も言わず，ただこういう質問を彼にぶつけた。「もしあなたが先に亡くなり，奥さんが生き残ったとしたら，どうだったでしょうか」と。彼は言った。「ああ，妻にとっては悲惨だったでしょうね。どんなに苦しんだことでしょう！」と。そこで私は答えた。「ほらね，先生。それほどの苦しみを奥さんは免れたんです。奥さんをその苦しみから守ったのはあなたなんですよ。確かに，今あなたが生き残って奥さんを悼まなければならないという代償を払ってのことですが」と。彼は一言も発しなかったが，私の手を握り，静かに私の診察室を出て行った。苦しみは，意味——例えば，犠牲になることの意味——を見つけた瞬間に，なぜか苦しみであることをやめるのである。

　もちろん，これは正しい意味での治療ではなかった。というのは，まず第一に，彼の絶望は病気ではなかったし，第二に，私は彼の運命を変えることができなかった，つまり，彼の妻を生き返らせることはできなかったからだ。しかし，私はその時，変えられない運命に対する彼の「態度」を変えることに確かに成功した——その時から，彼が少なくとも自分の苦しみに意味を見出すことができるようになった限度において。人間の最も大きな関心事は，快楽を手に入れたり，苦痛を避けたりすることではなく，人生に意味を見出すことだ，というのがロゴセラピーの基本的な考えの一つである。だからこそ，人は進んで苦しむことさえある——それはもちろん，自分の苦しみに意味があるという条件付きで。（続く）

L17. at the price that ... = …という犠牲を払って　／　L24. inasmuch as ... = …する程度まで　／　L24. from that time on = その時以降（ずっと）　／　L25. It is one of ... の It is that man's main concern ... 以下を受ける形式主語。　／　L27. on the condition that ... = …という条件のもとに。ここでは that の前に to be sure が挿入されている。

Passage 48: Is it possible to find meaning in suffering? (2)

But let me make it perfectly clear that in no way is suffering *necessary* to find meaning. I only insist that meaning is possible even in spite of suffering —— provided, certainly, that the suffering is unavoidable. If it *were* avoidable, however, the meaningful thing to do would be to remove its cause, be it psychological, biological or political. To suffer unnecessarily is **masochistic** rather than heroic.

Edith Weisskopf-Joelson, before her death professor of psychology at the University of Georgia, contended, in her article on logotherapy, that "our current mental-hygiene philosophy stresses the idea that people ought to be happy, that unhappiness is a symptom of **maladjustment**. Such a value system might be responsible for the fact that the burden of unavoidable unhappiness is increased by unhappiness about being unhappy." And in another paper she expressed the hope that logotherapy "may help **counteract** certain unhealthy trends in the present-day culture of the United States, where the incurable sufferer is given very little opportunity to be proud of his suffering and to consider it ennobling rather than **degrading**" so that "he is not only unhappy, but also ashamed of being unhappy."

There are situations in which one is cut off from the opportunity to do one's work or to enjoy one's life; but what never can be **ruled out** is the unavoidability of suffering. In accepting this challenge to suffer bravely, life has a meaning up to the last moment, and it retains this meaning literally to the end. In other words, life's meaning is an unconditional one, for it even includes the potential meaning of unavoidable suffering. (*continued*)

語句と構文

L01. make it perfectly clear that ... の it は that 以下を受ける形式目的語。／ L01. in no way is suffering *necessary* to find meaning = suffering is in no way *necessary* to find meaning（倒置）／ L03. provided, certainly, that ... = 確かに…という条件付きではあるが，…という明瞭な条件の下で／
L04. be it psychological, biological or political = whether it be psychological, biological or political（倒置。また，条件節・譲歩節の be 動詞は文語でこのように原形で用いられることがある）

Translation 48 苦しみに意味を見出すことは可能なのか（2）

　しかし，ここでぜひはっきりさせておきたいことは，決して意味を見出すのに苦しみが必要であるということではない。私が主張したいのはただ，苦しむことが避けられないという明瞭な条件の下で，苦しみのさ中にあっても意味を見出し得るということなのだ。だが，もし苦しみが避けられるなら，その場合の意味ある行動は，心理学的なものであれ，生物学的なものであれ，政治的なものであれ，その原因を取り除くことだろう。不必要に苦しむのは，英雄的というよりも自虐的である。

　亡くなる前にジョージア大学の心理学教授だったエディス・ワイスコップ‐ジョエルソンは，ロゴセラピーに関する論文の中で次のように主張している。「現在の我々の精神衛生哲学は，人々は幸せでなければならず，不幸せは不適応の兆候だ，という考えを強調する。このような価値体系は，避けがたい不幸せの重荷が，不幸せであることについて不幸せであると思うことによっていっそう増幅されている，という事態に責任があるかもしれない」と。また，別の論文で彼女は，ロゴセラピーが「現代のアメリカ文化におけるある種の不健康な傾向を打ち消すのに役立ち得る」ことに期待する，と述べている。「現代のアメリカ文化においては，治る見込みがない病気で苦しんでいる人々は，自分の苦しみに誇りを感じたり，その苦しみを恥ずべきものではなく崇高なものとして見たりする機会をほとんど与えられない」ために，「不幸せなだけでなく，不幸せであることを恥じているのである」と。

　人が仕事をしたり生活を楽しんだりする機会を奪われてしまう状況というものはあるにはあるが，絶対に排除できない［←排除され得ない］のは，苦しみの不可避性である。苦しむことへの挑戦を勇敢に受け入れることで，人生は最期の瞬間まで意味を持ち，文字通り死ぬまでその意味を保ち続けるのである。つまり，人生の意味には条件はないのである。なぜなら，それは避けがたい苦しみですら意味をもち得ることも含んでいるからだ。（続く）

L07. Edith Weisskopf-Joelson ... は SVO の文。S=Edith Weisskopf-Joelson, V=contended, O=that "our current ... of maladjustment。before her death は「彼女が亡くなる前には」の意味で，副詞句。professor of psychology at the University of Georgia は S と同格。　/　L09. the idea の後の that people ought to be happy と that unhappiness is a symptom of maladjustment は，共に the idea と同格の名詞節。　/　L15. opportunity は，to be proud of his suffering と to consider it ennobling rather than degrading という二つの不定詞に修飾されている。

Passage 49 Is it possible to find a meaning in suffering?(3) ⓞ2-14

Let me recall that which was perhaps the deepest experience I had in the **concentration camp**. The **odds** of surviving the camp were no more than one in twenty-eight, as can easily be **verified** by exact statistics. It did not even seem possible, let alone probable, that the manuscript of my first book, which I had hidden in my coat when I arrived at Auschwitz, would ever be rescued. Thus, I had to undergo and to overcome the loss of my mental child. And now it seemed as if nothing and no one would survive me; neither a physical nor a mental child of my own! So I found myself confronted with the question whether under such circumstances my life was ultimately void of any meaning.

Not yet did I notice that an answer to this question with which I was wrestling so passionately was already in store for me, and that soon thereafter this answer would be given to me. This was the case when I had to **surrender** my clothes and in turn inherited the **worn-out** rags of an inmate who had already been sent to the gas chamber immediately after his arrival at the Auschwitz railway station. Instead of the many pages of my manuscript, I found in a pocket of the newly acquired coat one single page torn out of a Hebrew prayer book, containing the most important Jewish prayer, *Shema Yisrael*. How should I have interpreted such a "**coincidence**" other than as a challenge to *live* my thoughts instead of merely putting them on paper?

A bit later, I remember, it seemed to me that I would die in the near future. In this critical situation, however, my concern was different from that of most of my **comrades**. Their question was, "Will we survive the camp? For, if not, all this suffering has no meaning." The question which **beset** me was, "Has all this suffering, this dying around us, a meaning? For, if not, then ultimately there is no meaning to survival; for a life whose meaning depends upon such a happenstance —— as whether one escapes or not —— ultimately would not be worth living at all." (*The end*)

語句と構文

L01. that which was ... = what was ...。that を先行詞にするのはやや文語的。／ L03. as can easily be verified ... の as は主節全体を先行詞とする関係代名詞。／ L03. It did not even ... は，it seems ＋形容詞＋ that 節の構文。／ L04. let alone ... = (否定文の後で) まして… (ない)，…はおろか ／ L06. my mental child とは the manuscript of my first book のこと。／ L09. whether 以下は the question の具体的内容を表している。／ L11. Not yet did I notice that ... = I did not notice that ... yet (倒置)。notice の目的語の that 節は，that an answer ... と 12 行目の that soon thereafter ...

Translation 49 苦しみに意味を見出すことは可能なのか（3）

　ここで，私が強制収容所で味わった，おそらくこれまでで最も奥深い経験を振り返ってみたい。収容所を生き延びる確率は，正確な統計によって簡単に証明できる［←証明され得る］ことだが，28分の1に過ぎなかった。アウシュビッツに着いた時にコートに隠していた私の最初の本の原稿が失われずに残るのは，十分に可能などころか，まったく可能ではないように思えた。こうして，私は自分の精神の子の喪失を経験し，乗り越えなければならなかった。そして，もはや何一つ，誰一人として，私の後に残るものはないように思えた。私の血を分けた子供も，私が手塩にかけた精神の子も！　こうして，気がついたら私は，そのような状況においては自分の人生には結局意味がないのではないか，という疑問と向き合っていたのである。

　私はまだ，自分が大変な熱意をもって取り組んでいたこの問題への答えがすでに用意されていて，まもなくその答えが与えられることになることに気づいていなかった。これは，自分の衣服を引き渡さなければならず，代わりにある収容者（彼はすでに，アウシュビッツ鉄道駅に到着後すぐにガス室に送られていた）の擦り切れたぼろ服を引き継いだ時も事情は同じだった。新しく自分のものとなったコートのポケットの中には，多数のページからなる私の原稿の代わりに，ヘブライ語の祈祷書（きとう）から破り取られた1枚の紙切れがあった。そこには，ユダヤ教の最も重要な祈り「イスラエルよ聞け」が書かれていた。このような「偶然」を，自分の思想を紙に書くだけでなく，それに従って生きよという促しと考える以外に，どのように解釈すべきだったろうか。

　その後しばらくすると，私はもうすぐ死ぬだろうという気がしたのを覚えている。しかし，このような危機的状況において，私の関心は仲間の大半とは別のところにあった。彼らの問題は，「我々は収容所を生き延びることができるだろうか。というのも，もし生き延びなければ，この苦しみには意味がないのだから」ということであった。一方，私を悩ませた問題は次のようなものであった。「この苦しみ，我々の周りで起こっているこの死には，意味があるのだろうか。というのも，もし意味がなければ，結局は生き残ることにも意味はないのだから。人生の意味が，逃れられるかどうかといった偶然に左右されるのなら，そんな人生は結局のところまったく生きるに値しないだろう。」（完）

※フランクルはこのような思索の後，苦しみに意味を見出すことになる。

の二つ。／**L13.** This was the case when ... = これは…の時も真実であった，これは…の時も事情は変わらなかった。ここでのThisの内容は，「（フランクルが）自分の抱いていた疑問への解答がいずれ与えられることに気がついていないこと」。／**L18.** *Shema Yisrael* = イスラエルよ聞け（ヘブライ語の聖書の一節で，この後に「主は我らの神，主はただ一人」と続く。ユダヤ教の毎日の礼拝で唱えられる。）／**L26.** セミコロンの後のforは文頭のForと同様に理由を表す接続詞で，セミコロンの前後で二つの理由を述べている。セミコロンの後はSVCの文で，S=a life, V=would (not) be, C=worth。

ピアジェの遊びの理論（1）（2）（3）

0931	**aid** poorer countries [éid]	貧しい国々**を助ける**	他 ～を助ける　名 助けとなるもの
0932	**assimilation** [əsìməléiʃn]	（ピアジェ理論で）**同化**	名 同化，一様化；消化，吸収
0421	**accommodation** [əkàmədéiʃn]	（ピアジェ理論で）**調節**（再掲）	名 （宿泊）設備；融通，便宜
0933	a problem **schema** [skí:mə]	問題**スキーマ**	名 概要；図解（複数形は schemata）
0934	the **sensorimotor stage** [ðə sènsərimóutər stèidʒ]	（ピアジェ理論で）**感覚運動期**	名 感覚運動期
0935	a blinking **reflex** [rí:fleks]	まばたき**反射**	名 反射；反射運動　形 反射的な
0936	**let go of** ～ [lèt góu əv]	**～から手を放す**	動句 ～から手を放す
0937	the **pre-operational stage** [ðə prì:apəréiʃnl stèidʒ]	（ピアジェ理論で）**前操作期**	名 前操作期
0938	acquire **competence** [kámpitəns]	**能力**を身につける	名 能力，適性；権限；資産
0939	stock **manipulation** [mənìpjəléiʃn]	株の**操作**	名 操作；巧妙な取り扱い
0940	a **repertoire** of songs [répərtwà:r]	歌の**レパートリー**	名 レパートリー；能力の範囲
0941	**consolidate** information [kənsálidèit]	情報**を整理統合する**　（▷多）	他 ～を整理統合する　自 合併する
0942	a **distorted** description [distɔ́:rtid]	**ゆがんだ**記述	形 曲解された
0943	an **egocentric** person [ì:gouséntrik]	**自己中心的な**人	形 自己中心的な　名 自己中心的な人

ピアジェの遊びの理論（1）（2）（3）

0944	**constructive** advice	建設的忠告
	[kənstrʌ́ktiv]	形 建設的な；建設の
0945	**the concrete operational stage**	（ピアジェ理論で）具体的操作期
	[ðə kɑ́nkriːt ɑpəréiʃənl stèidʒ]	名 具体的操作期
0946	**the formal operational stage**	（ピアジェ理論で）形式的操作期
	[ðə fɔ́ːrml ɑpəréiʃənl stèidʒ]	名 形式的操作期
0947	**hide and seek**	かくれんぼ
	[háid ən síːk]	名 かくれんぼ
0948	friendly **co-operation**	友好的協力
	[kouɑ̀pəréiʃn]	名 協力；協同組合
0949	**reciprocity** in trade	貿易における互恵主義
	[rèsiprɑ́səti]	名 相互関係；互恵主義
0950	**de-centre**	脱中心化する
	[dìːséntər]《米》de-center	自 脱中心化する 他 ~を中心から外す
0951	**altruistic** devotion	利他的献身
	[æltruístik]	形 利他（主義）の

派生語

0952	**competent**	形 有能な；適任で（← competence）
0953	**manipulate**	他 ~を操作する；~を巧みに扱う（← manipulation）
0954	**consolidation**	名 強固にすること；統合；整理（← consolidate）
0955	**distort**	他 ~をゆがめる；~を曲解する（← distorted）
0956	**egocentricity**	名 自己中心性（← egocentric）
0957	**decentration**	名 脱中心化（← de-centre）
0958	**altruism**	名 利他主義（← altruistic）

多義語

consolidate 他 ~を強化する（➡ ~を整理統合する；合併する）

The company has consolidated its hold on the European market.
（その会社はヨーロッパ市場への支配力を強化した）

5 心理学・教育学

Passage 50 Piaget's theory of play (1)

Piaget's theory of play is related to his ideas on intellectual development: the level of intellectual development is often demonstrated in the child's play; also, some play can **aid** that intellectual development.

Piaget believed that it was by two processes, **assimilation** and **accommodation**, that a child builds up his **schemata** which give him his internal idea of the world.

Although play sometimes involves accommodation, according to Piaget there is always more assimilation. Some play is pure assimilation. He distinguishes between play as a repetition of an action already mastered, and repetition of an activity in order to understand it. The latter involves some accommodation. Suppose a child is given a magnet. At first a four-year-old might play with the new object using old schemata. He might suck it, throw it, or tip it from the back of his tipper truck (assimilation). Then he finds that whilst it slips from the plastic truck it refuses to slip from a certain metal one. This presents a problem the child has no schema to cope with. So now he plays with the magnet in a different way; he might walk around the room touching it on different objects to see which it sticks to. He is building up a new schemata, i.e. his play now involves some accommodation.

Piaget observed children and noticed different kinds of play which he believed corresponded to the stages of cognitive development. (*continued*)

語句と構文

L04. it was by two processes, assimilation and accommodation, that ... は強調構文。assimilation and accommodation は two processes と同格。 ／ L14. whilst = while ／ L15. a problem の後に関係代名詞が省略されている。この関係代名詞は文末の cope with の目的語に当たる。 ／ L17. a new の後なので本来は schema と単数形が続くべきだが，原文どおりに掲載した。 ／ L19. which の後の he believed は，関係代名詞節に挿入された節。

Translation 50 ピアジェの遊びの理論（1）

　ピアジェの遊びの理論は知的発達に関する彼の考えと関連がある。具体的には，「知的発達のレベルはしばしばその子供の遊びに表れる」，そしてまた，「ある種の遊びはその知的発達を助けることができる」，というものである。

　ピアジェは，世界についての内的な概念を持たせるスキーマを子供が形成するのは，同化と調節という二つのプロセスによる，と考えた。

　遊びは，時には調節を含むが，ピアジェによれば，常に同化の方が多い。ある種の遊びは純粋な同化である。彼は，すでに習得された行為の反復としての遊びと，ある活動を理解するためにその活動を反復することとを区別する。後者にはいくらか調節が含まれている。ある子供が磁石を与えられたとしよう。4歳の子供であれば，最初は古いスキーマを使ってその新しい物で遊ぶかもしれない。彼はそれをなめ，投げ，自分のダンプカーの荷台から落とす（同化）。そのうちに彼は，磁石がプラスチックのトラックからは滑り落ちるのに，ある種の金属のトラックからは滑り落ちないことに気づく。ここで子供が対処するためのスキーマを持たない問題が生じたのである。そこで，子供は別のやり方で磁石で遊び始める。部屋の中を歩き回って，磁石をいろいろな物に接触させ，どれにくっつくかを試すかもしれない。彼はこの時新しいスキーマを築いている。つまり，彼の遊びに今度は調節が含まれることになるのである。

　ピアジェは子供たちを観察し，彼が認知発達の諸段階に対応すると考えた異なった種類の遊びに気づいたのだった。（続く）

Passage 51: Piaget's theory of play (2)

SENSORIMOTOR STAGE

According to Piaget, play at this early age is mainly *mastery play* or *practice play*. Play at this stage of development involves the reproduction of sensorimotor acts. For example, spontaneous fist waving and spontaneous vocal babbling. This is pure assimilation, a skill newly mastered is repeated at every opportunity. At four months a child learns to push a suspended rattle, and then repeats this. At 7-12 months a child will remove covers to discover hidden objects. The early grasping **reflex** can later be used voluntarily as the child deliberately picks up objects. Later still he learns to 'ungrasp' or **let go of** articles on purpose; and around one year old, the child will systematically empty his pram of toys then call loudly for them to be returned to him.

PRE-OPERATIONAL STAGE (2-7 YEARS)

Repetition of motor acts continues throughout this stage, and the child's **competence** at exploration and **manipulation** increases enormously. At this stage the child also delights in verbal play, using newly acquired words. One of the most interesting developmental characteristics of the stage is the introduction of *symbolic or make-believe play* into the child's **repertoire**. This is pure assimilation and it repeats and organizes images and symbols (schemata) that the child already has. It helps to **consolidate** the child's emotional experiences because anything important can be produced in play but it can also be **distorted** —— reality does not matter as the child is very **egocentric** at this stage, i.e. he finds it hard to view a situation from any viewpoint other than his own. Egocentricity is less important as the child grows older and, towards the end of this stage, play moves closer to reality. Play is then more **constructive** and ceases to be so 'playlike'. (*continued*)

語句と構文

L04. vocal babbling = 喃語（乳児が発する意味のない音声） / L11. call for 〜 to ... = 〜に…するよう要求する

ピアジェの遊びの理論（2）

感覚運動期

　ピアジェによれば，この幼い年齢における遊びは主に「習得遊び」あるいは「練習遊び」である。この発達段階での遊びは，感覚運動行為の再現がその内容となる。例えば，自然にこぶしを振ったり，自然に喃語を発したりするのがこれに当たる。これは純粋な同化であり，新しく習得した技は機会あるごとに繰り返される。4カ月の子供は，つるしたガラガラを押すことを覚え，これを繰り返す。7〜12カ月の子供は，隠された物を見つけ出そうと覆いを取る。初期の握り反射は，後に子供が意図的に物を拾い上げる時に無意識に用いられる。さらに後になると，子供は，「握ることをやめる」，つまり故意に物から手を放すことを学ぶ。そして，1歳頃になると，計画的におもちゃ入れをひっくり返してから，大声で戻ってこいと言う。

前操作期（2〜7歳）

　運動性行為の反復がこの段階を通して続き，子供の探求と操作の能力は大幅に向上する。この段階では，子供は新しく習得した言葉を使って，言葉遊びを楽しむこともする。この段階の最も興味深い発達上の特徴の一つは，「象徴遊び，すなわち，ごっこ遊び」をレパートリーに取り入れることである。これは純粋な同化であり，子供がすでに持つイメージとシンボル（スキーマ）を繰り返し，そして組織化する。それは，子供の感情的経験を整理統合するのに役立つ。なぜならば，遊びの中ではどんな重要なものも作り出せるが，それはゆがんでいることもあるからである。この段階の子供は非常に自己中心的なので，現実は問題にならない。つまり，自分自身の見方以外の見方で状況を見ることは子供にとって困難なのである。自己中心性は，子供が大きくなるにつれて重要でなくなり，この段階の終わりに近づくと，遊びは現実に近くなる。その頃には，遊びはもっと建設的になり，それほど「遊びっぽく」はなくなる。（続く）

Piaget's theory of play (3)

CONCRETE OPERATIONAL STAGE (7-12 YEARS) AND FORMAL OPERATIONAL STAGE (12+)

At these stages, play often consists of games with rules or codes of honour, such as rounders or football, or games where the children invent their own rules, such as **hide and seek**. After the age of eleven, which Piaget's cognitive theory describes as the formal operational stage, children cease to play quite so much —— except for games which include rules. The child's understanding of the origins and application of rules varies with age, as Piaget's investigations into the games of children showed.

Co-operation and **reciprocity** can now be seen in the child's play. Just as the child now **de-centres** and realizes that others have their own view of the world, so he also develops social reciprocity which makes him realize they too have feelings, they also like him to share toys, etc. Now the child is more **altruistic**, ready to take part in a way that ensures the enjoyment of other players as well as himself, and ready to take part in team games. For the sake of the team he is more willing to pass the football in order for the team to succeed. Previously, he regarded a 'good' game of football as one where he himself had control of the ball as often as possible.

There are some difficulties with Piaget's theory. It suggests that a child will tend to play at whatever activity he has just learned and that during the play reality will be distorted to suit the child's needs. Piaget says little about the amount of distortion that occurs and whether this can be modified by experience or interaction with adults.

However, in spite of this criticism, the theory has something to offer. Assimilation and accommodation continue throughout life, so this theory could be used to describe the 'play' of adults as well as children; it can explain activities as different as indulging in hobbies and playing whist. (*The end*)

語句と構文

L.03. code of honour = 社交儀礼 ／ L.04. rounders = ラウンダーズ（野球に似た英国の球技）／ L.10. (Just) as ..., so ... =（ちょうど）…であるように，…である ／ L.12. they too have feelings と they also like him to share toys は，共に realize の目的語となる that 節（that は省略されている）。

Translation 52　ピアジェの遊びの理論（3）

具体的操作期（7～12歳）と**形式的操作期**（12歳以上）

　この段階では，遊びはしばしば，ラウンダーズやサッカーのようにルールや暗黙の決まりがあるゲームか，**かくれんぼ**のように子供たちが独自のルールを作り出すゲームとなる。11歳を過ぎると，ピアジェの認知理論で形式的操作期と呼ばれる時期に入るが，子供たちはルールのあるゲームを除いてあまり多く遊ばなくなる。子供のゲームに関するピアジェの調査が示す通り，ルールの起源と適用についての子供の理解は年齢によって変わる。

　この段階になると，**協力**と**互恵主義**が子供の遊びに見られるようになる。子供は**自己中心性から脱却し**，他人もそれぞれの世界の見方を持っているということに気づくと同時に，社会的相互性を発展させ，それによって，他人も感情を持っていることや，おもちゃを一緒に使わせてもらいたいと思っているといったことを，理解する。今や子供はより**利他的**になり，自分自身だけでなく共に遊ぶ仲間の楽しみも保証する方法で遊びに参加する心構えができ，チームゲームに喜んで参加するようになる。チームのために，チームが勝てるようにと，以前よりも進んでボールをパスするようになる。以前の段階では，子供が思う「よい」サッカーの試合とは，自分自身ができるだけ頻繁にボールを支配できる試合のことであった。

　ピアジェの理論にはいくつかの難点がある。この理論では，子供は学んだばかりの活動が何であれそれで遊ぶ傾向があり，その遊びをしている間，現実は子供の欲求に合わせてゆがめられる，とされる。ピアジェは，ゆがみがどれくらい起こるのか，それは経験や大人とのやりとりによって修正され得るのかということについて，ほとんど述べていない。

　しかし，こうした批判にもかかわらず，彼の理論には得るところがある。同化と調節は生涯続くので，この理論は子供ばかりでなく大人の「遊び」を説明するのにも用いることができるかもしれない。例えば，趣味にふけることとホイストをすることには違いがあるが，そのような違いのある活動を説明することが可能になる。（完）

L19. suggests の目的語は，that a child ... just learned と that during the play ... child's needs の二つの that 節。／ L21. Piaget says little about の後には，the amount ... という名詞と whether this can be modified ... という名詞節の二つが続いている。／ L27. whist = ホイスト（二人一組でやるトランプゲーム）

▶ 知ってますか？

0959	**Skinner box**	名 スキナー箱
0960	**operant conditioning**	名 オペラント条件付け
0961	**respondent conditioning**	名 レスポンデント条件付け
0873	**reinforcement**	名 強化（再掲）

　スキナー箱とは，スキナーが動物（ネズミなど）の学習を研究するために考案した箱をいう。ネズミのスキナー箱には壁に**レバー**（**lever**）と**餌皿**（**hopper**）が備え付けられている。レバーを押すと，自動的に丸薬の形をした餌が一粒餌皿に転がり落ちる。被験動物のネズミがこの箱に入れられると，最初はうろついているが，そのうち偶然にレバーを押す。すると餌が出てくる。そしてそれを食べる。このような経験を重ねると，ネズミがレバーを押す時間間隔が徐々に短縮されていって，やがては片方の手でレバーを押し，もう片方の手で餌を口にやる動作を継続的に行うことになる。つまり，レバーを押すという反応が条件付けられたのである。図で整理してみよう。

　　　　刺激1（レバー）⇨ 反応1（レバー押し）
　　　→ 刺激2（餌）➡ 反応2（摂食反応）

　この図で「刺激2 ➡ 反応2」はレスポンデント条件づけと呼ばれる。これは環境からの刺激に反射的に反応するという意味。餌があれば即座に食べたいという反応が無条件に出てくるのである。ところが「刺激1 ⇨ 反応1」はそうではない。レバーがあっても無条件にレバー押しという反応は出てこない。レバーを押すのは，押すと出てくる餌（これを強化刺激という）がレバーを押すという行為を強化しているからだ。ネズミは環境に自発的に働きかけた結果，レバー押しを学習したのである。このような学習付けの過程をオペラント条件付け，または**道具的条件付け**（**instrumental conditioning**）という。オペラント（operant）はスキナーの用語で「環境に対する自発的反応」という意味。

0903	**agoraphobia**	名 広場恐怖症（再掲）
0962	**social phobia**	名 対人恐怖症
0963	**claustrophobia**	名 閉所恐怖症
0964	**arachnophobia**	名 クモ恐怖症

　phobia は不安障害の一種で「恐怖症」と訳される。特定の事物・出来事・活動・状況などに対する**不合理で**（**irrational**）**持続的な**（**persistent**）恐怖感により日常生活に支障を来す症状をいう。広場恐怖症とは，群集の中にいたり，ショッピング街などの公共の場所を訪れたり，バスや列車などに乗ったりすることに対する恐怖

症である。対人恐怖症は，他人からの**詮索**(せんさく)(**scrutiny**)や，**見知らぬ人**(**stranger**)がいる社会的状況の中で注目の的になることへの恐怖症である。閉所恐怖症は，密室にいることへの恐怖症である。また，動物に対する恐怖症として代表的なものにクモ恐怖症がある。このように恐怖症は挙げたらきりがないほどたくさんあるが，参考までにイギリス人に一般的な恐怖症を多い順に挙げると，（1）クモ恐怖症，（2）対人恐怖症，（3）飛行機酔いによる**嘔吐**(おうと)**恐怖症**(**aeronausiphobia**)，（4）広場恐怖症，（5）**癌**(がん)**恐怖症**(**carcinophobia**)，（6）**雷恐怖症**(**brontophobia**)，（7）**死恐怖症**(**thanatophobia**)，（8）**心臓病恐怖症**(**cardiophobia**)，となる。

0965　attention-deficit disorder（ADD）　図　注意欠陥性障害
0966　attention-deficit hyperactivity disorder（ADHD）　図　注意欠陥多動性障害

　注意欠陥性障害は現在，注意欠陥多動性障害の一つの病態として説明される。注意欠陥多動性障害は，（1）**不注意**（**inattention**），（2）**多動性**（**hyperactivity**），（3）**衝動性**（**impulsivity**）の三つの特徴のうち少なくとも一つを持続的に示す障害で，一般には**学齢期の子供**（**school-age children**）に現れる。不注意とは，一つの作業に数分間，場合によっては数秒も注意を集中することができないことを意味する。多動性とは，絶えず動き回っている状態をいう。衝動性とは，自分の反応を抑制できないことをいう。子供によって不注意が優位になっている場合もあるし，多動性が優位になっていることもある。ある調査によると，ADHDと診断される子供は男子が女子よりも4倍から9倍多いという。アメリカでは1990年代にADHDと診断される人が急増したが，その背景としてはADHDへの関心の高まりと誤診の増加があると言われている。ADHDは本来は精神科医が診断すべきだが，学校の担当医が誤った診断を下す場合もあり，訴訟に発展することもある。ADHDの原因としては，親からの遺伝であるとする説と脳障害説がある。後者は胎児が出生前期に母親の摂取するタバコやアルコールにさらされることがその一因との説もある。ADHDの原因として大胆な説を唱える人もいる。*Attention Deficit Disorder : A Different Perception* の著者トム・ハートマン（Thom Hartmann）だ。自分の子供をADDと診断されたハートマンは，従来の説ではアメリカの多数の人々がこの障害を持つことを説明できていないとして，「**ハンター・ファーマー理論**（**the Hunter-Farmers Paradigm**）」という次のような仮説を立てた。ADHDの人は狩猟採集の民の**末裔**(まつえい)である。だから，**狩人**(かりゅうど)の特徴である周囲への警戒心やとっさの判断力，危険や刺激を求める性向を受け継いでいる。だが，現代の世界ではこのような特質は不必要なので，病気と診断されてしまう，と。

5 心理学・教育学

0967 post-traumatic stress disorder (PTSD) 图 心的外傷後ストレス障害

心的外傷（psychic trauma）とは，後に精神障害を引き起こす原因となる心理的に受容できない過酷な体験や出来事をいう。これには，レイプ（rape），肉体的虐待（physical abuse），子供時代に受けた性的虐待（childhood sexual abuse），重大な傷害（serious injury），襲撃（assault），戦闘体験，自然災害（natural disaster），その他生命を脅かす出来事（life-threatening event）が含まれる。心的外傷後ストレス障害とは，これらの出来事を記憶や夢，幻覚（hallucination），フラッシュバック（flashback：突然の想起）を通して，繰り返し，持続的に再体験する不安障害である。出来事の被害者だけでなく，近親者など周囲の人でもPTSDになることがある。PTSDの症状としては，感情の鈍化，不眠（insomnia），孤立感（sense of isolation），怒りやすいこと（irritability），集中力の欠如（lack of concentration）などがある。ある調査によると，ベトナム戦争の退役軍人（veteran）のうち，男性の31パーセント，女性の27パーセントがPTSDを経験したと報告しているという。また，レイプの生存者は，事件後の最初の2週間の間に95パーセントが，3カ月の間には50パーセントがPTSDを体験し，継続的にPTSDで苦しんでいる人は25パーセントにまで上るという。近年，子供時代の性的虐待がよく話題になるが，いろいろな研究によると，子供時代は決して無垢の時代（time of innocence）ではなく，被害（victimization）の時代であるという。そして，信頼する親や近親者が性的虐待の加害者の場合には子供に与える心理的ダメージが大きく，PTSDの症状は容易に消えがたいものになるようである。

0968 Münchausen syndrome 图 ミュンヒハウゼン症候群

ミュンヒハウゼン症候群とは，医療を受ける目的で反復的に病気のふりをしたり，病気の症状をでっち上げたりする精神障害で，虚偽性障害（factitious disorder）の一つである。ミュンヒハウゼン症候群の患者は通常，医学について該博な知識を持ち，発作（seizure）を装ったり，尿に血液を加えたり，場合によっては手術の傷跡（surgical scar）を作るために自傷行為に及んだりするが，その最終目的は病院での長期の検査や治療を受けることにある。症状や病気が虚偽であることがばれると，病院から姿を消し，また同じような手口で治療してくれる病院を探し求める。

この症候群の変形タイプとして，代理ミュンヒハウゼン症候群（Münchausen syndrome by proxy）というものがある。これは，親などが子供などを病人にでっち上げたり，病気の症状を作り上げたりして，医者の治療を求めようとするものである。

ミュンヒハウゼン症候群は，治療を受けたいというだけでなく罰せられたいとい

う無意識の願望に由来し，子供時代の虐待が遠因になっていると考えられている。心理的に根の深い問題なので，この病の治療は難しく，あまり成功しないと言われる。

0933　schema（複数形 schemata）　名 スキーマ，図式（再掲）

　schema とは認知心理学における概念で，一般には「スキーマ」と訳されるが，「図式」と訳されることもある。スキーマとは，人間が外界を知覚する際の基本的な認知構造をいう。「枠組み」あるいは「判断枠組み」の意味を持つ frame とほぼ同義である（frame という言葉は後に紹介するミンスキーが使用している）。認知心理学においてスキーマを最初に唱えたのはイギリスの心理学者バートレット（Sir Frederic Charles Bartlett : 1886-1969）。彼は人間がどのようにして物語を思い出すかに興味を持ち，それを調べるために複数の異なった文化の物語を学生に教え，後にそれらを思い出してもらった。学生たちが再現した物語は不完全で誤りを含んでいた。バートレットが注目したのは誤りそのものではなく，それらの誤りが学生自身の**世界観**（**view of the world**）にひどく影響を受けているということであった。この実験から，人は新しい状況に遭遇すると，その状況を解釈し理解するために，既存のスキーマを利用することがわかったのである。バートレットのこのようなスキーマの考えは，当時は行動主義の心理学が幅を利かせていたので学界の主流にはならなかったが，後年，**人工知能**（**artificial intelligence**）の開発の面から注目されるようになった。その立役者がアメリカのコンピューター科学者のミンスキー（Marvin Lee Minsky : 1927-）である。ミンスキーは**人間もどきの知性**（**humanlike intelligence**）を示す機械を開発しようとしていた。そしてバートレットの記憶に関する本（*Remembering: A Study in Experimental and Social Psychology*）を読み，人間の知的行動の多くが**一般的な知識**（**generic knowledge**）の利用を手がかりにしていることを理解し，そこから，人工知能を作るには機械に大量の知識を備えさせることが必要であると主張した。

　ここで理解を深めてもらうために，スキーマがどのように働くのかを簡単に説明しておく。スキーマは，一定の固定した内容情報を持っていて，その情報が対象を知覚する場合に，その対象を規定すると同時に（新しい情報もあるから）修正もされるという循環的な性質を持つ。スキーマは複数の**知識の構造**（**knowledge structure**）から成り立ち，それぞれの構造にいくつもの**スロット**（**slot**）と呼ばれるものがある。これは新しい情報に対応した変数を受け入れる箱のようなものだ。スロットには**初期値**（**default value**：デフォルト値あるいは暗黙値とも呼ばれる）が設定されていて，外界からの新しい値が提供されない限り，この初期値が使われる。例えば，ある人のスキーマの中の「机」の知識のところには，その脚の数が初

期値として「4」と設定されているとする。その人がある教室に連れて行かれ，後に机の脚の数はいくつあったか聞かれた場合に，その人が机の脚の数にことさら注意を払っていなかった場合には，実際には机の脚の数が「3つ」であったとしても，「4つ」と答えてしまうのである。この誤りは，被験者が自分自身のスキーマに従ったことに由来する。

0969　cognitive bias　图 認知バイアス

認知療法においては，認知バイアスは**ゆがんだ思考様式**（**patterns of distorted thinking**）と同意である。これらの様式を知っておくことは，人が陥りやすいネガティブな思考を見定め，かつそれを是正する上で重要なスキルとなるので，以下に主なものを説明しておく。訳語は定まっていないものもあるが，便宜のために示しておく。

（1）**generalization**（一般化）
特殊な事例や状況から「一般化すること」をいう。例えば，ある人に不当に扱われたことから「自分はみんなに嫌われている」と一般化することである。

（2）**mind reading**（深読み）
証拠がないのに相手が悪く考えていると勝手に「心を読むこと」である。日本語には「深読み」というのがあるが，それに近い。例えば，大した根拠もなく「あの人は私を退屈な人間だと思っていることが私にはわかっている」と決めつける場合などがこれに当たる。

（3）**magnification and filtering**（拡大視と捨象）
これは，悪い面を拡大視し，良い面を捨て去って無視すること。背景知識解説Theme 5で紹介した博士論文の例がこれに相当する。

（4）**polarized thinking**（両極的思考，二分割思考）
「すべてかゼロか」，「良いか悪いか」といった中間がない極端な思考である。

（5）**catastrophizing**（破局的思考）
それほど不幸でもない出来事を拡大解釈して大げさに考えること。「もしこの契約がとれなかったら，おれは会社を首になって，人生は終わってしまうだろう」といった思考がこの例である。

（6）**personalization**（自己関連付け）
他人の言動を自分への非難と受け止めること。personalizationは「自分に関係付ける，自分のせいにする」といった意味。例えば，夫に部屋が少し汚れていると言われた時に，「夫は私の家事の能力を批判している」と受け止めてしまうようなことである。

（7）**blaming**（非難）

これは，被害者意識を持ち，うまくいかないことを他人のせいにすることである。例えば，会社で順調に出世できない人が「会社が私の人生をダメにした」と会社を非難するような場合が，これに当たる。

(8) **self-blame**（自己非難）
周囲の人の苦しみや不幸を自分のせいにしてしまうこと。息子が事業で失敗して自殺したのを，母親が自分の育て方が悪かったせいだと自分自身を責めるような場合が，この例である。

(9) **rigid thinking**（硬直的思考）
柔軟性のない硬直した思考のこと。例えば，自分自身の考えを正しいと思い込むあまり，他人が自分の考えに同意しない時に「彼らは絶対に間違っている」と決めつけるような場合が，これに当たる。

0970　**sociocultural approach**　名 社会文化的アプローチ
0971　**private speech**　名 内言，独り言

　ピアジェは同化と調節によって子供が環境と相互作用をしながら認知発達を遂げることを強調したが，この場合の環境とは子供の眼前の**直接的自然的環境**（**the immediate physical environment**）のことである。このようなピアジェの理論を批判し，子供が生まれ落ちた特定の文化のものの見方・規範などに影響を受けて成長していく面にもっと目を向けるべきだとする立場がある。それが**発達**（**development**）への社会文化的アプローチと呼ばれるものである。この説によれば，子供は自然科学者のように真実を求める探求者ではなく，ある文化を**新しく訪れた者**（**new comer**）のごとく，その文化のレンズを通して認知発達を遂げるとされる。このようなアプローチの萌芽は旧ソヴィエトの心理学者ヴィゴツキー（Lev Semenovich Vygotsky : 1896-1934）に見られる。ピアジェとヴィゴツキーの違いは，子供の内言の解釈にも表れている。ピアジェは内言を子供の自己中心性の現れとしたが，ヴィゴツキーは周囲の大人から文化的情報を採取するための重要な認知発達の一つであるとした。

➤ Related Words & Phrases

精神障害と心理学

0972	**diagnose** an illness	他	病気**を診断する**
0973	**diagnosis**	名	**診断**
0974	**normality**	名	**正常性**，**正常であること**
0975	**abnormality**	名	**異常性**，**異常であること**
0895	**maladaptive**	形	**不適応な**（再掲）
0976	**neurosis**	名	**神経症**
0977	**psychosis**	名	**精神病**
0978	violent **aggressiveness**	名	激しい**攻撃心**
0979	**autism**	名	**自閉症**
0980	**mental retardation**	名	**知的障害**
0981	lapse into **delirium**	名	**譫妄（せんもう）状態**に陥る （注）「譫妄」という精神障害名でもある。
0982	temporary **amnesia**	名	一時的**記憶喪失**
0983	**schizophrenia**	名	**統合失調症**
0984	**bipolar disorder**	名	**躁鬱（そううつ）病**
0985	**panic disorder**	名	**パニック障害**
0986	**obsessive-compulsive disorder**	名	**強迫性障害**
0987	**multiple personality disorder**	名	**多重人格障害**
0988	**sexual identity disorder**	名	**性同一性障害**
0989	**eating disorder**	名	**摂食障害**
0990	**chronic insomnia**	名	**慢性不眠**

0991	impulse control disorder	名 衝動抑制障害
0992	personality disorder	名 人格障害
0993	a hereditary disorder	形 遺伝性の障害
0994	free association	名 自由連想
0995	a psychic trauma	名 心的外傷
0996	cognitive therapy	名 認知療法
0997	cognitive-behavior therapy	名 認知行動療法
0998	a phobia	名 恐怖症
0999	carcinophobia	名 癌恐怖症
1000	irrational fears	形 不合理な恐怖感 (注)「ばかげた」の意味もある。
1001	a persistent ache	形 持続性のある〔持続的な〕痛み
1002	scrutiny	名 詮索，精査
1003	inattention	名 不注意
1004	hyperactivity	名 多動性
1005	impulsivity	名 衝動性
1006	lack of concentration	名 集中力の欠如
1007	sexual abuse	名 性的虐待
1008	endure an assault	名 襲撃〔攻撃〕に耐える
1009	hallucination	名 幻覚
1010	flashback	名 フラッシュバック
1011	irritability	名 過敏，怒りっぽいこと

1012	**nausea**	名	嘔吐
1013	**perspiration**	名	発汗
1014	a **veteran**	名	退役軍人，帰還兵，古参兵
1015	a feeling of **hopelessness**	名	絶望感
1016	a feeling of **worthlessness**	名	無価値であるという思い
1017	**generalization**	名	一般化
1018	**magnification**	名	拡大視，拡大解釈
1019	**polarized thinking**	名	両極的思考
1020	**self-blame**	名	自分を責めること，自己非難
1021	**rigid** thinking	形	硬直した思考

フランクル・ロゴセラピー

1022	a Holocaust **survivor**	名	ホロコーストの生存者
1023	**Auschwitz**	名	アウシュビッツ
1024	**brutal** treatment	形	野蛮な〔残忍な〕扱い
1025	**brutality**	名	野蛮，残忍
1026	a **psychotherapist**	名	精神療法家
1027	an **inmate**	名	受刑者，収容者
0557	an existential **vacuum**	名	実存的空虚（再掲） (注)「むなしさ」の意味もある。
1028	a **meaningless** life	形	意味のない生活

ピアジェ・認知発達

1029	child psychology	名 児童心理学
1030	an infant	名 幼児
1031	schéma	名 シェマ
0932	assimilation	名 同化 (再掲)
0421	accommodation	名 調節 (再掲)
1032	conservation of number	名 数の保存性
0149	the permanence of objects	名 物の永続性 (再掲)
1033	egocentrism	名 自己中心性
1034	artificial intelligence	名 人工知能
1035	a default value	名 初期値
1036	interaction with the environment	名 環境との相互作用

第6章 宗教・倫理学

Theme 1　釈迦——悟りまでの道のり

　仏教の開祖である釈迦（Gautama Siddhartha：前463-383頃，前566-486頃，前624-544頃など諸説あり）は，タラーイ盆地（現在のネパール南辺からインド国境付近）に住む釈迦族の王家に生まれた。生後7日目に生母を失い，その後叔母に育てられ，16歳の時妃を迎えた。釈迦は豊かな生活を送っていたが，その生活に満足を見出すことができず，深く人生の問題に悩むようになった。ある日，釈迦は宮殿の外で**非常に弱った老人**（**very feeble old man**）に出会い，人間の老いという運命に思いを致した。釈迦は次に**病人**（**sick person**），そして**死者**（**dead person**）に遭遇し，栄華の生活にある自分もいずれ死ぬことを知り，深い絶望感に襲われるが，最後に**放浪の苦行者**（**wandering ascetic**）に出会う。苦行者は無一物であったが，幸福感と心の**平静**（**equanimity**）を漂わせていた。釈迦は宮殿に戻るが，この苦行者の姿が忘れられず，やがてひそかに宮殿を後にし，**乞食**（**mendicant**）の生活に入った。その後，5人の仲間と共に難行苦行に励んだが，何の覚醒も得られず，このような生活に疑問を抱き，この集団から離れ，人間存在の目的を理解するまで木の下で**瞑想**（**meditation**）を続けることを決意した。そして35歳の時，ついに**悟り**（**enlightenment**）を開いた。この木はイチジクの木であったが，悟りを開いた釈迦にちなみ菩提樹と呼ばれる（菩提は煩悩から解放された悟りの意）。ちなみに，釈迦のことを**ブッダ**（**the Buddha**）と呼ぶが，これは**悟りを開いた人**（**enlightened one**）という意味。釈迦はまた，釈迦牟尼や釈尊という尊称でも呼ばれる。

Theme 2　最初の説法

　悟りを開いた釈迦は鹿野苑で最初の説法を行った。説法の内容はまとめて四諦八正道と呼ばれる。**四諦**（**the Four Noble Truths**）の内容は以下の通りである。
（1）**苦諦**（**all is suffering**）
この世の中は苦しみであるという人間が置かれている状況をいう。病，老齢，死といった肉体的な苦痛だけでなく，物質的な面でも人間関係の面でも自分の思い通りにならないといった苦しみをいう。
（2）**集諦**（**the origin of suffering**）
苦しみの原因。人間の苦しみは，**この世の中の有り様**（**the nature of the world**）が原因というよりも，むしろそれに対する人間の反応によってもたらされるということ。
（3）**滅諦**（**the cessation of suffering**）
苦しみを終わらせる「薬」。それは欲望をなくすことである。あれが欲しい，これが欲しいといった欲望，事態が今と違ったふうであってほしいという欲望が苦しみの原因なのだから，それをなくせばよいということ。

（4）道諦（the path to the cessation of suffering）
苦しみをなくすための方法。具体的には八つあって，**八正道**（the Noble Eightfold Path）と呼ばれる。

Theme 3　八正道

（1）**正見**（Right Understanding）
正しく真実を見ること。具体的には，この世の中のすべては**永続性のないもの**（the impermanent）であるから，物事に**執着**（attachment）してはいけない，執着は不幸につながる，ということ。

（2）**正思**（Right Intention）
物事に執着してはいけないということは自分自身にも当てはまるから，自分にも執着してはいけないということ。つまり**無我**（no-self）になること。

（3）**正語**（Right Speech）
他者にとってあるいは他者について不快なあるいは有害な言葉を避けること。

（4）**正業**（Right Action）
生き物（living creature）を殺したり，**不道徳な性的行為**（immoral sexual conduct）を行ったり，盗みを働いたりなど，仏教者としてやってはいけないこと。

（5）**正命**（Right Livelihood）
他の生き者に直接間接に危害を及ぼすような生活をしてはいけないということ。武器商人や屠殺者，肉屋といった職業につくことはいけないことになる。

（6）**正精進**（Right Effort）
事物や人々について価値判断を下す時に，好悪の感情などに支配されないように正しい努力をすること。

（7）**正念**（Right Mindfulness）
日常の出来事に正しく注意を向けること。例えば，食事をしている時はそれだけに注意を向けなさいということ。それ以外の考えが当面の行為を乱すことを避けるためである。

（8）**正定**（Right Concentration）
正しい精神統一。具体的にはあるべき瞑想法のこと。

『神々との対話』（中村元訳　岩波文庫）より

「世の人々は，欲求によって縛られている。しかし，欲求を制することによって解脱する。欲求を断つことによって一切の束縛の絆を断ち切るのである。」

Theme 4　なぜ善良な人に悪いことが起こるのか？

　後出の Passage 54〜58 は *When Bad Things Happen to Good People* という本から採ったものだが，この本は，古来最も難しいとされる**神学上の問題**（**theological question**）を扱っている。それは「なぜ善良な人に悪いことが起こるのか？」，「神はなぜ悪事を起こるに任せるのか？」という疑問である。もし神が全能なら，そのような不当な事柄が起こることを止めることは可能であるはずだからだ。この本の著者 H・S・クシュナー（Harold S. Kushner : 1935-）はユダヤ教の**ラビ**（**rabbi**）である。彼は神と世界の善を信じ，人々にもそのことを信じてもらうための活動に人生のほとんどを捧げてきたにもかかわらず，息子を**早老症**（**progeria**）という稀有の病で亡くしている。そのため彼は，神や神の行為について根本から考え直さなければならなくなり，上記の書を著したのである。

Theme 5　ヨブ記

　旧約聖書にも善良な人に災難がふりかかる物語がある。**ヨブ記**（*the Book of Job*）である。その概要は次のようなものだ。

　フスの地に，悪を避け，神を畏れる富豪のヨブがいた。ある日，神の前に天使たちが集まっていたが，その中にサタン（悪魔）が混じっていた。サタンは神に，ヨブが神を畏れる生活をしているのは神が与えた持ち物（7000 頭の羊，3000 頭のラクダ，500 頭の牛，500 頭の雌ロバ，数知れぬほどの下男下女）のせいだ，だから無一物にしてしまえば神を呪うはずだ，と言って賭けを挑む。神はその賭けを受け，サタンの好きにさせる。こうしてヨブに災いがふりかかり，ヨブは家畜をすべて失うだけでなく，息子や娘も失い，さらに自分自身も全身皮膚病に襲われる。やがてヨブは「不正を行う者には災いを，悪を行うものには外敵をお与えになるのではないか」（ヨブ記 31:3）と応報思想（神の律法に従った者には幸いが，それに違反した者には災いがもたらされるという考え）を引き合いに出して，神に抗議する。最後に神は「全能者と言い争う者よ。引き下がるのか。神を責め立てる者よ，答えるがよい」（ヨブ記 40:2）と言うと，ヨブは「私は軽々しくものを申しました。どうしてあなたに反論などできましょう。私はこの口に手を置きます」（ヨブ記 40:4）と答える。そしてヨブは以前にもまして神に祝福され，その持ち物は倍に増え，病気も癒えたのである。

Theme 6　悪をどう解釈するか？

　神の摂理（**God's providence**）という言葉がある。これは神が絶えず世界に配慮し，あらゆるものを手中に収め，神の子を**約束の地**（**the Promised Land**）に導いてくれるという考えだ。この神の摂理と神が悪を放置することに矛盾はないのか。無神論の立場に立てば，当然矛盾はない。なぜなら，苦しみを放置するような神は神ではないからだ。しかし，神の存在を前提にした場合に，その説明は容易ではなく，次のような諸説がある。
（1）神は人間に自由を与えた。つまり人間に善悪いずれをも自由に行わせている。したがって，悪が行われてもそれに干渉することはできない。
（2）神は人間に善悪の選択を許してはいるものの，特定の目的のために何かを起こしたり，起こるのを許したりすることがある。それがどのような意図かはその時点ではわからないが，やがてしかるべき時がくれば，その悪はより大きな善をもたらすためであったことがわかるはずだ。
（3）神がつかさどる世界では悪が起こるが，人間はその理由を知り得ない。（ヨブ記の思想はこれだという人がいる。）

Theme 7　神は悪とは無関係

　神と悪についての問題のしめくくりとして，H・S・クシュナー氏の考えを *When Bad Things Happen to Good People* から２箇所引用して紹介する。氏は前節の（1）の立場に立ち，災いは神とは無関係とし，神は我々が災いに襲われた時にこそ我々を救ってくださる存在である，という考えのようである。
「人生の災いは**神の意志**（**God's will**）ではないのですから，災いに襲われた時に我々は神に傷つけられたとか神に**裏切られたと思う**（**feel betrayed**）必要はないのです。我々は災いを克服するために神に向き合い助けを求めることができるのです。その理由は，神もまた我々と同様に災いに激しい怒りを感じているのだと，我々は自分自身に言い聞かせることができるからに他なりません。」
「最後に，『神は何の役に立つのか？ 正しい人にも悪い人にもこれらの悲惨な出来事が起こるのだとしたら，誰が宗教など必要とするだろうか』と尋ねる人に，私はこう答えます。神は**悲惨な出来事**（**calamity**）を防止することはできないかもしれませんが，我々に**それを乗り越える力と忍耐**（**the strength and perseverance to overcome it**）を与えてくださるのだ，と。」

Theme 8 死刑——世界の現状

　法もしくは実際の慣行と**倫理**（ethics）が対立する領域がある。それが鮮明に表れるのは，**生命に対する権利**（the right to life）が問題となる**死刑**（the death penalty），**安楽死**（euthanasia），そして**妊娠中絶**（abortion）である。ここでは死刑について述べる（他の二つについては「知ってますか？」を参照のこと）。なお，ここで言う「死刑」とは判決を受け執行されるまでのことで，判決を受けても実際に処刑されないものは含まない。だから，言葉としては**極刑**（capital punishment）の方が正確ではある。

　人権擁護や死刑廃止運動を続けているアムネスティ・インターナショナルによると，2008年現在で**法律上死刑制度を全廃した国・地域**（abolitionist）は92，死刑執行を停止するなどして**事実上廃止した国・地域**（de facto abolitionist）を含めると138になる。それに対して，死刑制度を残している国・地域は59である。趨勢としては死刑を廃止する国が増えているが，これは，近年の死刑廃止運動が死刑を関係国だけの問題にとどめず，国際的な人権問題として取り上げていることも一因をなしている。例えば，国連総会は2007年，2008年に死刑執行の一時停止などを求める決議案を賛成多数で採択した。**EU**（European Union）はメンバーに加わることの条件として死刑執行の停止と死刑廃止に向け努力することを加入希望国に求めている。2008年現在，ヨーロッパで死刑を適用している国は**ベラルーシ**（Belarus）だけである。先進国の中では，日本とアメリカはいまだに死刑制度を存置している。また，近年テロリズムに対し死刑を導入した国（リベリア）もある。正確な数はわからないが，2008年に中国では少なくとも1718人が処刑されたと言われている。死刑全廃への道のりはいまだ遠いのが実情である。

Theme 9 死刑——賛成論と反対論

　死刑の是非については，道徳的側面，功利主義的側面，実際の運用面からの賛否両論がある。
（1）死刑賛成論
1. 他人の生命を奪ったものは自らの生命への権利を失ったものと言える。また，死刑は**被害者の家族**（the victim's relative）ばかりでなく**法を遵守する**（law-abiding）一般市民の道徳的な怒り（応報感情）を表明する正しい報復の形である。（道徳的側面）
2. 死刑は，懲役刑では**抑止力**（deterrent effect）を持たない凶悪犯罪者に対して殺人を思いとどまらせる抑止力がある。また，実際に処刑すれば，おのずと**常習的犯行**（recidivism）を防止することができる。さらに，囚人を長く監獄に置いておくよりも，死刑にする方が費用がかからない。（功利主義的側面）

3. 正義と矛盾しない形で死刑を行うことは可能である。真に死刑に値する者だけを選別することは可能である。(実際の運用面)

（2）死刑反対論

1. 法が抑止しようとしている殺人という行為を国が合法化し実行することは理論から言っても道徳面から言っても矛盾であるから，死刑はむしろ**逆効果**（**counterproductive**）である。また，死刑が軽い犯罪（例えば，窃盗，横領，麻薬犯罪など）に適用されるなら，**加えられた危害に比例しておらず**（**disproportionate to the harm done**），不当である（つまり，「目には目を，歯には歯を」の同害報復の原理に反する）。また，死刑は被告人の生命への権利を侵害するもので，**非人間的**（**inhuman**）である。（道徳的側面）

2. 死刑が犯罪の抑止力になるという証拠はない。また，重大な罪を犯そうと堅く決意した者を法の力で阻止することは不可能である。さらに，無実の人を死刑にした場合には**原状を回復することができない**（**irreversible**）。死んだ人をもとに戻すことはできないのである。（功利主義的側面）

3. 過去の例を見ると，死刑を適用する場合，**恣意的**（**arbitrary**）になり，**差別的**（**discriminatory**）になることがある。例えば，貧しい人や**社会的少数派の人々**（**minority**）は**適切な法的扶助**（**legal assistance**）を受けられないことがあるし，黒人の犯罪について白人からなる陪審が審理する場合には**人種的偏見**（**racial prejudice**）が判断を左右することがある。また，どれほど整備された裁判制度にあっても誤りは起り得ることだから，**無辜の**（**innocent**）人間が処罰される危険性を取り除くことはできない。（実際の運用面）

『極刑』（スコット・トゥロー著　岩波書店）より
「民主的な国家はその国民を殺すことを許される，というようなことがあってよいのだろうか。この質問はまるで大学の政治学基礎講座のようだが，死刑論議の本質を突く問いである。国民が民主主義において主権の根源であるなら，政府は，より強い権力を持つとされる国民を除去してよいのだろうか。」

Theme 10　人間の尊厳を求めて

死刑についての議論はとかく「存置か廃止か」という点に集中しがちだが，死刑制度を廃止し終身刑で代替することにしたとしても，在監者の刑務所での処遇が非人間的であるなら（自殺する在監者が多いという事実がある），死刑を廃止した意味がない。したがって，死刑の議論は**人間の尊厳**（**human dignity**）への闘いという広い文脈の中で議論されるべき性質のものであろう。

Phrases 53 ゴータマ・シッダールタ小伝

#	英語フレーズ	発音	意味
1037	a **royal** family	[rɔ́iəl]	王**室** / 形 王室の, 王の；高貴な
1038	a **sheltered** life	[ʃéltərd]	世の荒波から守られた生活 / 形 保護された, 守られた
1039	abandon **luxury**	[lʌ́kʃəri]	**ぜいたく**をやめる / 名 ぜいたく；快楽　形 ぜいたくな
1040	an **ascetic**	[əsétik]	苦行僧 / 名 苦行僧, 禁欲主義者　形 禁欲的な
1041	**deny oneself** fun in life	[dinái wʌnsèlf]	人生の楽しみ**を捨てる** / 動句 自らに〜を与えない
1042	attain **enlightenment**	[inláitnmənt]	**悟り**を開く / 名 啓発, 教化；悟り
1043	a **formula** for success	[fɔ́ːrmjələ]	成功の**定式** / 名 定式文句；伝統的手法；信条
1044	the **cessation** of suffering	[seséiʃn]	苦しみの**停止** / 名 停止, 中止, 休止
0554	a state of **matter**	[mǽtər]	**物質**の状態（再掲）/ 名 物質；事柄；問題　自 重要である
1045	a pleasant **sensation**	[senséiʃn]	気持ちのよい**感覚** （▷多）/ 名 感覚；気持ち；感動
1046	out of one's **volition**	[voulíʃn]	自らの**意志**で / 名 意志；決断力
0517	**succeed** the crown	[səksíːd]	王位**を継承する**（再掲）/ 他 〜の後に続く　自 成功する
1047	a **substantial** being	[səbstǽnʃl]	**実体のある**存在 / 形 実質的な；かなりの
1048	a **conditioned** problem	[kəndíʃnd]	**条件付き**問題 / 形 条件付きの；(空気)調節された

ゴータマ・シッダールタ小伝

1049	a **craving** for drink [kréiviŋ]	飲酒**欲** 名 欲求, 熱望　形 切望する
1050	untroubled **bliss** [blís]	心穏やかな**至福** 名 至福；天国
1051	give up an **illusion** [ilúːʒn]	**幻想**を捨てる 名 幻想；幻影；錯覚

派生語

1052	shelter	名 避難所　他 〜をかくまう, 隠す (← sheltered)
1053	luxurious	形 ぜいたくな；肉欲にふける (← luxury)
1054	denial	名 否定, 否認；節制, 自制 (← deny)
1055	enlighten	他 〜を啓発する, 教化する (← enlightenment)
1056	volitional	形 意志の, 意志的な (← volition)
1057	substantiality	名 実在性, 実質のあること (← substantial)
1058	condition	名 条件；状態　他 〜を条件付ける (← conditioned)
1059	crave	自 他 (〜を) 切望する, 熱望する (← craving)
1060	blissful	形 喜びに満ちた (← bliss)
1061	illusionary	形 妄想(もうそう)の, 錯覚の (← illusion)

多義語

sensation　名 大騒ぎされるもの；センセーション (➡感覚；気持ち；感動)

The film caused a great sensation among film critics.
（その映画は映画評論家の間に一大センセーションを巻き起こした）

6　宗教・倫理学

Passage 53: A brief account of Gautama Siddhartha

Siddhartha, whose family name was Gautama, was born into a **royal** family in the north of India in the sixth century B.C. As a youth he lived a **sheltered** life in the greatest **luxury**. Eventually, however, he confronted the realities of sickness, old age, suffering, and death, and determined to find a way out of the pain that seemed a universal aspect of life.

He left home and became an **ascetic**, seeking to find the way in traditional religious disciplines, **denying himself** everything but the barest necessities. He did not find satisfaction. After six years, he gave up the ascetic life and while sitting under a tree one evening attained **enlightenment**, and thereafter was known as "the Buddha," or "the Enlightened One."

The wisdom of the Buddha involves recognizing (1) the nature of suffering, (2) the origins of suffering, (3) the possibility of escape from suffering, and (4) the path to attain that end. These are known as the Four Noble Truths. Enlightenment is not just learning these **formulas**, but seeing for oneself that things are as the Buddha has said, coming to know that this is Truth.

What produces suffering is desire or thirst —— desire for things, for pleasure, thirst for life itself. The **cessation** of suffering, therefore, requires the extinction of desire. And this is possible if we come to see that there is no self, no permanent soul or spirit that is doing the desiring —— no "I" to have or experience or possess what is desired. There are just states of **matter**, states of **sensation** and perception, of **volition** and consciousness **succeeding** each other according to laws of cause and effect. There is thinking but no thinker, seeing without one who sees, desiring but no **substantial** *I* which desires.

Enlightenment consists in detachment from this **conditioned** series of appearances. One who is enlightened is said to have attained nirvana, a state of absolute freedom from **craving**, hatred, and resentment. It is a state of untroubled **bliss**. And yet it is not *someone* who has attained nirvana, for in reality there is no self to attain anything. The idea of a continuing, permanent self that is *me* is an **illusion**.

語句と構文

L06. He left home and became an ascetic の後に，seeking ... disciplines と denying ... necessities という二つの分詞構文が続いている。／ L07. everything but ~ = ~以外のすべて ／ L08. After six years ... の文の主語は he で，述語動詞は gave (up)，attained，was (known) の三つ。attained の前に while (he was) sitting under a tree one evening という長い修飾語句がある。／ L14. Enlightenment is ... の文の補語は，learning these formulas と seeing for oneself that ... said と coming to ... Truth の三つ。これらが not just A but B, C「A だけでなく B，C も」の形で結ばれ

Translation 53 ゴータマ・シッダールタ小伝

　シッダールタは，姓をゴータマといい，紀元前6世紀にインド北部の王族の家に生まれた。幼少時代は，世の荒波から守られた豪奢（ごうしゃ）な生活を送った。しかし，やがて病気や老齢，苦しみ，死といった現実に向き合うようになり，人生の普遍的な法則のように思われる苦痛から逃れる道を探す決心をした。

　彼は家を出て苦行僧となり，伝統的な宗教的修行の中に道を見出そうとし，生きるのに最小限必要な物以外はすべて自制した。しかし，彼は満足を得られなかった。6年後，苦行者の生活をやめた。そして，ある晩，木の下に座っていると悟りを開き，それ以降「ブッダ」すなわち「悟りを得た者」と呼ばれるようになった。

　ブッダの知恵の内容は，(1) 苦しみの本質，(2) 苦しみの源，(3) 苦しみから逃れ得ること，(4) その目的を達成する道，の四つである。これらは「四諦」として知られている。悟りとは，これらの定則を学ぶことだけでなく，物事はブッダの言った通りだと自身でわかることであり，これが真理だと知るようになることである。

　苦しみを作り出すのは，欲望，あるいは渇望である。つまり，物や快楽への欲望であり，生そのものへの渇望である。したがって，苦しみを終わらせるには［←苦しみの停止は］，欲望をなくすことが必要である。そして，これが可能になる条件は，自己など存在しないこと，欲望の主体たる永遠の魂もしくは精神などないこと，つまり，欲望の対象となるものを持ち，経験し，所有する「私」がないことがわかるようになることである。あるのは，因果の法則に従って次々と生起する［←互いを継承する］，物質の状態，感覚と知覚の状態，意志と意識の状態のみである。考える行為はあるが考える者は存在せず，見る行為はあるが見る者は存在せず，欲望はあるが欲する実体的な「私」は存在しない。

　悟りは，条件付けられたこの一連の生起から離れたところにある。悟りを開いた者は，渇望，憎悪，恨みから完全に自由な状態である涅槃に到達していると言われる。それは，悩みのない至福の状態である。しかしながら，それは涅槃に到達した「人」のことではない。なぜなら，実際には何かに到達する自己というものはないからである。「私」という継続的で終わりのない自己の概念は幻想である。

ている。　／ L18. there is に続く主語は，no self と no permanent soul or spirit と no "I" の三つ（no "I" は前の二つの補足説明とも考えられる）。no permanent soul or spirit は関係代名詞節 that is doing the desiring に，no "I" は形容詞的用法の不定詞 to have or experience or possess what is desired にそれぞれ修飾されている。最後の what is desired は，have と experience と possess に共通の目的語。　／ L20. there are just 〜 = ただ〜があるだけだ。ここでは主語が states of matter, states of sensation and perception, (states) of volition and consciousness と非常に長くなっている。　／ L22. There is thinking ... の主語は，thinking, no thinker, seeing, desiring, no substantial の五つ。　／ L24. consist in 〜 = 〜にある　／ L25. nirvana = 涅槃（ねはん），寂滅

なぜ善良な人に悪いことが起こるのか (1)(2)(3)(4)(5)

1062	tears of **compassion**	[kəmpǽʃn]	**哀れみ**の涙	名 哀れみ，同情
1063	a **monstrous** scene	[mánstrəs]	**ぞっとするような**場面	形 巨大な；途方もない；恐ろしい
1064	**the Holocaust**	[ðə hóuləkɔ̀ːst]	**ユダヤ人大虐殺**	名 ユダヤ人大虐殺
1065	a Christian **theologian**	[θìːəlóudʒən, -dʒiən]	キリスト教の**神学者**	名 神学者；神学生
1066	an **executioner**	[èksikjúːʃənər]	**死刑執行人**	名（死刑）執行人；殺し屋
1067	**charitable** works	[tʃǽritəbl]	**慈善**事業	形 慈善の；慈悲深い；寛大な
1068	the **extension** of logic	[iksténʃn]	論理の**拡大**	名 拡大；延長；増築
1069	a precise **counterpart**	[káuntərpɑ̀ːrt]	正確に**対応するもの**	名 同等物；対応するもの〔人〕
1070	the **cornerstone** of a bridge	[kɔ́ːrnərstòun]	橋の**礎石**	名 礎石；基礎
1071	**traumatize** a child	[tráumətàiz]	子供**に心的外傷を与える**	他 ～に（心的）外傷を負わせる
1072	**qualified** for the work	[kwáləfàid]	その仕事に**適した**	形 資格のある；適した；制限された
1073	**addicted** to drink	[ədíktid]	酒に**おぼれた**	形 常用している；熱中している
1074	a **demented** genius	[diméntid]	**狂った**天才	形 狂った；認知症になった
1075	a **commitment** to politics	[kəmítmənt]	政治への**関与**	名 委託；義務；参加；献身；傾倒

#	見出し	発音	意味
1076	at **stake**	[stéik]	**賭け**られて 名 賭け；利害関係　他 ~を賭ける
1077	**intervene** politically	[ìntərvíːn]	政治的に**介入する** 自 介入する，干渉する
1078	**untold** suffering	[ʌntóuld]	**言うに言えない**苦痛 形 言うに言えない；話されていない
1079	postbiblical **Judaism**	[dʒúːdiːizm]	聖書期以後の**ユダヤ教** 名 ユダヤ教；ユダヤ主義；ユダヤ人
1080	go into **exile**	[égzail]	**追放**の身となる 名 流罪，流刑，国外追放；亡命
1081	endure **anguish**	[ǽŋgwiʃ]	**苦痛**に堪える 名 苦痛，苦悩
1082	God's **bidding**	[bídiŋ]	神の**命令**　(▷多) 名 命令；招待

派生語

1083	**monster**	名 怪物，化け物 (← monstrous)
1084	**execution**	名 死刑執行 (← executioner)
1085	**charity**	名 慈善；博愛 (← charitable)
1086	**trauma**	名 心的外傷，トラウマ (← traumatize)
1087	**qualify**	他 ~を適任とする　自 資格を得る (← qualified)
1088	**addiction**	名 常習；耽溺，中毒 (← addicted)
1089	**dement**	他 ~を発狂させる　自 認知症になる (← demented)

多義語

bidding　名 入札，せり (➡命令；招待)

Online bidding allows bidders all over the world to participate.
（オンライン入札には世界中の入札者が参加することが可能である）

Passage 54: Why do bad things happen to good people? (1) 2-19

　Why, then, do bad things happen to good people? One reason is that our being human leaves us free to hurt each other, and God can't stop us without taking away the freedom that makes us human. Human beings can cheat each other, rob each other, hurt each other, and God can only look down in pity and **compassion** at how little we have learned over the ages about how human beings should behave. This line of reasoning helps me understand that **monstrous** eruption of evil we speak of as **the Holocaust**, the death of millions of innocent people at the hands of Adolf Hitler. When people ask, "Where was God in Auschwitz? How could He have permitted the Nazis to kill so many innocent men, women, and children?", my response is that it was not God who caused it. It was caused by human beings choosing to be cruel to their fellow men. In the words of a German Christian **theologian**, Dorothee Soelle, speaking of attempts to justify the Holocaust as God's will, "Who wants such a God? Who gains anything from worshipping Him? Was God on the side of the victims or on the side of the **executioner**?"

　To try to explain the Holocaust, or any suffering, as God's will is to side with the executioner rather than with his victim, and to claim that God does the same.

　I cannot make sense of the Holocaust by taking it to be God's will. Even if I could accept the death of an innocent individual now and then without having to rethink all of my beliefs, the Holocaust represents too many deaths, too much evidence against the view that "God is in charge and He has His reasons." I have to believe that the Holocaust was at least as much of an offense to God's moral order as it is to mine, or how can I respect God as a source of moral guidance? (*continued*)

語句と構文

L.06. that monstrous eruption of evil we speak of as the Holocaust と the death of millions of innocent people at the hands of Adolf Hitler は同格。speak of A as B = A を B と言う ／ **L.10.** it was not God who caused it は強調構文。 ／ **L.12.** In the words of ... の文には述語動詞がない。speaking of attempts to justify the Holocaust as God's will は現在分詞の句で，Dorothee Soelle が引用符内の言葉を述べた時の状況を表している。

Translation 54 なぜ善良な人に悪いことが起こるのか（1）

　それでは，なぜ善良な人々に災いが降りかかるのでしょうか。一つの理由は，人間であるがゆえに我々は互いを傷つけ合う自由も与えられていて，神が我々の行動を止めようとするなら，我々を人間たらしめている自由を取り上げなければならなくなるからです。人は互いにだまし合ったり，奪い合ったり，傷つけ合ったりしますが，神は，どのように振る舞うべきかについて人間が長きにわたってほとんど学んでいないことを，哀れみと同情をもって見下ろすことしかできないのです。このように考えると，アドルフ・ヒトラーの手になる何百万人もの罪なき人々の死，いわゆるユダヤ人大虐殺のようなぞっとするような悪の出現も理解しやすくなります。「アウシュビッツのどこに神がいたのか。いったいどうして神はナチスがあれほど多くの罪なき男性や女性や子供たちを殺すのを許すことができたのだろうか」と人に問われたら，私はこう答えます。あれを引き起こしたのは神ではない，と。あの大虐殺は，自らの仲間に対して残酷であることを選んだ人々によって引き起こされたのだ，と。ドイツのキリスト教神学者ドロテー・ゼレは，ユダヤ人大虐殺を神の意志として正当化しようとする試みについて，「そのような神を誰が望むのか。そのような神を崇拝して誰が得をするのか。神は犠牲者の側と殺人者の側のどちらにいたのか」と語っています。

　ユダヤ人大虐殺や他のあらゆる苦難を神の意志として説明しようとすることは，犠牲者よりもむしろ殺人者に味方することであり，また，神が同じことをしていると主張することでもあります。

　ユダヤ人大虐殺を神の意志とするなら，私にはこの大虐殺を理解することができなくなります。仮に私が自分の信仰をまったく曲げずに時たま起こる罪のない個人の死を受け入れることができたとしても，ユダヤ人大虐殺はあまりにも多くの死をもたらし，「神がこの世を支配し，神は人間にはうかがい知れぬさまざまな理由を持っておられる」という考えに反する証拠が多すぎるのです。ユダヤ人大虐殺は少なくとも私の道徳に反するだけでなく神の道徳にも反していた，と考える他はないでしょう。そうでなければ，どうして私は神を道徳的な導きのよりどころとして重んじることができるでしょうか。

(続く)

L12. Dorothee Soelle = ドロテー・ゼレ（1929-2003） / L16. side with 〜 = 〜の側につく，〜に味方する / L23. as much of an offense to God's moral order as it is (much of an offense) to mine (=my moral order) カッコ内の語句を補って考える。much of 〜自体の意味は「かなりの〜」だが，as ... as 〜の比較の構文に使われると，「〜と同程度の」(直訳)の意味になる。

Passage 55: Why do bad things happen to good people?（2）

Why did six million Jews, and several million other innocent victims, die in Hitler's death camps? Who was responsible? We fall back on the idea of human freedom to choose. Man, we discovered, is that unique creature whose behavior is not "programmed." He is free to choose to be good, which means he must be free to choose to be evil. Some good people are good on a relatively modest scale. They are **charitable**, they visit the sick, they help a neighbor change a flat tire. Others are good on a grander scale. They work diligently to discover a cure for a disease, or they fight for the **extension** of the rights of the poor and the powerless. Some bad people choose evil, but have the capacity to be evil only on a small scale. They lie, cheat, take things that do not belong to them. And some have the ability to do harm to millions, even as their good **counterparts** have the ability to be helpful to millions.

Hitler must have been one of those rare geniuses of evil who, having chosen to be destructive, had the ability to be more destructive than virtually anyone else in history. (This raises a question which is not really part of our discussion: Can we say that someone like Hitler *chose* to be destructive? Or would we have to go back and look at his parents, his home environment, his teachers, his early life experiences and historical circumstances that made him become the person he was? There is probably no clear answer to that question. (*continued*)

語句と構文

L.02. fall back on 〜 ＝ 〜の基準に戻る；〜に頼る ／ L.15. (This raises ... のカッコは Passage 56 の最後まで続く。和訳では紙面が見づらくなるのを避けるため，（ ）を省略している。

なぜ善良な人に悪いことが起こるのか（2）

　なぜ，600万人のユダヤ人と数百万人の罪もないその他の犠牲者は，ヒトラーの死の収容所で死んだのでしょうか。誰に責任があったのでしょうか。ここで，我々は人間には選択の自由があるという考えに立ち戻る必要があります。すでに見てきたように，人はその行動が「方向づけ」されていない唯一の生き物です。人には善であることを選ぶ自由がありますが，それは，人には悪であることを選ぶ自由もなければならないということでもあります。善良な人々の中には，比較的控え目な程度に善良な人がいます。彼らは情け深くて，病人を見舞ったり，隣人がパンクしたタイヤを交換するのを手伝ったりします。また，善良さの程度がそれよりはるかに高い人々もいます。こういう人たちは，熱心に研究にいそしんで病気の治療法を発見したり，貧しく無力な人々の権利の拡大のために奮闘したりします。悪を選ぶ邪悪な人々の中には，小さな悪事しかできない人々がいます。うそをついたり，だましたり，他人の物を盗んだりするぐらいしかできません。また，何百万人もの人に害を及ぼす力を持つ人々もいて，その力たるや，善良さの度合いが高い人々［←彼らに対応する善良な人々］が数百万人もの人を助ける力に匹敵するほどです。

　破壊的であることを選び，事実上歴史上の誰よりも破壊的な力を持った世にもまれな悪の天才たちがいますが，ヒトラーもその一人であったに違いありません。ここで，今我々が行っている議論とはあまり関係のない一つの疑問が生じます。つまり，ヒトラーのような人物は破壊的であることを「選んだ」と言えるのだろうか，という疑問です。あるいは，我々は過去にさかのぼり，彼をあのような人間にした両親や家庭環境，教師，幼少期の経験や歴史的状況を調べなければならないのでしょうか。おそらく，この疑問に対する明確な答えはないでしょう。（続く）

Passage 56 Why do bad things happen to good people?（３） 2-21

Social scientists have been debating it for years, and will continue to do so. I can only say that the **cornerstone** of my religious outlook is the belief that human beings *are* free to choose the direction their life will take. Granted, some children are born with physical or mental capacities which limit their freedom of choice. Not everyone can choose to be an opera singer, a surgeon, or a professional athlete. Granted further that some parents mishandle their children badly, that accidental events —— wars, illnesses —— **traumatize** children so badly that they may not be able to do something they would otherwise be **qualified** for, and that some people are so **addicted** to habits that it is hard to speak of them as being free. But I will insist that every adult, no matter how unfortunate a childhood he had or how habit-ridden he may be, is free to make choices about his life. If we are not free, if we are bound by circumstances and experiences, then we are no different from the animal who is bound by instinct. To say of Hitler, to say of any criminal, that he did not choose to be bad but was a victim of his upbringing, is to make all morality, all discussion of right and wrong, impossible. It leaves unanswered the question of why people in similar circumstances did not all become Hitlers. But worse, to say "it is not his fault, he was not free to choose" is to rob a person of his humanity, and reduce him to the level of an animal who is similarly not free to choose between right and wrong.) (*continued*)

語句と構文

L.03. Granted, ... = granted that ... = …だとしても，…を認めたとしても。譲歩構文である。接続詞 that を省略する時は，granted の後にコンマをつけるのが通例。6 行目の Granted further that ... も further という副詞が挟まれているが同じく譲歩構文。／ **L.06.** Granted further に続く that 節は，that some parents ... badly と that accidental events ... qualified for と that some people ... being free の三つ。2・3番目の that 節内ではさらに so ... that の構文が用いられている。／ **L.10.** no matter の後には，how unfortunate a childhood he had と how habit-ridden he may be の二つが続いている。no matter how unfortunate a childhood he had は，he had an unfortunate childhood の unfortunate が no matter how と結びついた形。

Translation 56 なぜ善良な人に悪いことが起こるのか（3）

社会科学者たちはこの問題について何年も議論してきていますし，また今後も議論し続けていくことでしょう。私に言えることはただ，私の宗教的見解の土台には，人間は自分の人生が取る方向を自由に選択できる「状態にある」という信念があるということです。確かに，身体的あるいは精神的な障害を背負って生まれ，それによって選択の自由が制限されている子供たちはいます。すべての人が，オペラ歌手や外科医，プロのスポーツ選手になることを選べるわけではありません。その上さらに，子供の育て方をひどく間違える親もいますし，戦争や病気などの思いがけない出来事が子供たちにひどい心の傷を与え，本来であれば十分にその能力があったかもしれないことができなくなることもありますし，習慣に浸りきって自由であるとは言いがたい人々もいます。それでも私は，どんなに恵まれない子供時代を過ごそうが，あるいはどんなに習慣に縛られていようが，すべての大人には自分の人生について選択する自由があると，強く主張したいのです。もし人が自由でないのなら，もし人が環境や経験に縛られているのなら，本能に縛られている動物と何ら変わるところがないでしょう。ヒトラーや他のあらゆる犯罪者について，彼らは悪であることを選んだのではなく育てられた環境の犠牲者にすぎないのだと言ってしまうなら，道徳や善悪に関するあらゆる議論はすべて不可能になってしまうでしょう。そのような考え方では，同じような環境下にあった人々のすべてがヒトラーになったわけではないのはなぜか，という疑問には決して答えられなくなります。それどころか，さらに悪いことは，そうなったのは彼の過ちではなく，彼には選択する自由がなかったのだと言ってしまうことですが,これは人から人間性を奪うことであり，善と悪のどちらかを選ぶ自由のない同じ境遇の動物のレベルにまで人をおとしめることになるのです。（続く）

L14. To say of Hitler ... は SVC の文で，15 行目の is の前までがすべて主部，to make 以下が補語。14 行目の that he did not ... his upbringing は，その前の二つの say に共通の目的語。15 行目の make 以下は V(make)OC(impossible) の文型で，O が all morality, all discussion of right and wrong と二つ並列されている。／L16. It leaves unanswered the question of ... は SVOC の文だが，O の the question of ... が長いために，C の unanswered の後ろに置かれている。

Passage 57 Why do bad things happen to good people? (4) ◎2-22

The Holocaust happened because Hitler was a **demented** evil genius who chose to do harm on a massive scale. But he did not cause it alone. Hitler was only one man, and even his ability to do evil was limited. The Holocaust happened because thousands of others could be persuaded to join him in his madness, and millions of others permitted themselves to be frightened or shamed into cooperating. It happened because angry, frustrated people were willing to vent their anger and frustration on innocent victims as soon as someone encouraged them to do so. It happened because Hitler was able to persuade lawyers to forget their **commitment** to justice and doctors to violate their oaths. And it happened because democratic governments were unwilling to summon their people to stand up to Hitler as long as their own interests were not yet at **stake**.

Where was God while all this was going on? Why did He not **intervene** to stop it? Why didn't He strike Hitler dead in 1939 and spare millions of lives and **untold** suffering, or why didn't He send an earthquake to demolish the gas chambers? Where was God? I have to believe, with Dorothee Soelle, that He was with the victims, and not with the murderers, but that He does not control man's choosing between good and evil. I have to believe that the tears and prayers of the victims aroused God's compassion, but having given Man freedom to choose, including the freedom to choose to hurt his neighbor, there was nothing God could do to prevent it.

Christianity introduced the world to the idea of a God who suffers, alongside the image of a God who creates and commands. Postbiblical **Judaism** also occasionally spoke of a God who suffers, a God who is made homeless and goes into **exile** along with His exiled people, a God who weeps when He sees what some of His children are doing to others of His children. (*continued*)

語句と構文

L11. summon 〜 to ... = 〜に…するよう要求する　stand up to 〜 = 〜に勇敢に立ち向かう／ L14. strike 〜 dead = 一撃で〜を死なせる／ L19. having given Man freedom to choose, including the freedom to choose to hurt his neighbor は「理由」を表す分詞構文。

Translation 57 なぜ善良な人に悪いことが起こるのか（4）

　ユダヤ人大虐殺が起こったのは，ヒトラーが狂った悪の天才であり，途方もない規模で人に危害を加えることを選んだことが理由です。しかし，彼はそれを一人で引き起こしたわけではありません。ヒトラーといえどもしょせん一人の人間で，悪を行う彼の力にも限りがありました。ユダヤ人大虐殺は，他の何千もの人々が彼の狂気に加担するように説得されてしまう余地があったために，また，何百万もの人々が恐怖や辱めを受けてそれに協力することを自らに許したために，起こったのです。それは，怒りと欲求不満を抱えた人々が，誰かにそうするよう扇動されるとすぐに，その怒りと欲求不満を喜んで罪なき犠牲者にぶちまけたために，起こったのです。それは，ヒトラーが弁護士に正義に対する忠誠を忘れさせるようにできたために，また，医者に彼らの誓いに背かせるようにできたために，起こったのです。そしてそれは，民主主義を標榜する各国の政府が自国の利益が危機に瀕する［←賭けられる］まで国民にヒトラーへ立ち向かうように呼びかけなかったために，起こったのです。

　こうしたことがすべて起こっている間に，神はどこにいたのでしょうか。神はなぜこれらを止めようと干渉しなかったのでしょうか。神はなぜ1939年にヒトラーを死に追いやらず，数百万の命を救わず，言葉では言い表せないほどの苦難を防がなかったのでしょうか。また，神はなぜ地震を起こしてガス室を破壊しなかったのでしょうか。いったい神はどこにいたのでしょうか。私は，ドロテー・ゼレと同様に，神は殺人者ではなく犠牲者の側にいたが，人が善と悪のどちらを選ぶのかを神がコントロールすることはないと信じざるを得ません。犠牲者の涙と祈りは神の同情を喚起したはずですが，神が人に選択の自由を与えている以上，そこには隣人を傷つけることを選ぶ自由も含まれていますから，それを止めるために神にできることはなかったと考える他はありません。

　キリスト教は，この世の人々に，創造し支配するという神の観念と共に，苦悩する神という観念を示しました。聖書期以後のユダヤ教もまた時折，苦悩する神や，故郷を追放された民と共に家を失い，流浪の旅に出る神，また神の子同士が互いに敵対する様を見て悲しむ神について，語っています。（続く）

L.22. introduce A to B = A を B に先導する，A に B を経験させる ／ L.24. spoke of の目的語は，a God who suffers と a God who is made ... His exiled people と a God who weeps ... His children の三つ。

Passage 58 Why do bad things happen to good people?（5） 2-23

I don't know what it means for God to suffer. I don't believe that God is a person like me, with real eyes and real tear ducts to cry, and real nerve endings to feel pain. But I would like to think that the **anguish** I feel when I read of the sufferings of innocent people reflects God's anguish and God's compassion, even if His way of feeling pain is different from ours. I would like to think that He is the source of my being able to feel sympathy and outrage, and that He and I are on the same side when we stand with the victim against those who would hurt him.

The last word, appropriately, comes from a survivor of Auschwitz:

> It never occurred to me to question God's doings or lack of doings while I was an inmate of Auschwitz, although of course I understand others did. . . . I was no less or no more religious because of what the Nazis did to us; and I believe my faith in God was not undermined in the least. It never occurred to me to associate the calamity we were experiencing with God, to blame Him, or to believe in Him less or cease believing in Him at all because He didn't come to our aid. God doesn't owe us that, or anything. We owe our lives to Him. If someone believes God is responsible for the death of six million because He didn't somehow do something to save them, he's got his thinking reversed. We owe God our lives for the few or many years we live, and we have the duty to worship Him and do as He commands us. That's what we're here on earth for, to be in God's service, to do God's **bidding**.
>
> (Brenner, *The Faith and Doubt of Holocaust Survivors*)
> (*The end*)

語句と構文

L13. It never occurred to me の後に四つの不定詞（to associate ... with God と to blame Him と to believe in Him less と (to) cease believing in Him at all）が並列されている。／ L14. calamity = 不幸，災難／ L21. to be in God's service と to do God's bidding は，what we're here on earth for を具体的に表したもの。

Translation 58　なぜ善良な人に悪いことが起こるのか（5）

　私には，神が苦悩するということが何を意味するのかわかりません。私は，神が私と同じような人間で，生身の目と生身の涙管をもって泣き叫び，生身の末端神経をもって痛みを感じるとは，とても思えません。しかし，たとえ神の苦痛の感じ方が我々の感じ方と異なっているとしても，罪なき人々の苦難について知る時に私が感じる苦悩には，神の苦悩と神の同情が反映されている，と私は考えたいのです。私が同情と怒りを感じることができるのは神という源があるからであり，我々が犠牲者の側に立ち，その人を傷つけようとする人々と対峙する時は，神と私は同じ側にいる，と私は考えたいのです。
　最後に，ここで引用するのにふさわしいと思いますが，アウシュビッツからの生還者の言葉を下に掲げます。

　アウシュビッツに収容されていた間に，私は神がなしたこととなさなかったことに疑問を感じることはまったくありませんでした。もっとも，そのような疑問を感じている人がいたことは知っていましたが……。私の宗教心は，我々に対してナチスが行ったことのせいで弱まることも強まることもありませんでした。また，私は，それによって私の神への信仰がいささかでも弱められることはなかったと，信じています。神が我々を救いに現れなかったという理由で，我々が経験していた苦難を神と結びつけて考えたり，神を非難したり，神への信仰が弱まったり，神への信仰を捨ててしまおうと考えたりするようなことは，私にはまったくありませんでした。神はそのようなたぐいのことについて我々に一切の責任を持っていないのです。我々こそ，神に対してどう生きるかの責任を負っているのです。神がどういうわけか600万の人を救うために何もしなかったという理由で，彼らの死は神に責任があると考える人がいるなら，その人は逆転した考え方をしているのです。我々は，短くも長くも我々の人生を神に負っていますし，また我々には神を崇拝し，神が命じるままに行う義務があるのです。我々がこの世に存在しているのはまさにこのためなのです。神に奉仕し，神の命令を実行するために。
　　　　　　　　　　　　　（ブレンナー『ホロコースト生還者の信仰と疑問』）
（完）

極刑についての若干の倫理的問題（1）（2）

#	英語	発音	日本語
1090	determined **opposition**	[àpəzíʃn]	確固たる**反対** / 名 反対；対立；向かい合わせ
1091	ban **abortion**	[əbɔ́ːrʃn]	**妊娠中絶**を禁止する / 名 流産；妊娠中絶；失敗
1092	permit **euthanasia**	[jùːθənéiʒə]	**安楽死**を容認する / 名 安楽死
1093	a **utilitarian** approach	[juːtìlitéəriən]	**功利主義的な**アプローチ / 形 功利主義の；実用の 名 功利主義者
1094	**release** a person from prison	[rilíːs]	人を刑務所から**釈放する** / 他 〜を放す，はずす 名 解放，釈放
1095	**offend** against the law	[əfénd]	法に**背く** / 自 罪を犯す 他 〜を怒らせる
1096	a **variety** of rock	[vəráiəti]	岩の一種 (▷多) / 名 種類；変異
1097	**sway** public opinion	[swéi]	世論に**影響を与える** / 他 〜を揺らす；〜を動揺させる
1098	Safety is **paramount**.	[pǽrəmàunt]	安全が**何にもまして重要**である。/ 形 最高の；主要な
1099	commit **robbery**	[rɑ́bəri]	**強盗**を働く / 名 強盗，強奪
1100	a custodial **sentence**	[séntəns]	拘留**判決** / 名 判決；刑 他 〜に判決を下す
1101	a glorious **martyrdom**	[mɑ́ːrtərdəm]	名誉ある**殉死** / 名 殉教，受難；苦難
1102	in a fit of **remorse**	[rimɔ́ːrs]	**自責の念**に駆り立てられて / 名 後悔，悔恨
1103	**unanimously** decide	[juː(ː)nǽnəməsli]	**満場一致で**決める / 副 一致して，満場一致で

極刑についての若干の倫理的問題（1）（2）

1104	**deliberately** lie [dilíbəritli]	**故意**にうそをつく 副 故意に；慎重に
1105	under **provocation** [pràvəkéiʃn]	**挑発**されて 名 怒らせること；挑発
1106	nuclear **deterrence** [ditə́:rəns]	核**抑止力** 名 引き止め；(戦争) 抑止 (力)
1107	the right of **appeal** [əpí:l]	**上訴**権 名 懇願；訴えること；上訴；魅力
1108	a high **incidence** of murder [ínsidəns]	殺人の高い**発生率** 名 発生；発生率；(影響する) 範囲

6 宗教・倫理学

派生語

#	語	意味
1109	oppose	自 他 (〜に) 反対する，抵抗する (← opposition)
1110	abort	自 他 (〜を) 流産する (← abortion)
1111	offense	名 犯罪；違反 (← offend)
1112	various	形 いろいろな，様々な (← variety)
1113	rob	他 〜から奪う，強奪する (← robbery)
1114	martyr	名 殉教者；受難者 (← martyrdom)
1115	unanimous	形 満場一致の (← unanimously)
1116	unanimity	名 満場一致 (← unanimously)
1117	deliberate	形 故意の，意図的な (← deliberately)
1118	provoke	他 〜を挑発する；〜を怒らせる (← provocation)

多義語

variety 名 **多様性，変化（に富むこと）** (➡ 種類；変異)

The landscape is full of variety and beauty.
（その風景は変化と美に富んでいる）

Passage 59: Some moral issues concerning capital punishment (1)

As with other life and death issues, there are three main lines of approach.
1. One is to affirm that there is an absolute right to life, and that nothing can justify taking the life of another human being (this also underlies **opposition** to **abortion** and **euthanasia**).
2. Another is to take a **utilitarian** approach —— balancing the loss of life against the cost to society of keeping a person in prison for life, or the potential suffering that could result if that person is **released** from prison and **offends** again.
3. There is also the need to deter others from committing murder or other serious crimes.

The first of these is based on an absolute moral conviction —— either of the 'natural law' or the 'categorical imperative' **variety** —— and is thus not **swayed** by the nature of the crime or the needs of society. If human life is **paramount**, then other forms of punishment and protection of society are necessary.

The second and third points are made more difficult by the great variety of serious crimes. Many murders are committed in the course of arguments between close relatives, others take place in the course of **robbery** or drug dealing, still others are politically motivated —— as where a terrorist plants a bomb, or carries out a shooting. It is difficult to balance the effect of a custodial **sentence** or capital punishment on any of these —— a political murderer may well be prepared to face capital punishment, thereby achieving **martyrdom**. On the other hand, a domestic murder may lead to profound **remorse**, and it is highly unlikely that the person involved would offend again. (*continued*)

語句と構文

L02. affirm の目的語は, that there is an absolute right to life と that nothing can justify ... という二つの that 節。／ L06. the potential suffering that ... は the cost to society of ... life と並列。／ L09. deter ~ from ...ing = ~に…することを思いとどまらせる

Translation 59 極刑についての若干の倫理的問題（1）

（死刑の問題には）生と死に関する他の問題と同様に，次の三つのアプローチの仕方がある。
1. 一つは，生命への絶対的な権利があること，そして，何であれ他の人間から生を奪うことを正当化できないこと（これは妊娠中絶と安楽死への反対の根拠でもある）を肯定することである。
2. もう一つは功利主義的なアプローチをとることで，生命の喪失と，一人の人間を一生刑務所にとどめておくことによる社会のコスト，あるいはその人間が刑務所から釈放されて再び罪を犯した場合に生じ得る社会の苦しみを，はかりにかけることである。
3. また，他の人々が殺人や他の重大な罪を犯すことを抑止する必要もある。

第1のアプローチは，絶対的な倫理上の確信，すなわち，「自然法」かある種の「定言的命令」を確信することに基づくものであり，したがって，犯罪の性質や社会の必要性に影響を受け［←影響を与えられ］ない。もし人間の生命が至高のものだとすれば，他の形による刑罰と社会の保護が必要になる。

第2と第3の考え方は，重大犯罪が非常に多様化しているために，考察がより困難になっている。多くの殺人は，近親者間の口論の最中に起こる。強盗や麻薬取引の際に起こることもある。また，政治的な動機がある場合もある。例えば，テロリストが爆弾を仕掛けたり，銃撃を行ったりする場合である。こうした犯罪に与える拘留判決や極刑の抑止効果を調べることは，いずれをとっても難しい。というのは，政治的殺人者は死刑と向き合う心の準備ができていて，殉死を成し遂げてもおかしくないし，一方，家庭内の殺人は深い自責の念に至る可能性があり，再犯の可能性はかなり低い，といった事情があるからだ。（続く）

6 宗教・倫理学

L12. categorical imperative = 定言的命令（カントの提示した道徳原理で，「定言命法」，「無上命法」といった訳語もある。一般に命令とは意志を強制することを意味するが，カントは命令には「仮言的命令」と「定言的命令」の二種があるとした。前者は「老後のために働いて貯金せよ」といった命令で，ある目的のための手段を命令するものだが，この命令はその目的を認める人にしか通用しないたぐいのものである。しかし，定言的命令とは普遍的妥当性を持ったもので，万人に無条件に適用されるものである。）

Passage 60: Some moral issues concerning capital punishment（2） 2-25

In Texas, there are three 'Special Issues' that have to be **unanimously** agreed by the jury in order to sentence a person to death:
1 That the person **deliberately** sought the death of his or her victim.
2 That the person would probably commit acts of criminal violence in the future, posing a continuing threat to society.
3 That the murder was not the result of **provocation** by the victim.

Of these, the most difficult to decide on ethically is the second. It implies that a person can be punished for a crime that he or she has not yet committed, but might reasonably be expected to commit in the future if allowed to live.

In considering the utilitarian and **deterrence** arguments, two things need to be kept in mind. The first is that, from the operation of capital punishment in the USA, it may eventually cost up to six times as much to execute a prisoner as to keep him in prison for life. The reason for this is that execution takes place only after a lengthy series of **appeals**, which may last many years and are very expensive. The second point is that, although it is reasonable to assume that the existence of capital punishment should be a deterrent, there is no firm evidence that it actually works as such. Countries with capital punishment do not automatically enjoy a lower **incidence** of murder.

A further moral point for consideration is whether or not a prisoner should be allowed to choose to be executed, if it is genuinely his or her wish, rather than be kept alive in prison for life. In this case, the utilitarian or deterrence arguments are less relevant ―― the issue becomes that of the 'right to die', and therefore of the autonomy of the individual. (*The end*)

語句と構文

L09. might reasonably be expected ... は前行の has not yet committed と並列。／ **L09.** if (he or she is) allowed to live カッコ内の語句が省略されている。／ **L12.** it costs 〜 to ... = …するのに（費用が）〜かかる。ここでは不定詞が to execute a prisoner と to keep him in prison for life の二つで，ここに〜 times as much as ...「…の〜倍（の額）」の比較表現が組み合わされている。up to 〜 = 〜まで／ **L17.** as such = as a deterrent ／ **L22.** the issue becomes that (=the issue) of the 'right to die', and therefore (the issue becomes that) of the autonomy of the individual カッコ内の語句を補って考える。

Translation 60 極刑についての若干の倫理的問題（2）

　テキサスでは，ある人に死刑判決を下すために陪審が全員一致で合意していなければならない3つの「特別な論点」がある。
1　その人物が被害者の死を故意に求めたこと。
2　その人物が将来，犯罪的暴力行為を行う可能性があり，引き続き社会の脅威となり得ること。
3　その殺人が被害者の挑発によるものではなかったこと。

　これらの中で，道徳的に判断するのが最も難しいのが2番目である。そこには，ある人間が，まだ犯していないが，生きることを許された場合に合理的に考えて犯すと予想される犯罪により，処罰される可能性が含まれている。

　功利主義論と抑止力論を考える時には，2つのことを念頭に置く必要がある。一つは，アメリカ合衆国における極刑の運用状況から計算すると，一人の囚人を死刑にすることは，結果的には，その人を一生刑務所に収容する場合の最大6倍の費用がかかるかもしれないということである。その理由は，死刑は長きにわたる一連の上訴の末に行われ，その期間は何年もかかるので，非常に高くつくということだ。もう一つは，死刑があることが抑止力になると考えることには一理あるが，実際に抑止力として機能していることを示す確たる証拠はないということである。死刑制度を持つ国だからといって，殺人事件の発生率が自動的に低くなるわけではない。

　考慮すべきもう一つの倫理的な問題は，もし囚人が一生刑務所で生きるより死刑になる方を選択し，それが囚人の心からの願いであった場合，それを許してもよいかどうかということである。この場合，功利主義論や抑止力論はあまり関係がなくなり，「死ぬ権利」の問題，したがって個人の自律権の問題となるのである。（完）

▶知ってますか？

1119　the Middle Way　名 中道

　中道というと，現代では極端に走らない穏当な考え方のような意味で使われているが，釈尊が説いた中道とは，**苦行主義**（asceticism）と**快楽主義**（hedonism）もしくは**物質主義**（materialism）のいずれにも片寄らないバランスのとれた生き方を意味している。

1120　skillfulness〔skill in means〕　名 方便
1121　Kisagotami　名 キサゴータミー

　「方便」のことをサンスクリット語ではウパーヤ（upāya）という。仏教でいう方便とは，衆生を真理に導くための教化方法のこと。すぐに理解されるような明快な解答を与える方法をとらず，衆生が自らの体験などで目覚めるような方法をとる。ブッダがそのような方便をとった有名な例として，キサゴータミーという女性とその死んだ子供の話がある。

　キサゴータミーは貧しい家の出身であったために，嫁いだ先の家に邪険に扱われる。だが，子供ができると家族に優しくもてなされるようになった。しかし，ある日その子供が病気になり死んでしまうと，家族の態度は一変し，再び冷たくあしらわれる。悲嘆に暮れた彼女は子供の死体を抱き，「この子供につける薬をください」と家々を一軒一軒歩き回るが，そんな薬などないと誰にも相手にされない。そんな時，人を介してブッダに出会う。ブッダは死んだ息子を生き返らせてほしいという彼女の願いを聞き，「今まで誰も死んだことがない家から**芥子**（mustard）の種粒をもらってきなさい」と言う。そこで彼女は家々を回り始めるが，どの家でも「最近妻を失ったばかりだ」といったような話を聞かされる。やがて彼女は，病気，老齢，死に悩まされているのは自分だけではないことを悟り，息子を荼毘に付し，釈尊のもとに戻り，起こったことを一部始終話し，ブッダの信徒になることを願い出たのだった。

1122　progeria　名 早老症

　早老症は400万人から800万人に一人の確率で発生する非常にまれな**遺伝病**（genetic disease）である。早老症は正確にはこの病気の発見者にちなんで，**ハッチンソン・ギルフォード症候群**（Hutchinson-Gilford syndrome）と呼ばれている。早老症の患者の**平均余命**（life expectancy）は16歳。今まで報告されているところによると，一番長生きした早老症の患者は29歳である。早老症の肉体的特徴と

しては，体が小さいこと，しわが多く老人のような肌，**頭毛欠損**（**hair loss**），**指先でつまんだような鼻**（**pinched nose**）などがある。早老症の原因は，**ラミンA**（**Lamin A**）と呼ばれるたんぱく質において突然変異が起こり，そのために**細胞核**（**cell nucleus**）が変形するためだと言われている。現在のところこの病気の治療法は存在しない。

1091　abortion　名　妊娠中絶（再掲）

　妊娠中絶を巡る議論は**アメリカ社会を引き裂く**（**tear America apart**）ほど深刻な問題である。アメリカではかつて妊娠中絶は母体を救う必要性がある場合を除いて**重大犯罪**（**felony**）とされていた。しかし，*Roe v. Wade* の裁判（1973年）において，「妊娠期間の**最初の3分の1**（**the first trimester**）」における妊娠中絶は，**憲法上のプライバシーの権利**（**constitutional right of personal privacy**）として，本人も関係者も訴追されることなく自由に行うことができるとの判決が下された（その後の期間における妊娠中絶には州が一定限度で干渉することができる）。この判決に対し，フェミニスト（男女同権論者）たちは歓迎の意を表し，キリスト教徒たちは遺憾の意を表した。参考までに，この問題についての教皇ヨハネ・パウロⅡ世の考えを *Crossing the threshold of Hope*（邦訳は『希望の扉を開く』）から引用しておきたい。教皇は，妊娠中絶の**合法化**（**legalization**）は，成立した法律の承認のもとに，自分を守る力のない**胎児**（**fetus**）の命を奪う許されざる行為だとした上で，次のように述べている。

「しばしばこの問題は，既に女性の体内にある命，子宮の中で既にはぐくまれている命に対して**女性が有する自由選択の権利**（**woman's right to free choice**），という形で提示されます。つまり，女性は，胎児に命を与えるか，それとも胎児から命を奪うかを選択する権利をもつべきだというのです。しかし，**この二者択一**（**the alternative here**）が見かけだけのものでしかないことは，誰の目にも明らかです。倫理的にみて明白な悪が問題とされている時に，『汝殺すなかれ (Do not kill.)』という端的な掟が問題となっている時に，選択の自由について論じることは不可能です。」（曽野綾子，三浦朱門共訳）

1092　euthanasia　名　安楽死（再掲）

　生命の尊重と**自己決定権**（**right of self-determination**）が鋭く対立する場面が，安楽死を巡る論議である。生命の形態（胚，胎児，大人）いかんにかかわらず生命を尊重し，生命を断つことは許されないとするローマ・カトリック教会のような立

場に立つと安楽死は認められず，議論はそこで終わる。しかし，患者の**死ぬ権利**（**right to die**）を認める立場もあり，そのような立場では，患者がその意志を表明した場合にどのような要件のもとに安楽死が許されるべきかが議論の中心となる。

現在の通説的見解はこうである。**積極的安楽死**（**active euthanasia**）——例えば，塩化カリウムを患者に注射して死期を早めるような行為——は殺人罪に当たり違法である。それに対し，**消極的安楽死**（**passive euthanasia**）——治療の中止といった行為によって延命措置をとらないこと——は合法である。

問題は患者の意志が明確でない時である。患者が**リビング・ウィル**（**living will**）などによってどのような処置を望むかを述べていれば問題はないが，多くの場合そのようなことを行っていない。その場合に**患者の最善の関心**（**the best interests of a patient**）を推定することは可能なのか。推定できない場合には，家族や後見人が患者の意志を代弁できるのか。また，患者が死にたい旨を述べていたとしても，それが正常な精神状態のもとで自発的になされたものなのか。

患者の死ぬ意志が明確であるとしても，安楽死の実行に関する問題もある。例えば，**不治の病**（**incurable disease**）にかかっている場合と**末期の病にある**（**terminally ill**）場合とで，同じように安楽死を認めてもよいのか。さらに，一概に末期の病といっても，多様な状態があることを忘れてはならない。医療器具の助けを借りずに自力で呼吸でき完全に意識のある人もいれば，**人工呼吸器**（**ventilator**）につながれた状態で完全に意識のある人，人工呼吸器につながれて昏睡状態に陥っている人など，さまざまである。結局，患者の**自律権**（**autonomy**），自己決定権，**生命の尊厳**（**the dignity of life**）といった抽象的な言葉を並べ立てても解決にはならず，個々の事案ごとに慎重な判断が要請されることになる。オランダはこのような錯綜した議論を避けるために，現在では法律で，患者の生命に終止符を打つ医師の刑事責任の免責要件として次のような事柄を規定している。

自発的意志に基づく安楽死（**voluntary euthanasia**）あるいは**自殺**（**suicide**）に関わる医師は次の要件を満たさなければならない。

1. 患者の依頼が自発的で，**熟慮された**（**well-considered**）ものであり，**永続的な**（**lasting**）ものであると確信していること。
2. 患者の苦しみが**間断のない**（**unremitting**）ものであり，**耐え難い**（**unbearable**）ものであると確信していること。
3. 患者に状況と見通しを知らせたこと。
4. 患者と共に他に代わるべき**合理的選択肢**（**reasonable alternative**）がないという結論に到達したこと。
5. 少なくとももう一人の医師に相談したこと。
6. **医学的に妥当な方法**（**medically appropriate fashion**）で処置を行うこと。

1123 conscientious objector 名 良心的兵役忌避者

良心的兵役忌避者とは，宗教上の信念から戦争を絶対悪と見なし，軍事訓練，**兵役**（**military service**），戦争に参加することを拒否する人をいう。アメリカの場合は，**1967年の軍事選抜徴兵法**（**Military Selective Service Act of 1967**）に基づき，良心的兵役忌避者と認められた場合には，病院で働くといった**非戦闘的な**（**non-combatant**）代替義務が与えられる。過去の慣例では，良心的兵役忌避者と認められるには**組織化された宗教**（**organized religion**）に属していなければならない。哲学的，政治的，経済的，あるいは個人的な道徳観もしくは理由から良心的兵役忌避を求めても，忌避に足る十分な理由とは認められない。良心的兵役忌避はキリスト教と関係付けられることが多いが，これを自覚的に自らの教義の一つに取り入れたのは**メノナイト**（**the Mennonites**）である。メノナイトはオランダ人のカトリック司祭メノ・シモンズ（Menno Simons : 1496-1561）に由来する言葉で，シモンズが**再洗礼派**（**the Anabaptists**：幼児洗礼以外に大人になってから再度洗礼を行うプロテスタントの一派）に転向して以降，彼に従ってきた人々を指している。このメノナイトから生まれた一派が**アーミッシュ**（**the Amish**）で，現在アメリカのペンシルベニア，オハイオ，インディアナなどの州に約20万人が居住している。アーミッシュは，聖書の教えに基づき世俗の政府に敬意を払うように教えられているために，所得税や消費税の納付などの国民としての義務を果たしている。しかし，良心と国民の義務が衝突する場合には，聖書の「人間に従うよりも神に従わなければなりません」（使徒言行録5:29）をよりどころに聖書の教えに従う。新約聖書ではイエスは自分に従う者に非暴力を教えている。アーミッシュはこれを根拠に兵役につくことを忌避し，それが政府によって認められているのである。

➤ Related Words & Phrases

ブッダ小伝・仏教関係

1124	extreme **asceticism**	名	極端な**苦行**〔**禁欲**〕**主義**
1125	the age of **hedonism**	名	**快楽主義**の時代
1126	**monastic** rules	形	**僧院の**〔**修道院の**〕規則
1127	a **monastery**	名	**僧院，修道院**
1128	vow **celibacy**	名	**独身主義**を誓う
1129	live on **alms**	名	**施し**で暮らす (注)「喜捨」の意味もある。
1130	a Buddhist **monk**	名	**仏教僧** (注) 宗教によっては「修道士」と訳す。
1131	an **enlightened** person	形	**悟りを開いた**人
1042	**enlightenment**	名	**悟り；啓発**（再掲）
1132	the **equanimity** of mind	名	心の**平静**
1133	the **Buddha**	名	**ブッダ**
1134	**Lumbini**	名	**ルンビニー**（釈尊の生誕地）
1135	teach in a **parable**	名	**例え話**〔**寓話**〕で教える
1136	**nirvana**	名	**解脱，涅槃**(ねはん)
1137	**Taoism**	名	**道教，道教の教え**
1138	**Confucianism**	名	**儒教，孔子の教え**
1139	**cremate** a body	他	遺体を荼毘(だび)**に付す，火葬にする**
1140	**cremation**	名	**火葬**
1141	a new **cult**	名	新興**宗教**〔**邪教，狂信的教団**〕

キリスト教・神学

1142	a **monotheistic** religion	形 **一神教の**宗教
1143	**monotheism**	名 **一神教**
1144	**the Old Testament**	名 **旧約聖書**
0140	**the New Testament**	名 **新約聖書** （再掲）
1145	**the Promised Land**	名 **約束の地**
1146	God's **providence**	名 神の**摂理**〔**神意**〕
1147	*the Book of Job*	名 **ヨブ記**
1148	bear a **calamity**	名 **災い**〔**苦難**，**惨事**〕に耐える
1149	lack in **perseverance**	名 **忍耐**〔**辛抱**〕に欠ける
1150	**betray** a friend	他 友達**を裏切る**
1151	**betrayal**	名 **裏切り**，**背信**
1152	**the Trinity**	名 **三位一体**
1153	**the Holy Spirit**	名 **聖霊**
1154	an **apostle**	名 **使徒**；**支持者**
1155	**orthodoxy**	名 **正統的信仰**；**正統性**
1156	put down a **heresy**	名 **異端**〔**異教**〕を抑圧する
1157	**pagan** gods	形 **異教の**神々
1158	**baptize** a baby	他 幼児**に洗礼を施す**
1159	a **Baptist**	名 **バプテスト派の信者**
1160	a **rabbi**	名 **ラビ**（ユダヤ教会衆の指導者）

6 宗教・倫理学

1161	a **synagogue**	名	ユダヤ教会堂
1162	**Protestantism**	名	プロテスタンティズム
1163	the **Reformation**	名	宗教改革
1164	the **Counter-Reformation**	名	（カトリックの）反宗教改革
1165	the authority of the **Pope**	名	教皇の権威
1166	**excommunicate**	他	～を破門にする，放逐する
1167	**excommunication**	名	破門
1168	a **Quaker**	名	クエーカー教徒
1169	the **Gospels**	名	福音書
1170	a **gospel**	名	よい知らせ
1171	**evangelicalism**	名	福音主義
1172	**crucify** a person	他	人をはりつけ〔磔刑（たっけい）〕にする
1173	the **Crucifixion**	名	キリストのはりつけ〔磔刑〕
1174	**resurrect**	他	～を復活させる
1175	believe in **resurrection**	名	復活を信じる
1176	**atone** for one's sin	自	罪を償う〔あがなう〕
1177	**atonement**	名	償い，あがない

死刑・生命と倫理

1178	**pro-life**	形	妊娠中絶反対の，生命尊重派の
1179	**pro-choice**	形	妊娠中絶支持の
1180	**terminally ill**	形	末期の病の

1181	a **ventilator**	名 **人工呼吸器**；**換気装置**
1182	the **dignity** of life	名 生命の**尊厳**
1183	**voluntary** euthanasia	形 **自発的**〔**自発的な**〕安楽死
1184	a reasonable **alternative**	名 合理的な**他の選択肢**
1185	medically **appropriate**	形 医学的に**適切な**
1186	**military service**	名 **兵役**
1187	a **law-abiding** citizen	形 **法を遵守する**市民
1188	a **deterrent** effect	形 **抑止**〔**抑止の**〕力〔効果〕
1189	**counterproductive**	形 **逆効果の**
1190	**disproportionate**	形 **比例していない**，**釣り合いの取れていない**
1191	**irreversible**	形 **原状回復できない**，**不可逆の**
1192	**discriminatory** treatment	形 **差別的な**扱い
1193	**legal assistance**	名 **法的扶助**（ふじょ）
1194	**execute** a murderer	他 殺人犯**を処刑する**
1084	a public **execution**	名 公開**処刑**（再掲）
1195	commit a **felony**	名 **重罪**〔**重大犯罪**〕を犯す
1196	**abolitionist** countries	形 **死刑廃止**〔**死刑廃止の**〕国 （注）名詞では「**死刑廃止国**」。

6 宗教・倫理学

第7章　表現論・メディア論

Theme 1　非言語コミュニケーション

　私たちはとかくコミュニケーションというと言語の問題に限定して考える傾向があるが，実際には，**声の調子**（tone of voice），**顔の表情**（facial expression），視線，**身振り**（gesture），**姿勢**（posture），話している相手との距離などによって，無意識のうちに自分自身についての情報（心の状態や感じ方など）を漏らしている。このような言語形式によらないコミュニケーションを**非言語コミュニケーション**（non-verbal communication）もしくは**身体言語**（body language）という。非言語コミュニケーションを研究する学問分野は**キネシクス**（kinesics：身体動作学）と呼ばれている。

Theme 2　非言語コミュニケーションの威力

　アメリカの心理学者アルバート・メラビアン（Albert Mehrabian : 1939-）が，（1）話の内容，（2）声の調子，（3）身体言語（身振り，姿勢，顔の表情）の三つの**コミュニケーション・チャンネル**（communication channel）が面接試験においてどの程度の重要性を持つかを測定する実験を行った。その結果は次のような驚くべきものだった。
・言葉（話の内容）は10パーセントの影響力しかなかった。
・声の調子は40パーセントの影響力があることがわかった。
・身体言語は50パーセントの影響力があることがわかった。
　この結果から言えることは，面接試験を受ける人は話の内容がよいだけでは合格できず，話の内容を声の調子や身振りなどの身体言語で補強する必要がある，ということだ。

Theme 3　非言語コミュニケーションの二つの利用

　非言語コミュニケーションの重要性が認識され，研究が進むにつれて，当然のことながら，それを実際の生活や仕事などの場面で利用しようという発想が生まれる。それには二つの方向性がある。一つは，人の身体言語を読み取り，その人の本音を探り出すという利用の仕方だ。これは人の心理を読み取らねばならない職業の人（カウンセラー，介護士，教師，裁判官など）に有用である。もう一つは，身体言語を言葉のように積極的に利用して自分の意思や感情を表す手段とすることだ。これはいわば，身体言語を一つのメディアとして利用することである。後者の例を出してみよう。カナダの心理学者シドニー・ジュラード（Sidney Jourard : 1926-1974）が「**透明なる自己**（the transparent self）」という概念を考え出した。これは人が他者に自分自身についての情報を開示したいと思う欲求のことをいっている。研究の結果わかったことは，人は，相

手が先に自分の情報を言語によればそれ以外の手段により開示している場合に，自己開示を行う傾向が高いということである。この研究結果を踏まえると，例えばあなたがある人に自己開示してもらいたいと思うなら，自分の方から率先して，言語により身体言語により，自己開示した方がよいということになる。

Theme 4　メディアは人間の拡張，メディアはメッセージ

　非言語コミュニケーションとテクノロジーとの関係を深く考察した人がいる。カナダ生まれのマクルーハン（Marshall McLuhan : 1911-1980）は，その著『**メディア論**』(*Understanding Media*) で次のような趣旨のことを述べている。

　皮膚であれ，手であれ，足であれ，これらはすべて**人間の拡張**（extension of man），つまり非言語コミュニケーションであり，何らかの社会的精神的影響を与えるものである。しかし，人間の拡張は身体だけにとどまらない。衣服，住宅，時計，自動車，広告，ラジオ，テレビ，兵器といったテクノロジーも人間の拡張である。そして新しいテクノロジーが出現すると，そのテクノロジーが我々の世界にもたらす**新しい尺度**（new scale）により新しい人間環境が生まれ，個人も社会も変化するのである。このような事態を私は「**メディアはメッセージである**（The Medium is the Message.）」と言っている。

　ソビエト連邦が崩壊した一因として，アメリカの短波放送 **VOA**（the Voice of America），**ファックス**（fax machine），**衛星放送**（satellite broadcasting）の存在があったとよく言われるが，これはまさしくマクルーハンの言葉通り，テクノロジーが人間社会を変革したのである。しかし，現在，これ以上の変革が起こりつつある。それがインターネットである。

Theme 5　オバマ大統領とインターネット

　2008年のアメリカ大統領選挙で黒人の血を引くオバマ氏が当選した理由として，インターネットを利用したことが挙げられている。彼はインターネットで多数の**小額の寄付者**（small donor）から集金し，ボランティアを刺激・啓発し，また有権者に直接自分のメッセージを伝え，選挙戦を有利に展開することに成功した。

　では，従来のメディアとインターネットはどこが違うのだろうか。テレビと比較してみよう。テレビは放送する側が一方的に情報を流すメディアで，同じような価値観を大衆に押しつけるものと言える。ところがインターネットは，個人的なコミュニケーションのネットワークであり，人々を横につなげることを可能にする。テレビが垂直的なメディアとするなら，インターネットは水平的なメディアと言える。この新しいテクノロジーが，マクルーハンの言葉にあるように，新しい人間環境を作り出しているのだ。次

に，その具体的な内容を見てみよう。

Theme 6　ウィキノミクスという世界

　後出の Passage 63～64 は『**ウィキノミクス**』(**Wikinomics**) という本から採ったもの。ウィキノミクスとは著者 Don Tapscott と Anthony D. Williams の造語で，不特定多数の人々が水平的ネットワークを通して**コラボレートする**（**collaborate**：協働する）ような生産形態もしくはそのような考え方を意味している。まず，著者の言葉に耳を傾けてみよう。「従来，人々の大半は，大量生産された製品を消費するだけ，硬直的な組織で上司に言われたことをするだけなど，経済において限られた役割しか果たせなかった。選挙で選ばれた議員でさえ，ボトムアップの意思決定にいい顔をしないものである。一言で言えば，ほとんどの人は循環する知識，権力，資本から外れており，経済世界の片隅にやっと引っかかったような参加しかできなかったのだ。この状況は，現在，大きく変化しつつある。情報技術が普及して，コラボレーションや価値の創出，競争が行えるツールを誰でも使えるようになり，普通の人々が革新や富の形成に参加できるようになったのだ。すでに何百万もの人々が自発的参加によるコラボレーションを行い，世界的な優良企業に匹敵する財やサービスをダイナミックに生み出している。これは『**ピアプロダクション**（**peer production**）』や『**ピアリング**（**peering**）』と呼ばれる形態で，無数の人と企業がオープンなコラボレーションを通じて業界に革新や成長をもたらすことを指す。」（井口耕二訳）

Theme 7　ウィキノミクスの基本原理

　ウィキノミクスの世界をよりよく理解していただくために，同書からその四つの原理を紹介しよう。
（1）**オープン性**（**Being Open**）
伝統的企業（**traditional firm**）は，企業情報についても人材についても企業内に抱え込むことが**競争力**（**competitiveness**）の源泉だと考えていた。しかし，ウィキノミクスの世界ではこれとは逆で，**人材**（**human capital**）やアイデアを外部から導入する。これをオープン性という。オープン性が重視されるようになった一番大きな理由は，科学技術の進歩が速くなり，もはや企業単位の研究だけでは競争についていけなくなったからだ。
（2）ピアリング
従来の組織では指揮命令を主眼に置いているために**階層構造**（**hierarchy**）をとっていた。しかし，ウィキノミクスの世界では，**水平型の新しい組織構造**（**new form of horizontal organization**）が台頭しつつある。組織の特徴としては，ピア（「仲間」の意味がある）の関係が基本的に平等で，ピアネットワークを支えるために一部の人が上位の権限を持

つ。ピアリングが成功する理由は, **自発的秩序形成**（**self-organization**）だからである。
（3）**共有**（**Sharing**）
従来の企業は, 自社の**知的財産**（**intellectual property**）, 資源, アイデアを, **特許**（**patent**）や**商標**（**trademark**）として, あるいは**著作権**（**copyright**）を有するものとして守るというスタンスをとっていた。しかし, ウィキノミクスの世界では, 知的財産を囲い込むと新たな価値の創造に支障を来すことが多いという認識があり, この認識は特にエレクトロニクスやバイオテクノロジーなどの業界において強い。これは例えば, 次のような事例を考えると理解できる。現在, インターネットでは若者を中心に無料のファイル形式 MP3 を使って音楽を共有している。ところが, 音楽業界は MP3 を新しいビジネスモデルとして歓迎せず, 音楽の無断コピー, つまり**著作権侵害**（**piracy**）としてとらえ, 守りの姿勢に走った。その結果, 音楽ファンは離れていってしまった。このような事情から, エレクトロニクスやバイオテクノロジーなどの業界では, 投資信託の**ポートフォリオ**（**portfolio**）の手法をまねて, 守るべきコアな知的財産と共有化できるものとを区別し, 後者を無料化するという方向に向かっている。
（4）**グローバルな行動**（**Acting Globally**）
グローバリゼーションの進展により, 過去 20 年間に中国が自由経済化し, ソビエト連邦が崩壊し, 世界的な情報技術革命が起きた。今後の 20 年は, グローバリゼーションが世界の経済成長を支え, 世界の生活水準を引き上げ, **地球規模の相互依存性**（**global interdependence**）を高めていくことが予想される。しかしそれとともに, 経済的, 文化的, 政治的には激動の時代となり, **現在の体制**（**the status quo**）は根底から揺さぶられる。このような時代に企業が競争力を持つには, 事業環境を国際化し, 世界中の才能を活用する必要がある。

Theme 8　なぜコラボレーションか？

　では, なぜ不特定多数の人々とコラボレーションを行う必要があるのか。*Wikinomics* には次のような興味深い事例が紹介されている。
　カナダのある金鉱会社が新たな有望な鉱脈を見つけられず, 倒産の瀬戸際にあった。同社の CEO は鉱床に関する独自データは公表しないという業界の鉄則を破って, そのデータをインターネット上に公開し, 資源探査をしてくれと世界に呼びかけた。その呼びかけにさまざまな経験と専門知識を持つ人が取り組み, 大量の金が発見された。そのおかげでこの会社は危機を脱し, 現在ではカナダ鉱業界で有数の優良企業に成長し, カナダ中央銀行が所有するよりも多い金を持つようになった。
　現在, ブログが各方面から注目されているが, それは不特定多数の人々のコラボレーションが個人や組織をはるかに超えた「**集合知**（**collective intelligence**）」あるいは「**群集の知恵**（**the wisdom of crowds**）」の宝庫であるからである。

Phrases 61/62 非言語による漏洩――知らずに自分の情報を漏らすのをどう回避するか (1)(2)

#	英語	発音	日本語
1197	a **bereaved** mother	[birí:vd]	**家族に先立たれた**母親 / 形 家族に先立たれた
1198	**leak** out	[lí:k]	外に**漏れる** / 自 漏れる 他 ~を漏らす
1199	nonverbal **leakage**	[lí:kidʒ]	非言語による**漏洩** / 名 漏れ；漏出物；漏洩
1200	a subtle **deception**	[disépʃn]	巧妙な**詐欺** / 名 だますこと，策略，詐欺
1201	a visible **inhibition**	[ìnhibíʃn]	明らかな**心理的抑制** / 名 抑制；心理的抑制
1202	a murder **trial**	[tráiəl]	殺人事件の**裁判** (▷多) / 名 裁判，審理；試練
1203	**signalling**	[sígnəliŋ] 《米》signaling	**(信号などによる) 情報伝達** / 名 情報伝達
1204	give a **frown**	[fráun]	**しかめ面**をする / 名 渋い顔 自 まゆをひそめる
1205	the **stiffness** of one's body	[stífnəs]	体の**凝り** / 名 堅さ，こわばり
1206	a neutral **stance**	[stǽns]	中立的な**姿勢** / 名 姿勢，態度；構え
1207	a **postural** bad habit	[pástʃərəl]	悪い**姿勢**の習慣 / 形 姿勢の；状態の
1208	**blunt** one's appetite	[blʌ́nt]	食欲**を弱める** / 他 ~を鈍化させる 形 鈍い；無遠慮な
1209	facial **expressiveness**	[iksprésivnəs]	顔の**表現力** / 名 表情に富むこと
1210	undergo **interrogation**	[intèrəgéiʃn]	**尋問**を受ける / 名 質問；尋問

非言語による漏洩――知らずに自分の情報を漏らすのをどう回避するか（1）（2）

1211	an angry **gesticulation**	怒った**身振り**
	[dʒestìkjəléiʃn]	名 身振り（をする〔で話す〕こと）

1212	**give-away**	**隠そうにも露見してしまう**
	[gívəwèi]	形 秘密を漏らす　名 ばれるもと；景品

1213	**stifle** noises	騒音**を消す**
	[stáifl]	他 ～を抑える，もみ消す

1214	**peer** over a wall	壁越しに**見つめる**
	[píər]	自 じっと見る；かすかに現れる

1215	**alternatively**	**あるいは**
	[ɔːltə́ːrnətivli]	副 その代わりに；二者択一的に

1216	**manoeuvre** a car	車**を巧みに操縦する**
	[mənúːvər]《米》maneuver	他 ～を巧みに操る　自 策略を施す

派生語

1217	**bereave**	他 （死が）（家族など）を奪う（← bereaved）
1218	**inhibit**	他 ～を抑制する，自制する（← inhibition）
1219	**stiff**	形 凝った，堅い，こわばった（← stiffness）
1220	**interrogate**	自 他 （～を）尋問する，取り調べる（← interrogation）

多義語

trial 名 試み，試行（➡裁判，審理；試練）

I learned most of what I know about gardening through trial and error.
（私は園芸についての知識の大半を試行錯誤を通して覚えた）

7 表現論・メディア論

Passage 61: Nonverbal Leakage — How to avoid giving us away without our knowing (1)

There are many occasions in our social lives when we wish to hide our true feelings but somehow fail to do so. The **bereaved** mother who is trying to conceal her sadness from her children is said to be 'putting on a brave face', as if she were wearing a mask of false expressions over a face of true ones. When we fail to deceive in this way, how does the information about our true feelings **leak** out? What is the source of Nonverbal **Leakage** and how can we tell if someone is lying?

The case of the bereaved mother is one where the **deception** fails because there is no great pressure for it to succeed. In fact, there is a positive advantage for it failing to deceive. If the bereaved mother were too successful in concealing her grief, she would be criticized for a lack of feeling. Equally, if she failed to display some visible **inhibition** of her grief she would be said to lack courage and self-control. Her 'brave face' is therefore an example of pseudo-deception, where the deceiver is happy to be found out. Either consciously or unconsciously, she wants her forced smile to be read as forced.

But what happens if the pressure to deceive is greater? The defendant in a murder **trial** who knows he is guilty but desperately protests his innocence is under enormous pressure to succeed with his deception. He lies with his verbal statements and must match his words with equally convincing body actions. How does he do it? He can control his words, but can he control his body?

The answer is that he can control some parts of his body better than others. The easy parts to discipline are those whose actions he is most aware of in ordinary day-to-day **signalling**. He knows most about his smiles and **frowns** —— he sees them occasionally in a mirror —— and his facial expressions will come out at the top of his self-awareness list. So he can lie best with his face.

(*continued*)

語句と構文

L01. when we wish ... は関係副詞節で，先行詞は occasions。／ L10. for it failing ... の failing は動名詞で，it はその意味上の主語。／ L13. pseudo = 偽の，見せかけの ／ L22. discipline = 〜を訓練する

Translation 61　非言語による漏洩——知らずに自分の情報を漏らすのをどう回避するか（1）

　私たちの社会生活では，自分の本当の感情を隠したいのになぜかできない場合が多くある。家族に先立たれ，その悲しみを子供に見せないようにしている母親は，まるで真の表情の上に偽りの表情の仮面をかぶっているかのように「気丈な顔を装っている」と言われる。このように人を欺きたいのにできない場合，私たちの真の感情についての情報はどのようにして漏れるのだろうか。非言語による漏洩の源は何だろう。また，人がうそをついているかどうか，どのようにして知ることができるのだろうか。

　家族に先立たれた母親の場合は，うまく欺かなければならないというプレッシャーがあまりないために，欺きがうまくいかないケースである。それどころか，この場合の失敗には明白な利点がある。もし家族に先立たれた母親があまりにも上手に悲しみを隠したら，感情が欠けていると非難されてしまうだろう。同様に，もし悲しみを目に見えるような形で抑制することができなければ，勇気と自制心が欠けていると言われるだろう。したがって，彼女の「気丈な顔」は，欺こうとしている人がそれが露見すると満足するような見せかけだけの欺きの例なのである。意識的にせよ，無意識にせよ，彼女は自分が無理に作ったほほ笑みが無理に作ったものであることを読み取られたいと思っているのである。

　しかし，もし欺かなければならないというプレッシャーがもっと大きかったらどうだろう。殺人事件の裁判において，自分に罪があることを知りつつ必死で無罪を主張する被告人は，うまく欺かなければならないという非常に大きなプレッシャーのもとに置かれている。彼は言葉による陳述によってうそをつき，同じように説得力のある身振りによってその言葉を裏付けなければならない。では，どのようにするのだろうか。彼は言葉をコントロールすることはできるが，体もコントロールすることができるだろうか。

　その答えは，体のある部分は他の部分よりもうまくコントロールすることができるということである。簡単に制御できる部分は，日常的な通常の情報伝達においてその動きを最も意識している部分である。彼は，自分の笑顔としかめ面については一番よくわかっている。これは時折鏡で見るものだから。そして，顔の表情は自分が認識しているリストのトップになるだろう。したがって，彼は顔を使えば最もうまくうそをつけるということになる。（続く）

Passage 62

Nonverbal Leakage — How to avoid giving us away without our knowing (2) 2-27

His general body postures can give some valuable clues because he is not always fully conscious of the degree of **stiffness** of his **stance** or the degree of slump or alertness. But the value of these body postures is greatly reduced by social rules that require certain rather stereotyped poses in specific contexts. A murder trial defendant, for instance, is traditionally expected to sit or stand rather stiffly, whether guilty or innocent, and this can easily act as a **postural** 'signal-blunter'.

Hand movements and postures are more useful clues to deception because our murderer will be less aware of them, and there are usually no set rules to **blunt** his manual **expressiveness**. Of course, if he were undergoing military **interrogation**, his hands would be signal-blunted by the strict code of military etiquette: standing at attention makes lying easier for a soldier than for a civilian. But normally there will be **gesticulations**, and these should be carefully studied for deception clues.

Finally, his legs and feet are of particular interest because this is the part of the body where he is least aware of what he is doing. Frequently, however, the actions of this lower region of the body are obscured from view, so that, in practice, their usefulness is severely limited. Furniture permitting, though, they are a vital **give-away** area, which is one of the reasons why people feel more comfortable during interviews and business negotiations when sitting behind the lower-body screen of a desk or table. This fact is sometimes exploited in competitive interviews by placing the candidates' chair alone in the centre of the room so that the body of each 'victim' is fully exposed to view.

To sum up, then, the best way to deceive is to restrict your signals to words and facial expressions. The most efficient means of doing this is either to conceal the rest of your body or keep it so busy with a complicated mechanical procedure that all its visual deception clues are **stifled** by the demand for physical dexterity. In other words, if you have to lie, do it over the telephone or when **peering** over a wall; **alternatively**, when threading a needle or **manoeuvring** a car into a parking space. If much of you is visible and you have no mechanical task to perform, then to succeed with your lie you must try to involve the whole of your body in the act of deception, not just your voice and face. (*The end*)

語句と構文

L.18. Furniture permitting = If furniture permits (独立分詞構文) / L.20. when sitting behind ... = when (they are) sitting behind ... カッコ内の語句が省略されている。 / L.26. so busy with a

Translation 62 非言語による漏洩——知らずに自分の情報を漏らすのをどう回避するか（２）

　彼の体全体の姿勢は彼の真の感情を知る貴重な手がかりを与えてくれる。自分の姿勢がどの程度こわばっているか［←自分の姿勢のこわばりの程度］，緩みや警戒の度合いがどの程度のものかということを彼はいつも完全に意識しているわけではないからである。しかし，真の感情を知る上でのこうした体の姿勢の有用性は，特定の状況下において一定の相当程度決まりきった姿勢を要求してくる社会的規則によってかなり減少させられてしまう。例えば，殺人事件の裁判における被告人は，有罪にせよ無罪にせよ，伝統的にかなり硬直した姿勢で着席し起立するように求められており，これが，姿勢が持つ情報伝達力を容易に鈍化させる働きをしてしまうのだ。

　手の動きとしぐさは，感情の欺きを知る上でもっと役立つ手がかりになる。くだんの殺人者は手のことはそれほど意識しないだろうし，手の持つ感情の表現力を鈍化させるような一定の規則は通常は存在しないからだ。もちろん，もし彼が軍隊において尋問を受けているのであれば，彼の手が持つ情報伝達力は，軍隊の厳格な作法規定によって弱まるであろう。兵士は，気をつけの姿勢で尋問に臨まなければいけないので，民間人より容易にうそをつくことが可能になる。しかし，通常の場合なら，人は何らかの身振りをするものだから，それらを感情の欺きを知る手がかりとして注意深く観察すべきことになる。

　最後に，彼の足はとりわけ興味深い。というのも，彼が自分のしていることに最も気づかない体の部位が足だからである。しかし，たいていの場合この体の下部の動作は視界から隠されているから，実際にはその有効性は極めて限られている。それでも，家具の条件次第では，真の感情を知る［←隠そうにも露見してしまう］極めて重要な部位となる。人々が面接や仕事上の交渉の際，机やテーブルに下半身を隠して座っている時の方が快適に感じる理由の一つがこれである。この事実は，面接試験の時，候補者のいすだけを部屋の中央に置いて，それぞれの「犠牲者」の体が完全に視界にさらされるという形で，時々利用される。

　要約すると，自分の感情を一番上手に欺く方法は，自分についての情報伝達を言葉と顔の表情に限定することである。それを最も効果的に行うには，体の他の部分を隠すか，あるいは，体の他の部分を複雑な機械的作業で忙しくさせるかである。機械的作業で忙しくなれば，体を器用に動かさなければならないがために，欺きを暴露するすべての視覚的な手がかりが抑え込まれるのだ。つまり，もしうそをつかなければならないなら，例えば，電話越しに言うか，壁越しに見つめながら言うことになる。あるいは，針に糸を通しながらか，車を駐車スペースに入れ［←巧みに運転し］ながらうそをつくことになる。もし体の大部分が見られていて，機械的な作業を行う余地がまったくないとしたら，うそを成功させるためには，声や顔だけでなく体全体を欺くという行為に関与させるようにしなければならない。（完）

---

complicated mechanical procedure that ... は，so ... that の構文。／ L.29. when peering over a wall = when (you are) peering over a wall カッコ内の語句が省略されている。

7 表現論・メディア論

Phrases 63/64 ブログ——地球上で最大のコーヒーハウス (1) (2)

#	英語	発音	日本語	品詞・意味
1221	a worldwide **audience**	[ɔ́:diəns]	世界規模の**聴衆**	名 聴衆，観客，読者；聴取
1222	delete an **application**	[æplikéiʃn]	**アプリケーション**を削除する	名 適用；応募；応用ソフト
1223	**retrieve** a newsfeed	[ritríːv]	ニュースフィード**を取得する**	他 〜を取り戻す；〜を救う
1224	**blog** about one's daily life	[blɔ́(:)g, blɑ́g]	日常生活を**ブログに書く**	自 ブログに書く　名 ブログ
1225	**wreak** havoc	[ríːk]	大混乱**を起こす**	他 〜を加える，与える
1226	a **static** posture	[stǽtik]	**静的**姿勢	形 動かない；静的な
1227	a business **advertiser**	[ǽdvərtàizər]	企業の**広告主**	名 広告主
0788	**tap** into 〜	[tǽp]	〜を**探る** (再掲)	自 軽くたたく；利用する
1228	**engage** one's attention	[ingéidʒ]	人の注意**を引き付ける** (▷多)	他 〜を引き付ける　自 携わる
1229	search the **blogosphere**	[blɑ́gəsfìər]	**ブロゴスフィア**を検索する	名 ブロゴスフィア，ブログ界
1230	a voice in the **wilderness**	[wíldərnəs]	(聖書の一節で) **荒野**で呼ばわる声	名 荒地，不毛の地
1231	**overly** anxious	[óuvərli]	**過度に**心配な	副 過度に，ひどく
1232	**saturated** with prejudice	[sǽtʃərèitid]	偏見に**満ちた**	形 充満した；しみ込んだ
1233	a **critique** of a novel	[kritíːk]	小説の**批評**	名 (文学・芸術の) 批評，評論

7 表現論・メディア論

#	見出し	発音	意味
1234	a **trite** idea	[tráit]	**陳腐な**考え / 形 ありふれた，陳腐の
1235	**strip** A of B	[stríp]	AからBを**奪う** / 他 〜から奪う；〜をはぐ，取り除く
1236	**index** a book	[índeks]	本**に索引をつける** / 他 〜に索引をつける 名 索引；指標
1237	**up-to-date** information	[ʌ́ptədéit]	**最新の**情報 / 形 最新の，現代風の
1238	the oil price **spike**	[spáik]	石油価格の**急上昇** / 名 大くぎ；靴底のくぎ；急上昇
1239	**bypass** the center of a city	[báipæs]	都心**を避ける** (▷多) / 他 〜を迂回(うかい)する 名 バイパス
1240	**nanotechnology**	[nænəteknálədʒi]	**ナノテクノロジー** / 名 微小工学
1241	an **engaging** smile	[ingéidʒiŋ]	**人を引き付ける**微笑 / 形 魅力的な，興味をそそる

派生語

1242	**retrieval**	名 取得；検索；取り戻し；回復 (← retrieve)
1243	**advertise**	他 〜を広告する，宣伝する (← advertiser)
1244	**saturation**	名 浸透，浸潤 (← saturated)

多義語

☐ **engage** 他 (人)を雇う (➡ 〜を引き付ける；携わる)

He engaged a young woman as his secretary.
（彼は若い女性を秘書として雇った）

☐ **bypass** 他 〜にバイパス手術をする (➡ 〜を迂回する；バイパス)

The operation is to bypass the blocked artery in the leg so that the blood supply is improved.
（手術は，血液供給をよくするために足の閉塞した動脈にバイパス手術を施すというものだ）

Passage 63: Blogs — The biggest coffeehouse on the earth (1)

Communicating with a worldwide **audience** has never been easy for individuals —— at least until recently. "You could build a Web site," says Greg Reinacker, founder and chief technology officer for NewsGator, a company that develops **applications** to **retrieve**, organize, and serve up newsfeeds on the Internet. "But you had to be fairly technical, and it wasn't easy to publish to it ten times a day. **Blogging** makes that easy," he says, "and gives people a chance to talk about whatever they want, to whomever they want in the outside world."

Today the blogging phenomenon points the way to the most profound changes the new Web will **wreak** on the economy. Blogs have been described as the biggest coffeehouse on earth. They capture a moment-to-moment picture of people's thoughts and feelings about things happening right now, turning the Web from a collection of **static** documents into a running conversation. **Advertisers** have already **tapped** into this, putting out their own blogs to **engage** interested customers in conversation. Firms use blogs as focus groups, regularly "listening in" on what people are saying about their company or products.

Critics of the **blogosphere** claim the vast new **wilderness** of voices adds more noise to an **overly saturated** media environment. With over 50 million blogs, 1.5 million blog posts daily, and a new blog created every second, you'd think they might have a point. But ultimately their **critique** is **trite**.

Increasingly, blogs (and other forms of media) are aggregated using a technology called RSS (really simple syndication). This turns the Web into something like TiVo —— a flowing stream of entertainment and news choices that individual users have asked for, perhaps **stripped** of commercial messages.

(*continued*)

語句と構文

L.04. newsfeed = ニュース配信 ／ L.13. turning the Web … は，They capture … と同時に起きていることを表す分詞構文。／ L.15. focus group = フォーカスグループ（企業が製品などに対する一般の反応を得るために集める小人数の消費者グループで，司会者のもとに製品などについて討議する）／ L.16. regularly "listening in" … は，Firms use blogs as focus groups とはどういうことかを具体的に説明している分詞構文。

ブログ——地球上で最大のコーヒーハウス（１）

　個人が世界中の聴衆とコミュニケーションをとることは，決して簡単なことではなかった——少なくとも最近までは。「ウェブサイトを作ることは可能でしたが，技術的にかなり詳しくなければいけませんし，一日に10回更新するのは大変だったのです。ブログ［←ブログに書くこと］はこれを簡単にしてくれました。外の世界にいる話しかけたい人に話したいことを話す機会を与えてくれるのです」と，ニューズゲイター社の創業者で最高技術責任者のグレッグ・ライナッカーは言う。同社は，インターネット上のニュースフィードを収集し，整理し，提供するアプリケーションを開発する企業である。

　現在，ブログ現象は，新しいウェブが経済にもたらすであろう極めて重大な変化を予兆している。ブログは世界最大のコーヒーハウスと表現されてきた。ブログは，たった今起こっている事柄についての人々の考えや感情の一瞬ごとの状況をとらえ，静的な文書の集まりに過ぎなかったウェブを現在進行中の会話へと変貌（へんぼう）させた。一部の広告主はすでにこの状況を利用して，自社のブログを立ち上げ，興味を持つ顧客を会話に引き入れようとしている。企業によっては，ブログをフォーカスグループとして活用し，自社あるいは自社製品について人々が何を言っているのかを定期的に「盗聴」しているところもある。

　ブロゴスフィアを批判する人たちは，ブログはすでに情報過多の状態になっているメディア環境に新たな不毛な発言を大量に加えるにすぎない［←発言であふれる広大で新しい荒野が過剰に飽和したメディア環境にさらなる騒音を加える］，と主張する。5千万以上ものブログがあり，毎日150万ものブログ投稿があり，秒単位で新しいブログが立ち上げられている状況では，誰もが彼らの意見に一理あると思うだろう。しかし，彼らの批判は結局は古臭いものである。

　ブログ（および他の形のメディア）は，RSS（really simple syndication）と呼ばれる技術を使って集められることが多くなっている。これがウェブをティーボに似たものに変える。つまり，個々のユーザが求めた，おそらくコマーシャル抜きの［←コマーシャルが取り除かれた］，娯楽と選択されたニュースが間断なく流れてくるものだ。（続く）

L.19. With over 50 million blogs … では，With の目的語が三つ続き（over 50 million blogs と 1.5 million blog posts daily と a new blog created every second），その後（20行目）に文の主語 you がきている。／L.23. RSS = ウェブサイトの概略や更新日時などを表示する規格。これを付けておくと他のサイトへ内容が自動配信・自動表示される。／L.24. TiVo = ティーボ（米国製のテレビ録画用ビデオレコーダー。キーワードを選ぶとその関連番組を自動録画したり，自動的にコマーシャルを飛ばしたりする機能を備えている。）

Passage 64 Blogs — The biggest coffeehouse on the earth（２） ◎2-29

　Meanwhile, new blog search engines like Technorati and IceRocket provide increasingly sophisticated tools to search and **index** the blogosphere in real time. Users get an **up-to-date** picture of who is saying what on the issues they are concerned about. In fact, a **spike** in activity in the blogosphere usually indicates that something interesting is happening. So even mainstream reporters take their cues from what bloggers are saying from moment to moment.

　Though the majority of blogs are not yet of a quality to compete with commercial media, they point to the increasing ease with which end users can create their own news and entertainment and **bypass** established sources. Hundreds of communities of interest are forming where people engage in lively exchanges of information and views around everything from knitting to **nanotechnology**.

　The potential for blogs to become richer and more **engaging** will only grow as people build audio and video into their posts. Do it yourself Web television stations like YouTube are already booming. "Now anybody with a video camera can post video on their blogs and create their own TV station," says Reinacker, whose company built tools to take that video content and put it on the end user's television in full screen. It's no longer just the print media that is in danger, but producers of commercial television, radio, and movies as well.

(*The end*)

語句と構文

L11. where people engage in ... の where は接続詞。／ **L13.** nanotechnology ＝ ナノテクノロジー（ナノメートル，つまり10億分の1メートルの精度を扱う技術の総称で，機械加工，計測技術，新素材開発などの分野で活用されている）／ **L15.** Do it yourself ... の文の主語は Do it yourself Web television stations like YouTube。Do it yourself は Web television stations を形容詞的に修飾している。／ **L16.** YouTube ＝ ユーチューブ（ビデオ映像などの動画の投稿と閲覧が自由にできるインターネットのサイト）／ **L19.** It's no longer just the print media that is in danger は強調構文。この後の but producers of ... は，no longer just the print media と結びついている。no longer just A but B ＝ もはや A だけでなく B も

Translation 64 ブログ——地球上で最大のコーヒーハウス（2）

　一方，テクノラティやアイスロケットのような新しいブログ用検索エンジンは，絶えず精度を増しつつあるツールを提供し，リアルタイムでブロゴスフィアを検索して分類している［←索引をつけている］。ユーザは，関心がある問題について誰がどんなことを言っているのか最新の状況がわかる。実際，ブロゴスフィアでの動きが急に盛り上がったら［←動きの急上昇は］，たいてい何か興味深いことが起こっていると考えてよい。したがって，大手マスコミの記者でさえ，ブロガーが刻一刻と述べていることからヒントを得ているのである。

　ブログの大半は，まだ商業メディアに匹敵するほどの質に達していないが，ブログの存在は，エンドユーザがますます容易に自身のニュースや娯楽を生み出し，既存の情報源を避けるような方向に進んでいることを示している。編み物からナノテクノロジーまでありとあらゆる事柄についての情報と意見を人々が活発に交換している場に，同じ興味を持つ何百ものコミュニティが続々と形成されている。

　ブログは，人々が自分の投稿メッセージに音声や動画を組み込むことが多くなればなるほど，いっそう豊かで魅力的なものになる可能性がある。ユーチューブのような自家製ウェブテレビ局はすでにブームになっている。「今では，ビデオカメラがあれば，誰もが自分のブログに動画を載せ，自分自身のテレビ局を作ることができる」とライナッカーは言う。彼の会社は，その動画コンテンツを収集し，エンドユーザのテレビにフルスクリーンで映し出せるツールを作った。もはや印刷メディアだけではなく，商業テレビ，ラジオ，映画の制作会社も危機に瀕しているのである。（完）

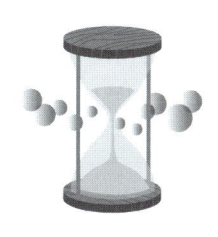

▶知ってますか？

1245　paralanguage　名　周辺言語

「パラ言語」、「準言語」という訳語もある。周辺言語とは，言語行動に伴って生じ，言語の伝達行為に寄与する非言語行動，つまり聞き手に情報の手がかりを与えるような非言語行動をいう。非言語行動に非音声的要素（身振りなど）を入れる学者もいるが，音声的要素に限定するのが通例である。音声的要素には，アクセント，**音量**（**loudness**），**音の高低**（**pitch**），**リズム**（**rhythm**），**速度**（**tempo**）などがある。

1246　proxemics　名　近接学
1247　orientation　名　定位

proxemics は一般に「近接学」と和訳されるが，その本来の意味するところは空間行動学である。この言葉はアメリカの人類学者ホール（Edward T. Hall : 1914-）の造語で，彼は社会関係の操作として人がどのような空間行動をとるかに関心を抱いた。そしてホールは空間の利用の仕方を相手との感情的・社会的な関係に基づいて次の四つのゾーンに分けた。

（1）**親密距離**（**intimate zone**）——— 0〜0.5メートルの距離で，実際に体に触れているか容易に触れられる距離。
（2）**個体距離**（**personal zone**）——— 0.5〜1.2メートルの距離で，握手ができる距離，あるいは腕の長さ程度の距離。
（3）**社会距離**（**social-consultive zone**）——— 1.2〜3.6メートルの距離で，日常的な人と人との出会いの中で最も多く使用される距離。
（4）**公衆距離**（**public zone**）——— 3.6メートル以上の距離で，公式的な関係の場で示される距離。

ただ，以上のような距離のとり方は文化によって異なり得るし，また同じ文化でも，下位文化によって，あるいは状況によっても違ってくることが指摘されている。例えば，あまりよく知らない者同士で気持ちよく会話する距離は，アメリカ人の場合とラテンアメリカ人の場合では異なり，後者の方が互いにより近接して話す。このために，アメリカ人とラテンアメリカ人の男性が話をする場合，前者は相手をなれなれしし過ぎると感じ，後者はよそよそしいと感じる傾向があるという。

近接学は，自由に座ってよい会議の場合に人がどの座席に座るかとか，どのような方向に向かうのか（これが orientation）といったことも研究対象にしている。地位の高い人は文字通り上座に座る傾向が指摘されているし，地位の低い人は入り口のドア近くに座る傾向があることがわかっている。

1248　**pupil**　名 **瞳孔**

　眼の**虹彩**（**iris**）の中央にある開口部のこと。瞳孔の大きさが光に対して変化することは誰でも知っている。明るさが増すと瞳孔は縮小し、暗くなると拡大する。しかし、近年、ヘス（Eckhard Hess : 1916-1986）の研究で、瞳孔は心理的要因によっても変化することがわかった。ヘスは次のような実験を行った。5枚の写真、すなわち（1）赤ちゃん、（2）母親と赤ちゃん、（3）裸の男性、（4）裸の女性、（5）風景の写真を被験者に見せ、これらの写真に対する瞳孔の反応を測定した。その結果、男性は裸の女性（ただし、同性愛者は裸の男性）の写真に対して一番瞳孔を開き、女性は裸の男性の写真に対しても瞳孔を開いたが、一番瞳孔を開いたのは母親と赤ちゃんの写真に対してであった。この結果からヘスは、瞳孔は興味のあるものに対して大きく開くと結論づけている。かつて宝石業者は宝石を購入する場合にサングラスをかけていたようだが、それは瞳孔が開いて宝石に興味があることを見破られないようにするためだったと言われている。興味があることがわかれば、相手は値段を釣り上げてくるからだ。

1249　**gaze**　名 **凝視**　／　1250　**eye contact**　名 **視線交錯**
1251　**gaze aversion**　名 **凝視回避**
1252　**equilibrium hypothesis**　名 **平衡仮説**

　凝視という言葉が非言語コミュニケーションの分野で使用される場合は、他者の顔全体や目などをじっと長く見つめている状態を意味する。凝視は、相手に個人的な興味がある時や相手を**支配し**（**dominate**）ようとしている時に起こり、さらには、会話の流れをスムーズにするような目的でも起こる。最後の場合、具体的には、発話をした人は発話の終わりに相手を凝視し、自分の話が終わるという手がかりを相手に与えることが観察されている。

　凝視の一種に視線交錯がある。これは二人の人間が同時に相手の目を凝視している状態をいう。視線交錯は、例えば、相手との積極的な関与を示したり、相手から即時的な反応を期待したりする場合に起こる。

　凝視回避とは視線交錯を避けることで、**当惑**（**embarrassment**）している場合や**社会的に支配されている**（**socially dominated**）場合に見られ、また、**自閉症**（**autism**）の人に見られる現象である。

　平衡仮説とは、非言語コミュニケーションのあるチャンネルが二人の人間の**親密さの度合い**（**the degree of intimacy**）に不適切だと感じられた場合に、他のチャンネルでそれを軽減して修正することをいう。例えば、ラッシュアワーの通勤電車で互いに見知らぬ二人の人間が通常適切であると思われる以上に近接している場合

に，視線交錯を回避して親密さの度合いを軽減するようなことをいう。

1253　**anonymity**　图 匿名性 ／ 1254　**quality control**　图 品質管理
1255　**potential audience**　图 潜在的視聴者
1256　**antisocial people**　图 反社会的な人々

　インターネットには功罪があるが，ここでは罪の方を簡単にまとめておきたい。異論はあるが，次の四つは *Free Speech*（Nigel Warburton 著）に紹介されているインターネットがもたらす害である。
（1）匿名性
インターネットは情報発信者が匿名のままであることを許容するメディアである。そのために**児童ポルノ**（**child pornography**）や**憎悪発言**（**hate speech**）といった違法で危険な情報が流されやすい。
（2）**品質管理の欠如**（**lack of quality control**）
従来型の本・雑誌・新聞などの出版の場合は，編集者など事前にその内容をチェックする人がいるが，インターネット上の情報はそのような品質管理を行う人がいないので，しばしば劣悪な内容や虚偽の内容が流布される。
（3）**膨大な潜在的視聴者**（**huge potential audience**）
インターネットには膨大な数の視聴者がいるので，虚偽の情報などが流された場合には，その害は計り知れない。
（4）**反社会的な人々が心の友を見出す**（**Antisocial people find their soul mates.**）
反社会的な考えを持つ人々は従来は**社会的に孤立していた**（**socially isolated**）が，インターネット社会ではチャットルームやブログなどを通して知り合うことができ，自分たちが抱いている反社会的な思想をより強固なものにしていく。

1257　**bricks-and-clicks company**　图 店頭営業とオンライン営業の両方を行う企業

　brick は元来は「煉瓦」の意味で，転じて実際に物を販売している店頭を意味する。click は元来はマウスを使ってアイコンなどをクリックすることを意味するが，この表現においてはオンラインの営業を意味している。bricks-and-clicks company は在来型の企業と異なるので，その運営の仕方につきいろいろな議論がなされている。一例を紹介すると，ジョセフ・ナイ氏（Joseph S. Nye Jr.）はこのような企業での指導力について，一人の人間が意思決定を行うことは現実にそぐわず，多数の指導

者が適切な意思決定を行う必要があることを指摘している。そのイメージとしてナイ氏はこう語っている。

「ネットワーク化された世界では，指導力とは，**お山の大将**（**the king of the mountain**）になって部下に命令を下すというより，円の中心にいて他の人を引きつけているような状態である。」

| 1258 | prosume | 動 | （～を）プロシュームする |
| 1259 | prosumer | 名 | プロシューマー |

　この言葉は，**未来学者**（**futurist**）であるアルビン・トフラー（Alvin Toffler）が『**第三の波**』（*The Third Wave*）の中で使ったのが最初である。prosume は produce（生産する）と consume（消費する）の合成語。その意味は，財やサービスや経験を，販売や交換をして対価を得るためではなく，自分自身が使用するために，あるいは自分自身が満足するために創り出すことである。なぜそうするかというと，我々の個人的な必要性や欲求を満たすものは商業的市場では提供されていないことがあるし，商品が高価すぎることもあるし，あるいは我々がそのような行為を楽しみたいと思うからでもある。さらに，トフラーは近著 *Revolutionary Wealth* の中でプロシューマーの意義を詳しく解説し，次のようなことを述べている。

　私たちがパイを焼いて食べれば，それはプロシューマーである。これだけ見ると，プロシュームすることは極めて個人的な行為のように思われるが，そうとは限らない。私たちはそのパイをお金をもらわずに家族や友人や地域社会の人と一緒に食べることがある。このような無償の行為は，現在のようなインターネットの時代になると，地球の反対側にも及ぶ可能性があり，それは途方もない意味を帯びてくる。従来の経済学者たちは，例えば，ボランティア活動を行うプロシューマーの社会的な役割は認めるものの，プロシュームすることとお金をもらって商業的活動を行うことの間には**鉄のカーテン**（**the Iron Curtain**）のごとき突き通せない壁があると思い込んでいるために，プロシューマーの意義がよくわかっていない。例えば，家で食事をする場面のことを考えると，店で買った食材を無償で調理してくれる母親がいなければ食材の販売は成立しない。だから，母親の調理は市場における生産と同様の生産活動であると言っても過言ではない。プロシュームすることは営利的生産活動を背後から支援している**補助金**（**subsidy**）のようなもので，それがなければ**貨幣経済**（**money economy**）は成立しないのである。

➤ Related Words & Phrases

非言語コミュニケーション

1260	**kinesics**	名	キネクス，身体動作学
1261	child **pornography**	名	児童ポルノ
1262	**hate speech**	名	憎悪発言
1263	a **futurist**	名	未来学者；人類の未来を信じる人
1264	a **futurologist**	名	未来学者
1265	**affect display**	名	情動表示
1266	pupil **dilation**	名	瞳孔の拡大
1267	**dilate**	自	拡大する，膨張する
1268	a defensive **posture**	名	防御的姿勢
1269	a close **rapport**	名	親密な関係〔共感的な関係〕
1270	**self-disclosure**	名	自己開示
1271	**territoriality**	名	縄張り意識
1272	impression **formation**	名	印象形成
1273	**forensic** psychology	形	裁判〔司法〕心理学
1274	**forensics**	名	科学捜査；法医学，法科学
1275	a **polygraph**	名	うそ発見器

インターネット

1276	a small **donor**	名	小額寄付者
1277	**collaborate** in a project	自	プロジェクトで協働する
1278	**human capital**	名	人材，人的資本

1279	a **horizontal** organization	形	**水平的な**組織
1280	a **vertical** organization	形	**垂直的な**関係
1281	apply for a **patent**	名	**特許**を出願する
1282	**intellectual property**	名	**知的財産（権）**
1283	**file sharing**	名	**ファイル共有**
1284	infringe a **copyright**	名	**著作権**を侵害する
1285	copyright **piracy**	名	著作権**侵害** (注)「**海賊行為**」の意味もある。
1286	a registered **trademark**	名	**登録商標**
1287	challenge **the status quo**	名	**現状**に挑戦する
1288	a stock **portfolio**	名	株式の**ポートフォリオ**
1289	a professional **blogger**	名	プロの**ブロガー**
1290	**wiki**	名	**ウィキ**（誰でも書き込み自由な編集方式）
1291	**Wikipedia**	名	**ウィキペディア**（ネット上の百科事典）
1292	**harvest** external ideas	他	外部の考え**を取り入れる** (注)「**～を収穫する**」の意味もある。
1293	**value creation**	名	**価値創造**
1294	a **co-creator**	名	**協働創造者**
1295	**collective intelligence**	名	**集合知**
1296	**unparalleled** growth	形	**前代未聞の**成長
1297	**the Net Generation**	名	**ネット世代**
1298	ask for a **subsidy**	名	**助成金**〔**補助金**〕を求める

出典一覧

※数字はPassage番号を示します。

1-6 *teach yourself - marx* by Gill Hands   Copyright © 2007   Reprinted by permission of Hodder & Stoughton Ltd.

7-10 *The Story of Philosophy* by Bryan Magee (Dorling Kindersley, 2001). Copyright © Dorling Kindersley, 1998, 2001. Text Copyright © Brian Magee 1998, 2001   Used by permission of Penguin Books

11-12 *teach yourself - postmodernism* by Glenn Ward   Copyright © 2003   Reprinted by permission of Hodder & Stoughton Ltd.

13-15 *The Future of Freedom* by Fareed Zakaria   Copyright © 2003 by Fareed Zakaria   Used by permission of W.W. Norton & Company, Inc.

16-19 *teach yourself - political philosophy* by Mel Thompson   Copyright © 2008   Reprinted by permission of Hodder & Stoughton Ltd.

20-21 *Law 101* by Feinman JM.   Copyright © 2000   Used by permission of Oxford University Press

22-25 *The Future of Capitalism* by Lester C. Thurow   Copyright © 2009 by Kevin Phillips   Used by permission of Leighco Inc.

26-28 *Managing in the Next Society* by Peter F. Drucker   Copyright © 2002

29-32 *teach yourself - business studies* by Peter Fearns   Copyright © 2003   Reprinted by permission of Hodder & Stoughton Ltd.

33-35 *Doctor Dolittle's Delusion* by Stephen R. Anderson   Copyright © 2004   Used by permission of Yale University Press

36-39 From *1941: New Revelations of the Americas Before Columbus* by Charles C. Mann, copyright © 2005 by Charles C. Mann.   Used by permission of Alfred A. Knopf, a division of Random House, Inc.

40-41 From *The Notebook/pt* by Nicholas Sparks.   Copyright © 1996 by Nicholas Sparks.   By permission of Grand Central Publishing.

42-46 *Psychology* by Butler G and McManus F. Copyright © 1998 Used by permission of Oxford University Press

47-49 *Man's Search for Meaning* by Viktor E. Frankl Copyright © 1959, 1962, 1984, 1992 by Viktor E. Frankl Reprinted by permission of Beacon Press, Boston.

50-52 *Studying Child Psychology* by Malcolm Hardy, Steve Heyes, Jennie Crews, Paul Rookes and Kevin Wren Copyright © 1990 Used by permission of Weidenfeld and Nicolson, an imprint of The Orion Publishing Group, London.

53 *Philosophical Conversations* by Melchert N. Copyright © 2009 Used by permission of Oxford University Press

54-58 *When bad things happen to good people* by Harold S. Kushner, copyright © 1981 by Harold S. Kushner. Used by permisson of Schocken Books, a division of Random House, Inc.

59-60 *teach yourself - ethics* by Mel Thompson Copyright © 2003 Reprinted by permission of Hodder & Stoughton Ltd.

61-62 From *A Guide to Manwatching* by Desmond Morris, published by Jonathan Cape. Copyright © 1977 by Desmond Morris Reprinted by permission of The Random House Group Ltd.

63-64 "The World's Biggest Coffeehouse", from *Wikinomics: How Mass Collaboration Changes Everything* by Don Tapscott and Anthony Williams, copyright © 2007 by Don Tapscott & Anthony Williams. Used by permisson of Portfolio, an imprint of Penguin Group (USA) Inc.

INDEX

赤太字：見出し語
赤細字：背景知識解説中に登場する色太字の単語・フレーズ
黒太字：知ってますか？に登場する太字の単語・フレーズ，
　　　　Related Words & Phrases
黒細字：派生語

※数字はページ数を表しています。

A

- a row of prisoners 62
- a series of footnotes on Plato 18
- *A Short History of Financial Euphoria* 112
- a single global system 68
- **abduction** 191
- abnormality 196, **240**
- **abolish** 178
- abolishment 179
- abolitionist 248, **279**
- abort 267
- **abortion** 248, **266**, **273**
- **abrasion** 170
- **absence** 63
- **abuse** 109
- **academic** 20
- **acceptance** 211
- access 41
- **accessible** 41
- **accommodate** 99
- accommodation 99, 201, **226**, **243**
- accountability 70, **107**
- accumulation 64
- achieve 145
- achievement 117, **144**
- acquit 98
- acquittance 99
- act upon 24
- Acting Globally 283
- **active euthanasia** 274
- actual power 116
- **actualization** 144
- actualize 145
- adapt 161
- **addicted** 254
- addiction 255
- addiction to alcohol 196
- addition 145
- **additional** 144
- advancement 117
- **advent** 210
- advertise 291
- **advertiser** 290
- **advocacy** 154
- **advocate** 139, 154
- **aeronausiphobia** 235
- **aesthetics** 67
- **affect** 34
- **affect display** 300
- **affection** 144
- affectionate 145
- **affiliated** 154
- affirmation 175
- **affirmative** 174
- **afflict** 170
- affliction 171
- **aftermath** 123
- **ageing** 193
- agent of action 202
- **aggressiveness** 240
- **agonise** 52
- **agoraphobia** 211, **234**
- **agoraphobic** 211
- **aid** 226
- Alcoholics Anonymous 155
- alienate 35
- **alienation** 15, **34**
- all is suffering 244

304

INDEX

alley 171
alms 276
al-Qaeda 108
alter 34
alteration 35
alternative 279
alternatively 285
altruism 227
altruistic 227
Alzheimer's (disease) 184
amass 28
American Sign Language (ASL) 194
amnesia 196, 240
Amnesty International 115
amphetamine 196
an instinctive tendency to speak 158
anaesthesia 210
analogy 66
analyse 24
analysis 25
anarchism 64
anarchist 64
anguish 255
anonymity 298
anorexia 197
anti-authoritarian 72, 108
anti-depressant 204
anti-personnel mine 151, 154
anti-psychotic 204
antisocial people 298
Antisocial people find their soul mates. 298
antisocial personality disorder 197
anxiety disorder 197
ape 74
aphorism 66
apostle 277
apparatus 46
appeal 267
appendix 161
application 290
appraisal 155
apprehend 46
apprehension 47
appropriate 279
apt 52
arachnophobia 234
arbitrary 63, 66, 249
archaeological 195
archaeologist 178
archaeology 195
architecture 66
argue 21
argument 20
aristocracy 66
arson 72, 109
Article 71 of the UN Charter 152
artificial intelligence 237, 243
as opposed to 122
ascend 145
ascending 144
ascetic 250
asceticism 272, 276
assault 236, 241
assertion 28
assets 119
assimilation 201, 226, 243
association 131, 210
Athens 16
atone 278
atonement 278
attachment 245
attention-deficit disorder (ADD) 235
attention-deficit hyperactivity disorder (ADHD) 196, 235
attorney 105, 109
attribute 204
audience 290
auditory 194
auditory system 157
Auschwitz 242
authenticity 67
authoritarian 139
authority 138
autism 196, 240, 297
autonomy 67, 274
auxiliary 162
available 130
avant-garde 67
awareness 46

B

babble 158
bacterium 170
bad loan 112
bake 158
banish 14, 64

305

bank note	111, **153**	**bliss**	251	**candidate**	170
banking	111	blissful	251	*Capital*	14, **64**
bankruptcy	123	**blog**	290	**capital control**	122
Baptist	**277**	**blogger**	**301**	capital punishment	248
baptize	**277**	**blogosphere**	290	**capital-intensive**	151, **154**
barren	184	**bloodstream**	174	capitalism	21
basic wants	15	**blossom**	52	**capitalist**	21
be absorbed	**150**	**blunt**	284	**capture**	20
be riddled with	34	**board of directors**	138	carcinophobia	235, 241
bear market	**153**	body language	280	**cardiophobia**	**235**
behavior	196	**bosom**	184	CARE	115
behavior therapy	198	**boundary**	83	**caricature**	74
behaviorism	198	bourgeoisie	16	**casualties**	88
behaviourist	205	**boycott**	**155**	catastrophe	89
Being Open	282	**brace**	170	**catastrophic**	88
Belarus	248	brew	158	**catastrophizing**	**238**
belief	198	**bricks-and-clicks company**	298	**catch-all**	52
bereave	285	brief therapy	199	categorical	205
bereaved	284	**brokenhearted**	185	**category**	205
beset	**219**	**brontophobia**	**235**	**cause**	88
betray	**277**	**brutal**	242	**cease**	35
betrayal	**277**	**brutality**	242	**celebrity**	24
biblical	162	bulimia	197	**celibacy**	**276**
bidding	**255**	**bulk**	47	**cell**	**83**
bilateral	**83**	bull market	113, **153**	**cell nucleus**	**273**
billboard	74	bureaucrat	16, **64**	**cessation**	**250**
binding	**154**	**buying on margin**	**153**	**challenge for cause**	**105**
biochemical	**204**	**buzz-word**	52	chaos	41
biochemistry	205	**bypass**	**291**	**chaotic**	41
biological weapon	108	**by-product**	159, **162**	charcoal	160, **195**
bipedal	**194**			**charge**	**94**
bipolar disorder	197, **240**	**C**		**charitable**	**254**
bison	160	calamity	247, **277**	charity	255
blaming	**238**	**campaign**	34		
blind test	157, **194**				

INDEX

- chart 138
- charter 118
- chase 34
- check 95, 184
- chemical weapon 108
- child pornography 298
- child psychology 243
- childhood sexual abuse 236
- chronic 210
- chronic insomnia 197, 240
- chronological 195
- circulate 56
- circulation 57
- citizen judge 72
- citizen judge system 72
- citizenship 131
- civil disobedience 105
- clarification 57
- clarify 56
- class exploitation 16
- class struggle 64
- classify objects 203
- claustrophobia 234
- clear-cut 218
- Clever Hans 190
- clinical 195
- cocaine 196
- co-creator 301
- coercion 155
- coercive 130
- cognition 205
- cognitive 205
- cognitive bias 238
- cognitive development 201
- cognitive therapy 198, 241
- cognitive-behavior therapy 199, 241
- coincidence 219
- collaborate 282, 300
- collaboration 14, 64
- collage 19
- collateral 112, 153
- collective intelligence 283, 301
- collectivization 65
- colonial 94
- colonialism 65
- combat 107
- command economy 65
- commitment 254
- commodity 60, 64
- commodity-fetishism 64
- communication channel 280
- communism 14, 20
- communist 21
- communist government 14
- company policy and administration 117
- compassion 254
- compatible 56
- competence 226
- competent 227
- competitiveness 282
- compulsion 131
- compulsive 210
- compulsory 130
- comrade 219
- conceivable 83
- conceive 83
- concentration 241
- concentration camp 219
- concept 156
- conceptualize 194
- condition 251
- conditioned 250
- conflict 138
- conflict resolution 114, 154
- Confucianism 276
- confuse 185
- confused 185
- confusion 184
- conglomerate 28
- conquer 174
- conquest 88
- conscience 98
- conscientious 205
- conscientious objector 275
- conscientiousness 205
- conservation 202, 243
- consolidate 226
- consolidation 227
- consonant 156, 194
- constitution 94
- constitutional right of personal privacy 273

307

☑ **constructive**	227	
☑ **consultative**	154	
☑ consumerism	115	
☑ **contagious**	195	
☑ **contemplate**	211	
☑ contemplation	211	
☑ **contingent**	174	
☑ **controversial**	57	
☑ controversy	57	
☑ convention	89	
☑ **conventional**	88	
☑ **conversely**	139	
☑ conversion disorder	197	
☑ convert	160	
☑ **convict**	98	
☑ conviction	99	
☑ **co-operation**	227	
☑ copyright	283, **301**	
☑ **cornerstone**	254	
☑ **corrupt**	95	
☑ **corruption**	65	
☑ corruption of youth of Athens	16	
☑ **cosmos**	40	
☑ **counter**	82	
☑ **counteract**	218	
☑ counteraction	219	
☑ **counterpart**	254	
☑ counterproductive	249, **279**	
☑ **couple**	88	
☑ courage	17	
☑ **courtroom**	98	
☑ **crash**	110, **118**	
☑ crave	251	
☑ **craving**	251	

☑ create	161	
☑ **cremate**	276	
☑ **cremation**	276	
☑ crime	95	
☑ **criminal**	94	
☑ criminal case	73	
☑ **criterion**	29	
☑ **criticism**	57	
☑ **critique**	290	
☑ **cross-examination**	106, **109**	
☑ **crucify**	278	
☑ cruel oppressor	71	
☑ **cruelty to animals**	103	
☑ Cuba	14	
☑ **cult**	276	

D

☑ **dawn**	131	
☑ de facto abolitionist	248	
☑ **dead end**	74	
☑ dead person	244	
☑ **debacle**	122	
☑ **debt**	29	
☑ decentration	227	
☑ **de-centre**	227	
☑ decentred	19	
☑ **deception**	284	
☑ **deconstruction**	62	
☑ **deduction**	191, **194**	
☑ deer	160	
☑ **default value**	237, **243**	
☑ **defeat**	24	
☑ **defence mechanism**	210	

☑ **defendant**	94, **103**	
☑ **deficiency**	204	
☑ degenerate	185	
☑ degeneration	185	
☑ **degenerative**	185	
☑ **degrading**	218	
☑ **dehumanizing**	151, **154**	
☑ deliberate	73, 267	
☑ **deliberately**	267	
☑ delirium	196, **240**	
☑ deliver a sentence	73	
☑ delude	131	
☑ **deluge**	52	
☑ **delusion**	130	
☑ dement	255	
☑ **demented**	254	
☑ **dementia**	204	
☑ **demographic**	75	
☑ demography	75	
☑ denial	251	
☑ **deny oneself**	250	
☑ **depose**	83	
☑ depress	35	
☑ **depression**	34, **197**	
☑ **deregulation**	123	
☑ **derivative**	123	
☑ description	53	
☑ **descriptive**	52	
☑ deserve	89	
☑ **deserving**	89	
☑ **destroy rainforests**	103	
☑ **detached**	98	
☑ detachment	99	
☑ **deterrence**	267	
☑ **deterrent**	279	

INDEX

deterrent effect	248	
detonate	**108**	
development	**239**	
diagnose	**240**	
diagnosis	**193**, **240**	
dialectical materialism	**61**	
dialogue	**65**	
dictate	119	
dictator	119	
dictatorship	**119**	
dietary	204	
differentiation	69, **107**	
dignity	**279**	
dilate	**300**	
dilation	**300**	
direct victim	71	
discipline	56	
discomfort	210	
discourse	**67**	
discriminate	210	
discriminatory	249, **279**	
disillusion	53	
disillusionment	52	
disintegrate	**174**	
disintegration	175	
dismiss	52	
dismissal	53	
disobedience	**109**	
disorder	**185**	
disorient	75	
disorientation	75	
disparity	75	
disproportionate	**279**	
disproportionate to the harm done	249	
disrupt	**74**	
disruption	75	
dissociative disorder	197	
distort	227	
distorted	226	
distortion	198	
diverge	163	
divergent	162	
diverse	131	
diversity	**131**	
dividend	**153**	
divine	**47**	
Do not kill.	**273**	
doctoral thesis	198	
doctorate	14, **64**	
dogma	**65**	
dogmatic	**65**	
dominance	**67**	
dominant	**67**	
dominate	**28**, **297**	
domination	29	
donor	**300**	
double blind method	**190**	
downturn	**154**	
dream analysis	197	
driver's license	**109**	
drizzle	53	
duel	111	
dynamic	75	
dynamism	**74**	

E

eating disorder	197, **240**	
eccentric	**95**	
ecological problem	161	
economic well-being	114	
ECT (electroconvulsive therapy)	**204**	
editor	14, **64**	
effective	89	
effectiveness	**88**	
efficacy	198	
efficiency	**150**	
EFTA (the European Free Trade Association)	**104**	
egocentric	**226**	
egocentricity	227	
egocentrism	203, **243**	
eliminate	**82**	
elimination	83	
elude	163	
elusion	163	
elusive	**162**	
embarrassment	**297**	
empirical	**162**	
enforce	**123**	
enforcement	123	
engage	**290**	
engaging	**291**	
enlarge	145	
enlargement	**145**	
enlighten	251	
enlightened	**276**	
enlightened one	244	
enlightenment	**244**, **250**, **276**	
enrich	145	
enrichment	**145**	

309

entity	40
environmental problem	15
environmentalist	161
envisage	20
epidemic	171
epistemology	66
equal	34
equanimity	244, 276
equation	40
equilibrium	119
equilibrium hypothesis	297
equipment	99
equipped	98
equitable	64
era	28
erect	194
erect, bipedal posture	156
erratic	151, 153
erupt	171
eruption	171
essence	40
essential	41
essential feature	18
essentialism	66
esteem	144
ethics	248
euphoria	112, 153
European Union	248
euthanasia	248, 266, 273
evaluate	82
evangelicalism	278
event	199
exaggerate	53

exaggeration	53
exchangeable	111, 153
excommunicate	278
excommunication	278
execute	279
execution	255, 279
executioner	254
exemplar	178
exemplify	40
exhaust	83
exhaustion	83
exile	255
expectancy	152
expectancy theory	145, 152
expertise	154
exploit	35
exploit children	102
exploitation	34
expose	99
exposure	99
expressiveness	284
extension	254
extension of man	281
extent	24
external	139
externality	139
extraordinary	74
extremism	107
extrinsic	155
extroversion	205
extrovert	205
eye contact	297

F

fabric	130
facial expression	280
factitious disorder	197, 236
faculty	162
fade	122
fair trial	103
false	21
fascinate	75
fascination	74
fatal	175
fatality	174
faulty learning	198
fax machine	281
feel betrayed	247
feel marginalized	115
felony	273, 279
fervent	20
fervently	21
fetishism	64
fetus	273
feudal	29
feudalism	29
file a libel suit	103
file sharing	301
finance	111, 153
financial leverage	153
finding of facts	73
fire	62
firm	19
fix	161
flashback	236, 241
flaw	21
flawed	21

INDEX

- flee 174
- fleet 40
- flexibility 34
- flexible 35
- flexible exchange rate 122
- follow suit 179
- forensic 300
- forensics 300
- formal 138
- formal organization 115
- formalism 19, 66
- formality 139
- formation 300
- forms 18
- formula 250
- formulate 162
- formulation 46
- found 163
- founder 162
- fraught 74
- free association 197, 241
- free enterprise 20
- free market 16
- free trade 104
- free trade agreement 104
- free trade area 104
- freedom fighter 108
- freedom of expression 103
- free-market economics 69
- fringe benefit 144
- frown 284
- function 67
- functionality 19
- futures trading 113, 153
- futurist 299, 300
- futurologist 300

G

- gaze 297
- gaze aversion 297
- generalization 199, 238, 242
- generally applicable 193
- generate 56
- generation 57
- generic knowledge 237
- genetic disease 272
- genetic mutation 159
- genital 171
- geriatrics 193
- gerontology 193
- gesticulation 285
- gesture 280
- give-away 285
- glimpse 46
- global interdependence 283
- global village 68, 107
- global warming 68
- globalism 69, 107
- globalization 34, 68
- globalize 35
- glow 184
- go bankrupt 111
- God's providence 247

- God's will 247
- goods 150
- gospel 278
- government bond 111, 153
- gradual natural selection 159
- grand jury 73, 109
- Grand Narratives 19
- grapevine 116, 155
- greed 122
- greedy 123
- Greenpeace 115
- grenade 108
- Guardian 61
- guardian 94

H

- hadith 72
- hair loss 273
- half-life 192, 195
- hallucination 236, 241
- Hansen's disease 178
- harsh 98
- harvest 301
- hate speech 298, 300
- healing through meaning 200
- hearsay evidence 106
- hearsay rule 106
- heartbeat 190, 194
- hedonism 272, 276
- hegemony 24
- Hellenism 47

311

Hellenistic 46
herd behavior 153
hereditary 241
heredity 29
heresy 277
hidden assumption 63
hide and seek 227
hierarchical 138
hierarchy 139, 282
higher psychical faculty 191
high-profile 109
hijack 108
his beloved mentor's reputation 17
historical materialism 15
holistic 114
hollow 184
homemade bomb 108
hominid 192, 194
homogenization 69, 107
hoof 190
hopelessness 242
hopper 234
horizontal 301
host 175
hostage 108
huge potential audience 298
human capital 282, 300
human dignity 249
human forms of communication 158

human relations school 115
humanitarian 179
humanitarianism 179
humanlike intelligence 237
Hutchinson-Gilford syndrome 272
hygiene 155
hygiene factor 117
hyperactivity 235, 241

I

I consume, therefore I live. 115
Idea 18
identify 199
illegal 108
illness narrative 193
illusion 251
illusionary 251
immoral sexual conduct 245
immortality 66
immortality of the soul 17
immunity 160
impartial 109
impartial jury 73
impending 211
impiety 16, 65
implement 139
implementation 138
implication 46
implied 40

imply 41
imposition 94
imprisonment 109
impulse control disorder 197, 241
impulsivity 235, 241
in vivo exposure 198
inadequacy 145
inadequate 144
inattention 235, 241
incentive 139
incest 63, 67
incidence 267
inconceivable 82
incurable 218
incurable disease 274
independent 40
index 291
indicate 24
indication 25
indictment 73, 109
indigenous 107
indiscriminate 210
indiscriminate terrorism 72
indiscrimination 211
induction 191, 195
inequality 28
infant 243
informal 138
informal organization 116
information 21
informed 20
inhabit 46
inhabitation 47

INDEX

inhibit	285	
inhibition	**284**	
inhuman	249	
inhumane	**210**	
injunction	**103**	
injustice	**24**	
inmate	**242**	
innocent	72, 249	
inoperable	**218**	
insane	**153**	
insanity	**153**	
insomnia	**236**	
instability	**118**	
instinctual	**210**	
instrument	83	
instrumental	**82**	
instrumental conditioning	**234**	
instrumentality	**152**	
integrate	**53**, 68	
integration	53	
intellectual property	283, **301**	
intelligence	**108**	
interaction	**243**	
interdependence	68, **107**	
interest rate	**153**	
intermediate technology	**151**	
interpersonal relations	117	
interpretation	**20**	
interrogate	285	
interrogation	**284**	
intervene	**255**	
intimate zone	**296**	

intricate	**144**	
intrinsic	**155**	
intrinsic value	110	
introspective method	198	
introversion	205	
introvert	**205**	
invest	119	
investor	**119**	
invisible hand	**104**	
IQ test	201	
iris	297	
ironical	57	
ironically	**57**	
irrational	**234**, **241**	
irrelevant	159	
irresistible	**122**	
irreversible	249, **279**	
irrigation	**195**	
irritability	**236**, **241**	
isolated	**139**	
isolation	139	
isotope	**195**	

J

job satisfaction	117	
joint-stock company	110	
Judaism	**255**	
junk	185	
junked	**184**	
juror	73, **98**	
jury	73, **94**	
jury nullification	**104**	
just	**82**	
justice	25, **61**	

justifiable tyrannicide	72	

K

keystone species	160	
kidnap	**108**	
kinesics	280, **300**	
Kisagotami	**272**	
kleptomania	197	
knowledge structure	**237**	

L

labeling	71	
labor power	15	
labor-intensive	**154**	
lack of concentration	**236**	
lack of quality control	**298**	
Lamin A	**273**	
Laos	14	
larynx	156, **194**	
lasting	**274**	
launch	**88**	
law-abiding	248, **279**	
lay	**109**	
leak	**284**	
leakage	**284**	
learnability	**194**	
left-wing	**108**	
legal assistance	249, **279**	
legalization	**273**	
legally binding	**151**	
leprosy	**178**	
lesion	**170**	

313

lesser		98
let go of		226
lethal		170
lethality		171
lever		234
leverage		113
lexigram		157
libel		102
liberal democracy		69
liberalization		75
liberalize		74
life expectancy		272
life-threatening event		236
lifetime employment		130
linguistic competence		159
literary criticism	19,	66
literature		82
living creature		245
living will		274
local		19
localism	69,	107
logical manipulation		203
logos		66
logotherapy	199,	218
loudness		296
Lumbini		276
luxurious		251
luxury		250

M

magnification		242
magnification and filtering		238
major crime		72
majority vote	72,	109
maladaptive	196, 211,	240
maladjustment		218
mammal		162
manifest oneself		178
manifestation		179
manipulate		227
manipulation		226
manoeuvre		285
marginalized		154
markedly deviate		196
martyr		267
martyrdom		266
Marxism	14,	20
Marxism is dead.		14
masochism	197,	219
masochistic		218
mass		203
mass destruction		88
mass insanity		112
mastermind		108
material		25
material conditions		15
materialism	24,	272
matter	130,	250
McDonalization	68,	107
meager		130
meaningless		242
measure		184
medically appropriate fashion		274
medication		204
medieval		118

meditation		244
mendicant		244
mental retardation	196,	240
mentor		65
mercantilism		104
mercenary		171
mercury		178
merge		28
merger		29
Mesoamerica		160
mess		41
messy		40
metaphysics		62
microfauna		160
midwife		66
midwifery		17
military		171
Military Selective Service Act of 1967		275
military service	275,	279
millennium		179
mind reading		238
minority		249
Miranda warnings		105
mission		47
moderate		175
moderation		175
modernism	19,	66
modernity		74
modernization		70
monastery		276
monastic		276
monetary crisis	15,	68

INDEX

money 117
money economy 299
money laundering 104
monitoring 114
monk 276
monopoly **64**, 110
monotheism 277
monotheistic 277
monster 255
monstrous 254
mood disorder 197
Morgan's canon 191
motivating 155
motivation 115, **138**
motivator 116, **144**
mourn 218
mourning 219
multinational 82
multinational company 68
multiple personality disorder 197, **240**
multiply 56
Münchausen syndrome 197, **236**
Münchausen syndrome by proxy 236
murder 72, 131
murderous 130
mustard 272
mutate 179
mutated 178
mutation 179

N

NAFTA (the North American Free Trade Agreement) 104
nail down 178
nanotechnology 291
narcissistic personality disorder 197
national self-determination 107
Native Americans 159
natural disaster 236
naturally maturing ability 201
nausea 242
negative strategy 114
negotiate 83
negotiation 83
neo-colonialism 107
neurosis 240
neutral 98
neutrality 99
new comer 239
new form of horizontal organization 282
new scale 281
nihilism 67
nirvana 276
nominate 170
nomos 66
non-combatant 275
nongovernmental 131

nongovernmental organization 114
nonprofit 131
nonprofit organization 114, 70
non-verbal communication 280
non-violence 114
normality 240
North Korea 14
no-self 245
nostalgia 195
not affiliated 114
novelty 67
nullification 98
nullify 98
numerous 35
nutrient 160, **195**

O

obedience 72
object identification 190
objective 19
obscure 56
obscurity 57
observable behavior 198
obsessive-compulsive disorder 197, **240**
obsolete 123
obstinacy 17, **65**
octopus 162
odds 219
offend 266
offense 267
offset 119

315

One man's terrorist is another man's freedom fighter. 71
operant conditioning 234
operation 202
opium 65
oppose 267
opposition 266
oppress 21
oppression 21
oracle 66
organized religion 275
orientation 296
ornament 19
orthodox 47
orthodoxy 277
otherwise 122
output 138
outright 52
overly 290
overvalue 122
Oxfam 115

P

pagan 277
palpitation 211
panic 118
panic disorder 197, 240
parable 276
paralanguage 296
parallel 162
paramount 266
parasite 178
paresis 204

parody 67, 89
partake 40
partial 19
participative 155
particular grammar 159
passive 24
passive euthanasia 274
passively 25
patent 283, 301
pathological gambling 197
pathos 66
patron 41
patronage 41
patterns of distorted thinking 238
payback 170
peer 285
peer production 282
peering 282
perceptible 41
peremptory challenge 105
periodic 28
periodical 56
perishable 46
permanence 47, 243
permanently 46
permanently high plateau 110
perseverance 277
persistent 234, 241
personal distress 196
personal zone 296
personality 196

personality disorder 197, 241
personalization 238
perspiration 242
petit 94
petit (petty) jury 73, 109
petty offense 72
pharmacotherapy 204
phase 204
phenomenal 34
phenomenon 35
philanthropy 65
philosopher-king 61
phobia 241
phonetics 194
physical abuse 236
physics 62
physiological 155
physiologist 190, 194
physis 66
pillage 174
pin down 40
pinched nose 273
piracy 283, 301
pitch 296
plaintiff 109
plateau 178
Platonism 46
Plato's Socrates 17
pleasure principle 199
polarized thinking 238, 242
political cause 105
political party 114, 154

INDEX

polygraph 300
pornography 300
portfolio 283, **301**
positive strategy 114
positive thinking 199
possess 35
possessions 34
postmodernism 52, 19
post-traumatic stress disorder (PTSD) 197, **236**
postural 284
posture 280, **300**
potential audience 298
practitioner 218
pre-Columbian 195
pre-Columbian Americas 159
predecessor 204
predicament 218
predict 24
prediction 25
pre-emptive 88
preexisting schéma 201
preoccupation 47
preoccupy 47
preventative 88
prey 75
price-earnings ratio 122
private property 65
private speech 239
pro 174
pro-choice 278

profoundly 47
progeria 246, **272**
pro-life 278
proliferate 56
proliferation 57
prominent 178
promote 145
promotion 144
proof beyond a reasonable doubt 73
propaganda 65
property 28, **118**
Prophet Mohammed 72
proportion 40
proportionate 82
prosecute 95
prosecution 109
prosecutor 95
prospective 109
prospects 144
prosume 299
prosumer 299
protectionism 104, **107**
Protestantism 278
protolanguage 192
providence 277
provision 95
provocation 267
provoke 267
proxemics 296
psychic trauma 236, **241**
psychoactive substance use disorder 196
psychoanalysis 56

psychodynamic 205
psychodynamic therapy 197
psychosis 240
psychosurgery 204
psychotherapist 242
public zone 296
publisher 28
pupil 297

Q

quake 118
Quaker 278
qualified 254
qualify 255
qualitatively 205
quality control 298

R

rabbi 246, **277**
racial prejudice 249
racism 105
radioactive isotope 192
radiocarbon dating 192
ransom 108
rape 236
rapport 300
rational thought 192
rationality 67
reasonable alternative 274
reassessment 53
recession 118
recidivism 248
reciprocity 227

317

recognition	117,	**144**
recognize		145
reconstruction		**67**
rectify		199
recur		123
recurrence		**122**
redress		**179**
refer		41
reference		**40**
reflex		**226**
regime		**107**
regulation	112,	123
reincarnation		**47**
reinforcement	205,	**234**
relativism	19,	**66**
relaxant		**210**
release		**266**
relevance		**20**
relevant		21
reliant		**28**
relief		**154**
religious extremism		70
relocate		**138**
relocation		139
reluctance		**95**
reluctant		95
rely		29
reminiscence doctrine		17
remorse		**266**
repeat		123
repertoire		**226**
repetition		**122**
representation	70,	**107**
repulsion		**74**

rescind	**122**
resemblance	**21**
resemble	21
resent	89
resentment	**88**
reserve army	**65**
residue	**162**
resistible	123
resort	**89**
resources	**150**
respect	**47**
respond	95
respondent conditioning	**234**
response	198
responsibility	117
responsive	**94**
resurgence	**75**
resurrect	**278**
resurrection	**278**
retaliate	**88**
retaliation	89
re-think	**82**
retreat	**174**
retrieval	291
retrieve	**290**
reverse thinking	203
revolt	**65**
revolution	**64**
rhythm	**296**
ridicule	**65**
Right Action	245
Right Concentration	245
Right Effort	245
Right Intention	245
Right Livelihood	245

Right Mindfulness	245
right of self-determination	**273**
Right Speech	245
right to die	**274**
Right Understanding	245
right-wing	**108**
rigid	**242**
rigid thinking	**239**
rob	267
robbery	**266**
rotate	145
rotation	**144**
royal	**250**
ruinous	**170**
rule out	**219**
rural	**130**

S

sacrifice	**218**
sadism	197
safeguard	**94**
sage	110
satellite broadcasting	281
saturated	**290**
saturation	291
Save the Children	115
scarcity	**60**
scare	185
scared	**185**
sceptical	**57**
scepticism	57
schema (schemata)	201, **226**, **237**

INDEX

schéma 201, **243**
schizophrenia 197, **240**
school 56
school-age children 235
scientific socialism 61
scrutiny 234, **241**
sector 130
secular 75
secularism 74
security 117
segmentation 156, **194**
seizure 210, **236**
selective prosecution 105
self-blame 239, **242**
self-defence 82
self-determination 114, **154**
self-disclosure 300
self-governing 130
self-government 131
self-organization 283
self-transcendence 200
sell-by date 52
semantics 66
sensation 250
sense 40
sense of isolation 236
sentence 266
sentiment 98
sentimental 99
separation anxiety 196

separatist 82
serious injury 236
settlement 103
sexual abuse 241
sexual disorder 197
sexual identity disorder 197, **240**
share 118
sharia 70
Sharing 283
sheer 25
shelter 251
sheltered 250
shorten 46
shorthand 57
sick person 244
signalling 284
signified 63
signifier 62
simulation 67
skepticism 66
skillfulness (skill in means) 272
Skinner box 234
slash and burn 160
slash and burn agriculture 195
slaughter 174
sleep apnea 197
sleep disorder 197
sleepwalking 197
slot 237
small donor 281
smallpox 160, **179**, **195**
sober 53
social phobia 234

social-consultive zone 296
socialization 75
socialize 75
socially dominated 297
socially equitable world 16
socially isolated 298
sociocultural approach 239
Socrates' Plato 17
somatoform disorder 197
sophisticated 163
sophistication 162
sore 171
sounding board 14
specimen 192, **195**
spectre 24, **64**
speculate 119
speculation 118
speculative 153
speculative bubble 110
speculator 153
speech disorder 196
speech organ 156
speech-like vocalization 192
sphere 131
spike 291
spin 184
spiral 170
spokesperson 56
stability 47
stable 46
stake 255

319

stance	284	
standardization	68, **107**	
state monopoly capitalism	16	
statelet	174	
static	290	
statistical norm	196	
status	117	
status drive	199	
steering wheel	184	
stem	138	
stiff	285	
stiffness	284	
stifle	285	
stimulus	198	
stock-price index	153	
strain	175	
stranger	234	
strategy	154	
strip	291	
strongly antipathetic to unions	103	
structuralism	62	
structure	29	
structured	28	
subdue	88, 160	
sub-prime loan	68	
Sub-Saharan	107	
Sub-Saharan Africa	70	
subsequently	211	
subsidy	299, **301**	
subsist	29	
subsistence	28	
subspecies	170	
substantial	250	
substantiality	251	

succeed	119, **250**	
succession	118	
suffrage	28	
suicide	274	
suicide terrorism	108	
supervise	155	
supervision	117, **155**	
supplement	52	
suppose	35	
supposition	34	
surgical scar	236	
surplus value	15, **64**	
surrender	219	
survivor	242	
suspect	184	
suspicion	185	
sustainable	123	
sway	266	
swing	24	
symbol	202	
symbolization	139	
symbolize	138	
symmetrical	179	
symmetry	179	
synagogue	278	
syphilis	170	
systematic desensitization therapy	198	

T

Taoism	276	
tap	184, **290**	
tariff	104	
tax haven	104	
tear America apart	273	

technical expertise	114	
tempo	296	
terminally ill	274, **278**	
terra preta	160	
territoriality	300	
territory	118	
testimony	178	
testing ground	16	
thanatophobia	235	
the Academy	16	
the accused	72, **94**	
the allegory of the cave	61	
the alternative here	273	
the American Housing Bubble	112	
the Amish	275	
the Anabaptists	275	
the base	60	
the belongingness and love needs	116	
the Berlin Wall	20	
the best interests of a patient	274	
the best, the wisest too, and the most just of men	17	
the Bible	163	
the Black Monday	112	
the Book of Job	246, **277**	
the bubble bursts	110	
the Buddha	244, **276**	

INDEX

- the burden of proof **103**, **109**
- the cessation of suffering 244
- *The Communist Manifesto* 15, **64**
- the concrete operational stage 202, **227**
- the conservation of number 203
- the Counter-Reformation 278
- the Crucifixion 278
- the death penalty 248
- the degree of intimacy 297
- the Dialogues 16
- the dignity of life 274
- the Dow Jones Industrial Average (DJIA) 150
- the Dutch tulip mania 110
- the Economic and Social Council 152
- the efficient-market theory 150
- the esteem needs 116
- the European Court of Human Rights 103
- the external world 202
- the first trimester 273
- the formal operational stage 202, **227**
- the Four Noble Truths 244
- the Golden Arches Theory of Conflict Prevention 102
- the Gospels 278
- the Great Depression 111, **118**
- the Holocaust 19, **254**
- the Holy Spirit 277
- the Hunter-Farmers Paradigm 235
- the immediate physical environment 239
- the impermanent 245
- the institution of private property 16
- the Intermediate Technology Development Group (TDG) 151
- the International Campaign to Ban Landmines (ICBL) 151
- the International Committee of the Red Cross 115
- the Iron Curtain 299
- the Japanese Land Bubble 112
- the king of the mountain 299
- the labor theory of value 60
- the last refuge 71
- the law of evidence 109
- the McLibel case 102
- the means of production 15
- The Medium is the Message. 281
- the Mennonites 275
- the Middle Way 272
- the Mississippi Bubble 111
- the motivation-hygiene theory 117
- the nature of the world 244
- the Need Hierarchy 116
- the Net Generation 301
- the New Deal 111
- the New Testament **46**, 277
- the Noble Eightfold Path 245
- the Old Testament 277
- the oppressed 20
- the origin of suffering 244
- the path to the cessation of suffering 245
- the People's Republic of China 14
- the permanence of objects 202

- the physiological needs 116
- the Pope 278
- **the pre-operational stage** 202, **226**
- **the proletariat** 14, **21**
- the Promised Land 247, **277**
- **the random walk theory** 150
- **the Reformation** 278
- *the Republic* 61
- the right to life 248
- the right to vote 72
- the safety needs 116
- the self-actualization need 116
- **the sensorimotor stage** 202, **226**
- the Sixth Amendment of the Constitution 72
- the Socratic Method of Teaching 17
- the sole superpower 69
- the South Sea Bubble 110
- **the Soviet Union** 14, **20**
- the status quo 283, **301**
- the stock market crash of October 1987 111
- the strength and perseverance to overcome it 247

- **the superstructure** 60
- **the Supreme Court** 94
- the Taliban regime 70
- the third sector 114
- *The Third Wave* 299
- the transparent self 280
- **the Trinity** 277
- the victim's relative 248
- the Voice of America 281
- the will-to-meaning 199
- the will-to-pleasure 199
- the will-to-power 199
- the wisdom of crowds 283
- the World Wide Fund for Nature 115
- **theologian** 254
- theological question 246
- **theoretician** 56
- Theory X 116
- Theory Y 116
- **therapeutic** 195
- therapy through meaning 200
- thought 198
- **threat** 108
- **time of innocence** 236
- tone of voice 280

- trademark 283, **301**
- traditional firm 282
- **transference** 210
- **transformation** 57
- **transmissible** 175
- transmit 175
- transparency 70, **107**
- trauma 197, 255
- **traumatize** 254
- **treaty** 154
- **trial** 284
- **trite** 291
- tulip bulb 110
- tyrannicide 71, **108**
- **tyranny** 70, **130**
- tyrant 71, **108**

U

- **unalterable** 218
- unanimity 71, 267
- unanimous 267
- **unanimously** 266
- **unbearable** 274
- **unchecked** 95
- **unconditional** 211
- underbrush 160
- **underclass** 29
- **undermine** 178
- **understandable** 184
- *Understanding Media* 281
- **unearned** 65
- **unearned income** 60
- unemployment rate 111
- **unfounded** 94

INDEX

- unification 57
- **unified** 56
- universal 19
- Universal Grammar 159
- **unlearn** 198, **211**
- **unleash** 179
- **unparalleled** 301
- **unremitting** 274
- **unreviewable** 98
- unsatisfied need 116
- unsettle 75
- **unsettling** 74
- **unsustainable** 122
- **untold** 255
- **upheaval** 65
- **up-to-date** 291
- **utilitarian** 266
- **utopian** 64
- **utopian socialism** 61
- **utterance** 194

V

- **vacuum** 130, **242**
- **valence** 152
- valid 25
- **validity** 24
- **value creation** 301
- **variety** 266
- various 267
- vehicle 115, **154**
- **venereal** 174
- **ventilator** 274, **279**
- venue 73
- **verdict** 73, **99**
- verification 219
- **verify** 219
- **vertical** 301
- very feeble old man 244
- **veteran** 236, **242**
- **veterinarian** 190, **194**
- **via** 174
- **victimization** 236
- **view of the world** 237
- violent aggressiveness 196
- **virtue** 65
- virulence 175
- **virulent** 175
- **virus** 170
- visual impression 203
- vocal cords 157
- vocal tract 156, **194**
- **vocalization** 194
- **vocalize** 194
- voir dire 73, **105**
- **volition** 250
- volitional 251
- **voluntary** 279
- **voluntary euthanasia** 274
- **voter registration list** 109

W

- wandering ascetic 244
- **warfare** 82
- waves of immigration 160
- **weaponry** 82
- **well-considered** 274
- whaling 154
- **What's wrong with McDonald's: Everything they don't want you to know.** 102
- wide audience 71
- **widespread** 52
- wiki 301
- *Wikinomics* 282
- **Wikipedia** 301
- **wilderness** 290
- wilful 53
- **wilfully** 53
- **witness** 118, **218**
- **woman's right to free choice** 273
- work itself 117
- working conditions 117
- **working environment** 138
- **workplace** 151
- world-wide ecological crisis 68
- **worn-out** 219
- **worthlessness** 242
- **wreak** 290

Z

- **zoologist** 190

323

MEMO

MEMO

【CD 収録時間】
Disk 1：66 分 30 秒（Passage 1 〜 35）
Disk 2：62 分 12 秒（Passage 36 〜 64）

【CD 吹き込み】
Chris Koprowski　　アメリカ　ミネソタ州出身
Edith Kayumi　　　カナダ　ケベック州出身

書籍のアンケートにご協力ください
抽選で図書カードをプレゼント！

Z会の「個人情報の取り扱いについて」はZ会Webサイト（https://www.zkai.co.jp/home/policy/）に掲載しておりますのでご覧ください。

テーマ別英単語　ACADEMIC ［中級］ 01 人文・社会科学編

初版第 1 刷発行	2009 年 7 月 20 日
初版第 10 刷発行	2023 年 5 月 10 日
著者	中澤幸夫
発行人	藤井孝昭
発行	Z 会

〒 411-0033　静岡県三島市文教町 1-9-11
【販売部門：書籍の乱丁・落丁・返品・交換・注文】
TEL　055-976-9095
【書籍の内容に関するお問い合わせ】
https://www.zkai.co.jp/books/contact/
【ホームページ】
https://www.zkai.co.jp/books/

装丁	荒井雅美・高橋明香（TYPEFACE）
印刷・製本・CD 制作	図書印刷株式会社
編集協力	日本アイアール株式会社
CD 録音・編集	一般財団法人　英語教育協議会（ELEC）

© 中澤幸夫 2009　★無断で複写・複製することを禁じます
定価はカバーに印刷してあります
乱丁・落丁はお取り替えいたします
ISBN978-4-86290-039-5 C0082